건국대학교 아시아콘텐츠연구소
동아시아 모더니티 01

천황 그리고
국민과 신민 사이

근대 일본 형성기의 심상지리

이 저서는 2015년 정부(교육부)의 재원으로 한국연구재단의 지원을 받아
수행된 연구임(NRF-2015S1A5B4A01036642).

건국대학교 아시아콘텐츠연구소
동아시아 모더니티 01

천황 그리고 국민과 신민 사이

박삼헌 지음

근대 일본 형성기의 심상지리

RHK
알에이치코리아

Asia

일러두기

1. 일본어의 한글 표기는 국립국어원 표기법에 따랐다.
2. 인명은 처음에 한해서만 일본어를 병기하고, 그다음부터는 한글만 표기했다.
3. 연도표기는 서력으로 표기했다. 단 일본이 양력을 채용한 1873년 1월 1일 이전의 서력표기 는 음력을 의미한다.
4. 고유명사에 해당하는 지명은 일본어 원음대로 표기했다.
5. 히닌(非人), 에타(穢多), 생번(生蕃) 등 메이지시기의 차별 용어는 사료 인용 및 논지 설명 에 필요한 경우에만 사용했다.

근대국가는 자국과 타국의 경계를 명확히 구분하는 국경과 함께, 그 속에서 생활을 영위하며 국가적 과제를 자발적으로 떠안는 국민이 필요하다. 확정된 영토는 국토라 불리며 국어·국사와 함께 한 국가의 주권이 미치는 범위이자 국민을 하나로 묶는 장치로 기능한다. 또한 국가를 단위로 발생하는 근대 전쟁은 대외적으로는 물론이고 대내적으로도 그 어느 시대보다 국민과 비국민을 명확히 구분하는 국가적 과제 중 하나이다.

1867년 12월[1] 왕정보고 쿠데타로 시작된 일본의 근대적 국가체제 만들기는 "제1조 대일본제국은 만세일계(万世一系)의 천황이 통치한다"[2]로 시작하는 '대일본제국헌법'으로 귀결되었다. 이로써 천황 주권(主權)의 국가체제는 법적으로 완성되었다.

대일본제국헌법에 따르면, '신민(臣民)'은 천황의 통치권이 미치는 영역(국토)에서 "출생하거나 귀화 또는 기타 법률 효력에 따른 자"[3]로, 외국인과 구별된다. 신민으로 구성된 '제국의회'도 "입법에 참가하는 것이지

---

1) 메이지 정부는 태양력을 도입하면서 1872년 12월 3일을 1873년 1월 1일로 정했다. 이후 태양력 도입 이전 연도와 월일은 음력이다.
2) 伊藤博文, 宮沢俊義 校注, 『憲法義解』, 岩波書店, 1940, 22쪽.
3) 위의 책, 47쪽.

주권을 나누는 것은 아니다."[4] 따라서 대일본제국헌법의 신민(Subject)[5] 은 주권을 지니는 전후(戰後) 일본국 헌법의 국민(The people)과 분명히 다른 존재이다. 그럼에도 대일본제국헌법의 신민은, 주군의 은혜를 바라고 그에 감읍하던 이전의 하쿠쇼(百姓)와 달리, 법적으로는 "공권과 사권을 향유"[6]하는 독립된 주체이고, 국가 차원의 과제를 자신의 문제로 자발적 또는 능동적으로 떠안는 존재이거나 존재이어야 한다는 의미에서 '국민'이기도 하다.

본서의 목적은 이와 같은 일본 국민의 형성 과정을 검토하고, 그 국민은 어떻게 대일본제국헌법의 신민으로 귀결되었는지 해명하는 데 있다. 따라서 주된 분석 대상은 정한론, 타이완침공, 국회 개설, 헌법 제정, 조약개정 등 막부시대와 질적으로 다른 국가 차원의 과제가 제기되고, 이를 자신의 문제로 받아들이고 적극적으로 반응했던 1870~1880년대, 즉 자유민권운동 시기이다.[7] 이 시공간에는 '천황 대권'과 함께 '인민 주

---

4) 위의 책, 65쪽.

5) 三浦裕史, 『大日本帝国憲法衍義―伊東巳代治遺稿―』, 信山社出版, 1995, 81쪽. 여기에는 대일본제국헌법의 영문 해설(Commentaries on the Constitution of the Empire of Japan)이 실려 있다.

6) 앞의 伊藤博文(1940), 46쪽.

7) 자유민권운동은 크게 3단계로 나뉜다. 1단계는 1874년 민선의원설립건백서 제출에서 1877년 서남전쟁까지로 사족이 민권운동의 주체로 활동하던 시기이다. 2단계는 서남전쟁 이후 1885년경까지로 호농이 참여하는 전국운동으로 발전한 결과, 정부로부터 국회 개설 약속을 받아내고 자유당, 입헌개진당 등이 창당한 시기이다. 3단계는 1884년 자유당 해체 이후 1890년 제1회 중의원선거까지로 정부가 주도하는 조약 개정을 굴욕 외교로 반대하는 대동단결운동(1887~1889)이 발생한 시기이다.

권', '불복종권'도 포함된 '동양대일본국국헌안(東洋大日本国国憲按)'[8]과 같은 헌법 구상이 존재했을 정도로 대일본제국헌법의 신민과는 다른 다양한 국민이 상상되고 실천되었기 때문이다.

본서는 2부로 구성되어 있다. 제1부는 '국민의 탄생, 신민의 발견'이라는 주제로 다섯 편의 글을 모았다. 제1장에서는 1870년 천칭폐지령 발포 전후로 등장한 에타·히닌(천민) 관련 담론을 분석함으로써, 그들에게 메이지유신이 한편으로는 자신을 속박해온 신분으로부터 해방된 국민을, 다른 한편으로는 새롭게 창출된 천황제 아래의 신민이라는 주술로의 속박을 의미했음을 밝히고 있다. 제2장에서는 이와쿠라 사절단의 '시찰'은 이제 막 정치적 통일을 이룬 일본이 법률·제도·산업·교육 등 서양의 근대국가 체제를 관찰하는 것이었지만, 본의 아니게 그 '시찰'은 1870년대 초반에 근대국가체제가 원활하게 작동할 수 있도록 만들어졌거나 만들어가는 서양의 국민국가 '장치'들을 '체험'하는 과정이었음을 규명하고 있다. 제3장에서는 해피니스(happiness)가 문명을 매개로 한 행복(幸福)으로 번역되고, 이것이 어떻게 '국민 일반'과 결합되어갔는지 검토하고 있다. 그 결과 근대 일본에서는 서양문명을 실천하는 근대적 천황의 존재야말로 다른 아시아 국가와 달리 일본 국민이 행복할 수 있는 이유로 인식되었고, 때문에 결국 일본 국민의 행복은 대일본제국헌법의 신민 행복으로 수렴될 수밖에 없었음을 밝히고 있다. 제4장에서는 대일본제국헌법에서 신민이 규정된 이후, 그 신민의 존재를 정당화하는 논리로써 가토 히로유키(加藤弘之)의 입헌적 족부통치론에 주목하고, 이

─────────
8) 家永三郞, 『革命思想の先駆者―植木枝盛の人と思想』, 岩波新書, 1955 참조.

것이 충군애국이라는 도덕상의 원리로 만세일계의 천황에 의한 국가지배체제를 정당화했던 메이지 국가사상의 최고점이었음을 논증하고 있다. 보론에서는 동양의 루소라 일컬어지는 대표적 자유민권운동가 나카에 초민(中江兆民)의 생애와 연구 동향을 정리함으로써, 자유민권운동기에 국민과 신민 그리고 민권과 국권 사이의 미묘한 흔들림이 있었음을 확인하고 있다.

제2부는 '국민과 신민의 렌즈, 서로 교차하는 초점'이라는 주제로, 심상지리와 관련된 네 편의 글을 묶었다. 심상지리는 에드워드 사이드(Edward W. Side)가 개념화한 상상지리(imaginary geography)와 관련이 있다. 이 개념은 서양문명이 동양문명과의 지리적 거리와 문화적 차이를 이념적으로 극단화함으로써 자신의 정체성을 공고히 하는 담론적 전략을 의미한다. 예컨대 서양문명의 기준에 못 미치는 상태를 '미개'하다고 표현하든 '원시적 건강성'이라 표현하든 서양의 시선에서 만들어진 가치 판단의 프레임 속에서 동양의 공간성을 재단하는 권력적 속성이 내포되어 있다는 것이다. 이런 의미에서 심상지리는 세계관 또는 대외인식과도 유사하다고 할 수 있지만, 인식 주체의 정체성이 강조된다는 점에서 그 의미 범위에 차이가 있다.

구체적으로, 우선 제5장에서는 1874년 타이완침공이, 막부를 폐지하고 출범한 지 얼마 안 되는 일본국이 새롭게 구축된 징병제로 불평사족이라는 구체제의 불안 요소를 제어하는 과정에서 발생한 최초의 해외파병이자, 일반 서민이 스스로를 일본 국민으로 인식하게 만드는 중요한 계기이기도 했음을 분석하고 있다. 제6장에서는 1870년대 건백서를 통해 일본 '국민'이 조선을 포함한 동아시아와 일본의 관계를 전통적인 일본형 화이질서만이 아니라, 일본 국가의 '자주와 자립의 권리'를 지키기 위한 '애국'적 관점에서 새롭게 인식하기 시작했음을 논증하고 있다. 제7장에서는 대일본제국헌법 발포 이전에 출간된 소국민 교과서『고등소학독본』의 지리기술 분석을 통해 근대 초기의 문명개화주의와 교육칙어로 상징되는 천황주의 교육의 사이에 존재했던 과도기적 교육정책에 주목함으로써, '문명개화 → 교육칙어'라는 단선 구도로 서술되는 기존의 근대 일본 교육사를 재검토하고 있다. 제8장에서는 시가 시게타카(志賀重昻)의『일본풍경론』보다 6년 먼저 출판된 여행안내서『내국여행 일본명소도회』를 통해서 메이지시대에 '발견'된 일본 풍경이 무엇이었는지 알아보고 있다. 이것은 일반적으로 근대 일본의 풍경을 발견했다고 평가받는 시가 시게타카의『일본풍경론』을 비판적으로 재검토하는 작업이기도 하다.

01

Asia

제2부
국민과 신민의 렌즈, 서로 교차하는 초점

01

제1부
국민의 탄생,
신민의 발견

제1장

천민 해방과 메이지유신

1. 들어가며

 1867년 12월 막부를 폐지하고 성립한 메이지 정부는 기존의 신분제를 해체하는 정책들을 추진했다. 1869년 6월 17일 화족칭령(華族称令), 같은 달 25일 사졸족칭령(士卒族称令), 1870년 9월 19일 평민 묘자(苗字)허가령, 1871년 8월 23일 화족(華族)·사족(士族)·평민 혼인 허가, 같은 달 28일 천칭(賤称)폐지령, 1872년 1월 29일 졸족칭(卒族称)폐지령, 같은 해 10월 9일 예창기(芸娼妓)해방령 등이 그것이다.[1)]

 본장에서는 이 중 천칭폐지령을 소재로 삼아 근대 일본에서 이른바 '부락민'이라 불리며 차별받던 사회적 소수자(천민)들의 역사적 특징을 알아보고자 한다.

 천칭폐지령의 내용은 다음과 같다.

---

1) 이 중 화족칭령은 기존의 신분제를 해체하는 것이 아니라 오히려 재편하는 역할을 수행했다는 점에서 이외의 법령들과 다른 역사적 의미를 지닌다. 이에 대해서는 류교열, 「明治初期의 華族制度-宗族制度를 중심으로」, 『일어일문학』 제9집, 1998, 대한일어일문학회 참조.

에타(穢多)·히닌(非人)[2] 등의 호칭을 없애고, 앞으로 신분과 직업을 평민
과 동일하게 한다.[3]

　에타는 소나 말의 사체를 처리하는 신분으로 주로 피혁업에 종사했
으며, 형 집행과 경찰 및 소방 업무 등을 부담했다.[4] 전통적으로 소나 말
의 사체에는 게가레(穢れ, 不淨)가 많다는 관념이 강했고, 이 관념은 에타
에게도 적용되어 이들을 부정한 존재로 규정하고 천시하는 근거가 되었
다. 히닌은 경조사가 있는 집에서 축사나 조사 등을 할 수 있는 모노모라
이(物貰い) 권리를 지녔으며, 연말에 세키조로(節季候)[5], 토리오이(鳥
追)[6], 다이코쿠마이(大黒舞)[7] 등과 같은 거리 예능으로 생계를 잇는 신분
이다. 이들도 형 집행과 경찰 업무를 부담했다.[8] 근세 일본에서는 원칙적
으로 신분에 따라 거주지가 나뉘었으므로, 에타와 히닌은 햐쿠쇼(百姓,

---

2) 에타와 히닌은 차별 용어이다. 하지만 이와 동시에 사료 용어이기도 하므로, 여기에서는 그
　사료적 의미를 살리기 위해 그대로 사용하고자 한다.
3) 1871년 8월 28일 「穢多非人ノ称ヲ廃シ身分職業共平民同様トス」, 太政官布告 第448号,
　內閣官報局, 『法令全書』 第4卷, 原書房, 1974 복각, 337쪽.
4) 일본부락해방연구소, 최종길 옮김, 『일본 부락의 역사 - 차별과 싸워온 천민들의 이야기』,
　어문학사, 2010, 114쪽 참조.
5) 연말연시에 얼굴을 붉은 천으로 가리고 '세키조로고자레야(せきぞろござれや)'를 외치며 노
　래하고 춤추면서 새해를 축하하고 쌀과 돈을 받는 자.
6) 에도시대 촌 행사 중 하나. 정월 14일 밤과 15일 아침에 해로운 새를 쫓는 노래를 부르며
　솔 등을 치며 집집마다 돌아다니는 것.
7) 신년에 다이코쿠텐(大黒天) 모습을 하고 집 앞에서 "오셨다. 오셨다. 복신(福神)을 앞세워 다
　이코쿠 님이 오셨다"라고 노래를 부르며 답례를 받는 자.
8) 앞의 일본부락해방연구소(2010), 114~115쪽 참조.

농민)가 거주하는 곳으로부터 격리된 부락에 거주하도록 강제되었다.

천칭폐지령이 사민(四民, 士農工商)이라는 기본 신분에서 제외되었던 천민(에타·히닌) 신분을 없애고, 이들을 기존의 농공상과 동일한 '평민'으로 규정하는 조치였던 만큼, 그 성격은 이른바 '문명개화'적 조치였다. 물론 천칭폐지령은 법적 조치였을 뿐 사회적·경제적 후속 조치가 전혀 이뤄지지 않았을 뿐만 아니라, 에타의 특권이었던 소나 말의 사체 처리권이 없어지면서 오히려 이들의 경제생활이 곤란해지기도 했다. 또한 에타 출신을 '옛 평민'과 구별되는 '신평민'으로 호적에 기재하는 등 '일상적' 차별도 계속되었다.

그럼에도 천칭폐지령은 에타와 히닌 출신이 자신들을 "사민 동등의 권리"를 부여받은 "황국(皇國)의 인민"으로 인식하게 된 결정적인 계기이기도 했다.[9] 근대 국민국가는 자국과 타국의 경계를 명확히 구분하는 국경과 함께, 그 속에서 생활을 영위하며 국가적 과제를 자발적으로 떠안는 국민을 필요로 한다. 이런 의미에서 천칭폐지령은 왕정복고 쿠데타 이후 '일군만민(一君万民)'이라는 이념 아래 신분제가 해체되고 국민이 형성된 근대 일본의 출발점이라고도 할 수 있다.

천칭폐지령에 관해서는 우에스기 사토시(上杉聰)의 연구가 하나의 정점을 이룬다. 우에스기는 근세 일본에서 인정되던 '천민 택지'의 '지자(地子) 면제'가 "유신정권의 기반인 지조개정의 중대한 장애로 자각되었을 때, 오쿠라쇼(大藏省)의 천칭폐지령 원안이 급히 작성되고 이에 대한

---

9) 1881년 11월 28일, 「復權同盟結合規則」, ひろた まさき, 『日本近代思想大系22 差別の諸相』, 岩波書店, 1990, 115~116쪽.

허가가 신속히 결단되었다"며 "천칭폐지령과 지조개정의 직접적 관련성"을 주장한다.[10]

우에스기의 연구는 불명확했던 천칭폐지령의 성립 과정을 실증적으로 밝혀냈다는 점에서 현재 천칭폐지령 성립 과정의 정설로 평가받고 있다.[11] 이 논문도 우에스기의 연구를 출발점으로 삼고 있다. 하지만 우에스기는 천칭폐지령의 성립 과정을 주로 법제적 관점에서 분석한 결과, 천칭폐지령 이전에 나타난 에타·히닌 관련 담론들을 천칭폐지령 '결정의 역사적 전제'만으로 치부하는 경향이 있다. 물론 우에스기가 밝혀냈듯이 천칭폐지령의 '직접적인 요인'은 지조개정이라 할 수 있다. 하지만 막부 말기부터 에타·히닌 관련 담론들이 등장하고, 이것이 천칭폐지령이라는 법령으로 귀결되기까지 일관되게 천칭 '폐지'가 제기되었다는 점에 주목한다면, 지조개정만 '직접적인 요인'이 아니라 또 다른 역사적 의미의 천칭폐지령도 상정할 수 있을 것이다.

본장에서는 천칭폐지령 발포 전후로 등장한 에타·히닌 관련 담론들을 근대 일본의 국민 형성이라는 관점에서 재구성해보고자 한다. 이것은 근대 일본에서 '부락민'으로 불리며 차별받은 에타와 히닌 출신에게 메이지유신이 어떠한 의미였는지 알아보는 작업이기도 하다.

---

10) 上杉聰, 『明治維新と賤民廃止令』, 解放出版社, 1990, 129~130쪽, 135쪽.

11) 에타·히닌에 대해서는 제도·운동·사상 등의 관점에서 무수히 많은 선행연구가 있다. 하지만 대부분은 천칭폐지령 이후의 '부락민'을 대상으로 하고 있으며, 천칭폐지령과의 관련성에 대해서는 적어도 우에스기의 연구를 벗어나지 않는다. 또한 한국 학계에서도 시마자키 도손(島崎藤村)의 『하카이(破戒)』를 소재로 삼은 피차별 부락 관련 문학연구 등이 중심을 이루고 있을 뿐, 메이지 초기의 피차별민 연구는 아직 미진한 상태이다.

2. 막부 말기의 에타 인식[12]

1840년 여름에 시작된 아편전쟁은 1842년 8월 청이 영국과 불평등한 난징조약을 맺으면서 끝났다. 같은 해 6월 네덜란드 상선은 "아편전쟁이 끝나면 (영국군이) 일본 항구에 나타나 처음에는 정중히 무역하기를 부탁하겠지만, 일본 측이 부당한 취급을 하거나 무역 요구를 받아들이지 않으면 전쟁이 발생할 것"[13]이라는 정보를 막부에 전했다.

이를 계기로 막부는 같은 해 7월, 해안에 접근하는 외국선을 무조건 격파하라던 기존의 입장을 버리고 연료·물·식량 등을 요구하는 외국선에 희망하는 물품을 건네주고 귀항하라고 명했다. 또한 8월에는 영국의 침략에 대비하기 위해 오시번(忍藩)과 가와고에번(川越藩)에 에도만(江戶湾) 경비 강화를 명했다. 물론 네덜란드가 전한 내용은 결과적으로 정확한 정보가 아니었다. 하지만 중요한 것은 정보의 정확성이 아니라, 당시의 국제 정세 속에서 가능성이 전혀 없어 보이지 않았던 영국 함대의 일본 파견이라는 대외 위기의 대응책으로 외국선에 대한 유화책과 함께 해방론(海防論)이 제시되었다는 점이다.

막부의 해방론은 에도만 방어를 주요 목적으로 삼았다. 하지만 이 시

---

12) 에타가 천민의 중심으로 다뤄지는 이유는 숫자상으로 가장 많았기 때문만은 아니다. 에타가 스스로 집과 저택을 가지고 마을이나 촌락을 형성하여, 죽은 소나 말의 처리권을 중심으로 한 직무나 이와 관련된 생업을 가지면서 주변 마을에 피혁을 제공하기도 하는 등 위생과 치안 유지에 없어서는 안 될 존재였기 때문이다. 앞의 일본부락해방연구소(2010), 194쪽 참조.

13) 藤田覚, 『日本の時代史17 近代の胎動』, 吉川弘文館, 2003, 79쪽.

기에는 다음과 같이 내용을 달리하는 해방론도 나타났다.

> 네덜란드 사람들이 말하는 것을 듣자하니, 당산(唐山, 중국을 의미함 — 인용자, 이하 동일)의 소란이 마무리되는 대로 나가사키, 사쓰마, 에도 세 곳에 병함을 보낸다는 영국인의 말을 전합니다. (중략) 외관(外冠)은 국내의 쟁란과 다릅니다. 상황에 따라서는 세계 만국에 비할 바 없이 백대를 연면히 이어온 황통(皇統)의 안위와도 관계됩니다. 도쿠가와가의 영욕에만 관계되는 것이 아닙니다. 신주(神州, 일본을 의미함) 전체의 휴위(休威)를 같이하여 이 나라가 살기 위해서는 어떻게든 귀천존비를 불문하고 우려하는 마음을 가져야 합니다.[14]

이것은 1842년 11월에 사쿠마 쇼잔(佐久間象山)이 막부의 해방괘(海防掛) 마쓰시로번주(松代藩主) 사나다 유키쓰라(眞田幸貫)에게 제출한 해방의견서이다. 사쿠마는 대외 위기로 인식된 영국인의 병함, 즉 '외관(外冠)'이 '도쿠가와가의 영욕'만이 아니라 '세계 만국에 비할 바 없이 백대를 연면히 이어온 황통'과 '신주'의 '안위'와 관계되는 사안이므로 '귀천존비'의 구별 없이 우려하는 마음을 지녀야 한다고 주장한다. 여기에서 '신주'는 막부나 사쓰마 등의 경계를 아우르는 일본국의 영토로 인식되고 있으며, 일본국의 영토 인식은 '세계 만국에 비할 바 없이 백대를 연밀히 이어온 황통'과 '귀천존비'의 차이 없음을 이어주는 매개자 역할

---

14) 佐久間象山,「海防に関する藩主宛上書(天保13年 11月 24日)」, 佐藤昌介・植手通有・山口宗之,『日本思想大系55 渡辺崋山, 高野長英, 佐久間象山, 横井小楠, 橋本左内』, 岩波書店, 1971, 263~266쪽.

1부 국민의 탄생, 신민의 발견

을 하고 있다.

이와 같은 주장은 에타 폐지를 처음 언급했다고 평가받는 호아시 반리(帆足萬里)의『동잠부론(東潛夫論)』(1844)에도 나타난다.

현재의 에타라는 존재는 옛날 오우(奧羽, 현재의 동북지방)에 살던 에미시(蝦夷)의 후손이다. 아주 옛날 포로로 잡힌 에미시를 이세(伊勢) 신궁으로 데려와 소와 말을 잡아 가죽과 고기를 바치게 하고, 신산(神山)의 나무를 베어 바치게 했는데, 야마토히메미코토(倭姬命, 스이닌(垂仁) 천황의 네 번째 딸이라 일컬어지는 전설상의 인물)가 이들을 여러 주(州)로 이주하도록 조정에 청했다. 이것을 사에키베(佐伯部)라 하며, 에타의 조상이다. 이후 다무라마로(田村麻呂, 헤이안시대의 정이대장군)가 오우지역을 평정하고 에미시를 모두 일본인으로 삼아, 에타도 상인(常人)과 다르지 않게 되었다. 에타는 도적을 감시한다고 하지만 실제로는 도적의 소굴이다. 평인(平人)과 교제하지 않아 그 악행이 드러나지 않으니, 제후(諸侯, 각 번)의 지배영역에 오랑캐 마을이 있는 것과 같다. 모쪼록 이들을 소집하여 대신(大神)에게 참배시키고 부정을 씻어내 평인으로 만든 후, 에조도(蝦夷島, 홋카이도)의 넓은 땅으로 이주시켜 농사와 목축에 종사하도록 해야 한다.[15]

호아시는 "러시아인이 동변(東邊)을 뺏으려는"[16] 대외 위기의 대응책

---

15) 帆足萬里,『東潛夫論』(1844), 滝本誠一,『日本経済叢書』卷26, 日本経済叢書刊行会 수록, 1916, 403쪽. 호아시는 히지번(日出藩)의 가로(家老)를 역임하면서 번정개혁을 주도했다.
16) 위의 책, 402쪽.

중 하나로 '에조도'(홋카이도)로 에타를 이주시켜 방비할 것을 제안하고 있다. 하지만 홋카이도 방비책으로는 에타만이 아니라 '10만석 제후'(번주藩主)들의 이주도 언급되고 있으며,[17] '남(南) 신타나오(シンタナキ)를 병합'한 뒤 "제후 네다섯 명을 이주시켜 방비하고 일본의 죄인 등 수만 명을 이주시켜 신일본으로 삼아 오랫동안 본방(本邦)의 원국(援國)으로 삼을 것"[18]도 제안하고 있다. 에타도 번주도 죄인도 모두 그 '귀천존비'에 상관없이 일본인으로 인식되고 있는 것이다. 또한 호아시가 '신도(神道)' 의 입장에서 "천하도 본래 왕실의 천하"[19]인 이유를 설명하고 있는 만큼 에타·번주·죄인(일본인)이 거주하는 공간은 '왕실의 천하', 즉 사쿠마 식으로 말하면 '신주'가 된다. 하지만 중요한 것은 에타의 경우, 일찌감 치 '상인(常人)'과 동일한 일본인이 되었음에도 '대신(大神)에게 참배시 키고 부정을 씻어내'는 절차가 조건으로 제시되고 있다는 점이다. 이것 은 '신도'를 근거로 '왕실'의 신성함을 강조하면 할수록 게가레로 규정되 는 에타라는 존재는 신사참배를 통해 부정을 씻어내는 과정을 거쳐야만 일본인이 될 수 있음을 의미한다. 번주나 '일본의 죄인'은 그 자체로 러 시아의 침입을 막기 위한 일본인의 의무를 수행할 수 있지만, 에타는 신 사참배라는 게가레 씻김을 거치지 않으면 일본인의 의무를 수행할 수 없는 존재인 것이다.[20]

이러한 에타 인식은 막부가 폐지되고 왕정복고라는 명분하에 복고신

---

17) 위의 책, 402~403쪽.
18) 위의 책, 426쪽.
19) 위의 책, 392쪽.

1부 국민의 탄생, 신민의 발견

도파 국학자들이 신도국교화 정책을 추진하던 시기까지도 여전히 존재
했다.[21] 예를 들어 1869년 8월에 메이지 천황의 도쿄 행차가 예고되면
서 "에타 촌은 멍석이나 갈대발 등으로 가리고 문밖으로는 나오지 말
것"[22]이라는 주의사항이 내려졌고, 11월 도쿄에 도착한 뒤에는 모든 도
쿄 시민에게 "어인휼(御仁恤)의 어주(御酒)"가 하사되었지만 에타의 우두
머리 단자에몬(彈左衛門)에게는 하사되지 않았다.[23]

한편 막부 말기에는 부족한 군사력을 보충하기 위해 막부는 물론이
고 막부 반대파에 속하는 조슈번(長州藩) 등도 '기개 있는 에타'로 구성

---

20) 우에스기는 호아시의 『동잠부론』이 "피차별 부락 이용을 통한 '해방'이지 진정한 해방을
의미하지는 않"지만, "차별을 정당화하는 근거이기도 했던 이민족기원설이 이미 사회적으
로 광범위하게 인식되어 있었고, 이것이 새롭게 발생한 영토의식이나 국가의식과 충돌하
면서 거꾸로 차별의 근거가 될 수 없음을 드러내면서 '해방' 사상이 발생하기 시작했다는
점"을 나타낸다고 평가한다(上杉聰, 앞의 책, 20~21쪽). 이와 같은 평가에 이견은 없다. 다만
여기에서는 막부 말기의 대외위기라는 환경 속에서 이제 막 형성되기 시작하는 영토의식
과 국가의식이 '신주(神州)'와 '대신(大神)'으로 표상되는 '왕실'을 매개로 하고 있으며, 이
를 구성하는 일본인이라는 범주에 에타가 포함되기 위해서는 반드시 게가레 씻김이라는
신도적 절차를 거쳐야만 했던 점을 지적해두고자 한다. 이것은 에타의 국민화 과정과 사
민(四民)의 국민화 과정이 다를 수밖에 없음을 보여주기 때문이다. 이것이야말로 나중에
살펴보듯이 에타의 기원이 도호쿠지방의 에미시라는 인식이든 한반도 출신이라는 인식이
든 상관없이 그 어떤 신분보다도 천황을 매개로 일본인(국민)임을 인식할 수밖에 없는 이
유가 된다.

21) 1869년 7월 제정일치의 원칙에 따라 신기관(神官)을 태정관보다 상위에 설치했다가
1871년 폐번치현 이후 신기성(神祇省)이 태정관의 아래로 격하되기까지이다. 우연하게도
이 시기가 끝날 무렵 천칭폐지령이 내려졌다는 점은 매우 시사적이다.

22) 1869년 8월 「東京行幸御道筋心得方ヲ令ス」, 太政官布告 第686号, 内閣官報局, 『明治
元年 法令全書』, 内閣官報局, 1869, 277쪽.

23) 1869년 11월 21일 「天皇東行のため弾内記配下の者にも酒等の下賜を東京府にて検
討」, 南博, 『近代庶民生活誌11 天皇・華族』, 三一書房, 1990, 360~361쪽.

된 부대를 결성했다.[24] 이런 가운데 에타들도 신분 상승을 요구하는 탄원서를 제출하기 시작했다. 다음은 1867년 5월 셋쓰국(攝津國, 지금의 오사카부 서북부와 효고현 동남부) 와타나베(渡辺) 촌의 에타 우두머리 타이코야마타베(太鼓屋又兵衛)가 막부에 제출한 탄원서이다.

　　이국(異國)의 화친교역 요구에 대해 양이(攘夷)의 명이 내려지면, 국은(國恩)에 보답하고자 우리들은 선봉에서 사력을 다해 그 명을 받들고자 합니다. 그런데 고기를 먹는 외국인과도 화친을 맺으면서 고기를 먹는 우리들이 국지(國地)를 부정타게 하므로 사민(四民) 밖에 있도록 하는 것은 심히 한탄스럽습니다. 부디 우리들의 신분에서 에타라는 두 글자를 없애는 자비를 베풀어주시기 바랍니다.[25]

　　이 탄원서에 대해서는 막부와 대립하던 도사(土佐) 번사의 종용이 있었다는 지적도 있다.[26] 그렇다 하더라도 에타 스스로 '국은에 보답하고자 선봉에서 사력을 다해 명을 받드는' 것을 근거로 '에타라는 두 글자'의 폐지를 막부에게 요청하고 있다는 점은 중요하다. 대외위기라는 외적 환경의 변화 속에서 호아시와 같은 지배층에게 에타는 '에조도'라는 영토, 즉 '신주'를 지킬 수 있는 일본인 자격을 얻기 위해 여전히 신사참

---

24) 앞의 일본부락해방연구소(2010), 179~184쪽 참조.

25) 1867년 5월 「大坂穢多渡辺村より嘆願書」, 앞의 南博(1990), 369쪽.

26) 尾佐竹猛 著, 磯川全次 校訂·解説, 『明治四年賤称廃止布告の研究』, 批評社, 1999, 100쪽. 도사 번사들의 의도가, 고기를 먹는 서양인들과 화친한다면 동일하게 고기를 먹는 에타를 차별할 이유가 없지 않느냐며 막부의 개국정책을 풍자하는 데 있었다는 것이다.

배라는 게가레 씻김을 거쳐야만 하는 차별적 존재로 인식된 반면, 에타 스스로에게는 게가레 씻김이라는 조건과 상관없이 '국은'에 보답하기 위해 '선봉에서 사력'을 다할 수 있는 존재(일본인)라는 자각이 나타나기 시작한 것이다. 요컨대 막부 말기의 대외 위기라는 환경 속에서 에타 스스로가 누구보다도 앞장서서 영토를 수호하고 국은에 보답하는 국가 차원의 행위야말로 '에타 두 글자' 폐지의 중요한 요건이라 인식한 것이다. 그리고 이러한 에타의 인식은 막부 폐지와 왕정복고라는 명확한 정치체제의 변화 속에서 더 구체적인 형태를 갖추기 시작했다.

3. 왕정복고 이후의 에타 인식

메이지 정부는 막부 지지파와 보신전쟁을 치루는 반면, 한편으로는 '어일신(御一新)'을 슬로건 삼아 천황을 정점으로 한 국가체제를 만들기 시작했다. 1868년 3월에 발포된 '5개조 서문'은 그 일환이었다. 내용은 "①널리 회의를 일으켜 제반 문제를 공론(公論)에 따라 결정한다. ②상하 합심하여 활발히 경륜을 편다. ③문무백관에서 서민에 이르기까지 각기 그 뜻을 이루고 불만이 없도록 해야 한다. ④기존의 누습을 타파하고 천하의 공도(公道)를 따른다. ⑤지식을 세계에 구하고 황국의 기반을 굳건히 다진다"이다.

이와 같은 내용은 막부 말기 이래 입헌정치론의 한 형태로 제기되어 온 공의정체론(公議政體論)을 바탕으로 하면서도, 발표 형식은 왕정복고라는 제정일치의 이념에 어울리는 신도식(神道式)으로 거행함으로써 천황의 신권성(神權性)을 강조하는 것이었다.[27] 여기에는 이제 막 시작된 근대 일본 국가체제가 한편으로는 국가권력의 정통성을 천황의 초월적인 권위로 실현하는 '천황친정(天皇親政)'에 두면서도, 다른 한편으로는 그 천황이 아직 "유충(幼沖)의 천황"[28]에 불과하여 정통성 확보에 불충분함이 있기 때문에 '공의여론(公議興論)'을 강조할 수밖에 없던 현실이 반영되어 있다.

공의여론을 제1조로 선언한 메이지 정부는 이를 담보할 정부기구를 설치했다. 1869년 3월 7일 도쿄의 히메지번(姬路藩) 저택에서 개최된 공의소(公議所)가 그것이다. 여기에서는 각 번의 대표로 선출된 공의인(公議人) 227명이 당시의 현안을 논의했다. 물론 공의소에서 가결된 14건의 안건 중 천황의 재가를 받아 메이지 정부의 법령으로 포고된 것이 한 건도 없었다는 점에서 정치적 역할은 미비하다고 할 수 있다.[29] 하지만 비록 관허(官許)라 하더라도 공의소에서 논의된 안건들이 『공의소일지(公議所日誌)』와 『의안록(議案錄)』의 형태로 출판되어 배포되었다는 점에서 당시의 공의여론 형성에 미친 영향은 적지 않았다. 이런 의미에서 공의소에 제출된 에타 관련 의견서의 법제적 실효성은 낮았지만, '상하귀천'의 구별 없는 공의여론 형성에 끼친 영향은 상대적으로 높았다. 실제로 1870년 마쓰야마번(松山藩) 관할 아래에 있는 에타의 우두머리 한우에몬(半右衛門)은 "이미 도쿄의 집의원에 건의서가 제출되어 있는 바" "우리들도 다

---

27) 大久保利謙, 『大久保利謙歷史著作集1 明治維新の政治過程』, 吉川弘文館, 1986, 60쪽.

28) 多田好問, 『岩倉公実記』 中卷, 岩倉公旧蹟保存会, 1906, 159쪽.

29) 유명무실화된 공의소는 같은 해 7월 8일 직원령(職員令)에 따라 집의원(集議院)으로 축소 개편되었다가 이듬해 1870년 9월 폐쇄되었다.

1부 국민의 탄생, 신민의 발견

른 평민과 동일한 대우를 받고 싶다"는 탄원서를 제출하기도 했다.

그렇다면 공의소에 제출된 에타 관련 의견서는 어떤 내용이었을까?

우선 호아시 류키치(帆足龍吉)의 의견서를 살펴보자. 호아시 류키치는 앞에서 검토한 호아시 반리의 아들이다. 이 때문인지 의견서의 대부분은 아버지 호아시의 주장을 답습하고 있다.[30]

장차 에조의 적(막부 군을 의미함)이 평정되면 이곳을 개척해야 하는데, 이곳은 인구가 적어서 개척이 쉽지 않을 것이다. 하지만 현재 에타라 불리는 자들이 있다. 옛날 오우에 살던 에미시의 후손이다. 아주 옛날 포로로 잡힌 에미시를 이세신궁으로 데려와 소와 말을 먹고 그 가죽과 고기를 바치게 하고, 신산(神山)의 나무를 베어 바치게 했는데, 야마토히메미코토가 이들을 여러 주로 이주하도록 조정에 청했다. 이후 다무라마로가 오우지역을 평정하고 에미시를 모두 일본인으로 삼아, 에타도 상인과 다르지 않게 되었다. 에타는 도적을 감시한다고 하지만 실제로는 도적의 소굴이다. 평인과 교제하지 않아 정치에 큰 장애가 된다. 이제 어일신에 따라 대사면을 실시하고, 이들을 소집하여 이세신궁에 참배시켜 평인으로 만든 후 에조치로 이주시켜 금광·목재·어업 등을 일으키고, 농경과 목축에 종사하게 하면, 에타도 평인이 된 것을 기뻐하며 진력을 다할 것이다. 이야말로 지당한 조치라 생각한다(동일한 부분은 밑줄로 표기 — 인용자).[31]

30) 1870년 「穢多頭半右衛門から平民同樣取扱いの嘆願書を提出」, 原田伴彦・上杉聡, 『近代部落史資料集成』 第1卷 「解放令」の成立, 三一書房, 1984, 437쪽.
31) 1869년 3월·4월, 「官版 議事案」, 明治文化研究會, 『明治文化全集』 第1卷 憲政編, 日本評論社, 1955, 144쪽.

아버지 호아시가 '제후의 지배영역에 오랑캐 마을이 있는 것과 같다'고 에타의 폐해를 평가했던 것에 비해, 아들 호아시는 시대의 변화에 맞춰 '정치에 큰 장애가 된다'고 평가하며 '어일신에 따라' 에타의 폐지를 언급하는 것을 제외하고는 거의 동일한 내용이다(밑줄 참조). 따라서 이것은 막부 말기 지배층의 에타 인식, 즉 게가레 씻김을 전제로 한 에타 폐지론의 연장선상에 있으며, 그렇기 때문에 오히려 아들 호아시의 의견은 당시에 가장 보편적인 에타 인식이었다고 할 수 있다. 히로시마번(廣島藩)은 에타가 마쓰리(神祭)에 관여하는 것을 엄격히 금지했고,[32] 오사카부(大阪府)는 유야(湯屋)나 조루리(淨瑠璃) 공연장에 에타가 출입하는 것을 엄격히 단속하는 등[33] 에타는 여전히 게가레 존재로 인식되고 있었다. 이러한 에타 인식이 보편적으로 존재했기 때문에, 뒤에서 살펴보듯이, 천칭폐지령 발포에 대한 평민들의 저항이 매우 강했던 것이고, 이를 무마하기 위해 나중에 살펴보는 바와 같이 각 현은 에타의 게가레 씻김 퍼포먼스를 준비했던 것이다.

그렇지만 호아시의 의견과 전혀 다른 새로운 논리도 제시되고 있다. 다음은 가토 히로유키(加藤弘之)가 제출한 '히닌·에타 폐지 의견'(1869.4)의 전문이다.

히닌·에타의 연유를 알 수 없다 할지라도 인류임에 틀림없는 이들을 사

---

32) 1869년 6월 18일, 「えた·茶筅が神祭に関与することを厳禁」, 앞의 原田伴彦·上杉聡 (1984), 412쪽.

33) 1869년 4월 25일, 「川原者の風俗取締り等を大阪府から布達」, 위의 책, 273쪽.

람 취급하지 않는 것은 심히 천리(天理)를 어긋난다. 또한 외국과 교제를 하는 지금 이를 그대로 방치한다면 이보다 더한 국욕(國辱)은 없을 것이다. 모쪼록 어일신에 맞게 히닌·에타 호칭을 폐지하고 서인(庶人)에 포함시키길 바라는 바이다. 이미 옛 막부에게 단나이기(彈內記) 지배하의 에타들이 그 호칭의 폐지를 요청하기도 했다. 이를 외면하는 것은 황송하게도 왕정의 큰 결함이 되므로 이번에 개정하여 서민에 포함시켜야 할 것이다.[34]

가토는 같은 인류임에도 히닌·에타라는 존재를 사람이 아닌 것으로 취급하는 것은 천리에 어긋날 뿐만 아니라, 외국과 교류하는 지금 이를 그대로 두는 것보다 더한 국욕이 없다는 이유로 히닌·에타의 폐지를 건의하고 있다. 국내적으로 히닌·에타가 차별받음으로써 그들이 개인적으로 '욕(辱)'을 받는 것만이 아니라, 이들의 존재로 인해 외국으로부터 '국욕'을 받는 것이 훨씬 문제라는 것이다. 여기에서 히닌·에타 폐지라는 '천리'(천부인권론)는 그 자체가 목적이 아니라, '더한 것이 없는 국욕'을 해소한다는 국가주의의 목적에 귀속되었을 때 비로소 그 정당성이 획득되고 있다. 물론 '국욕'의 주체는 '일군만민(一君萬民)'이라는 이념을 실천하는 '황국', 즉 천황제 국가이다.

다른 두 건의 의견서도 가토의 주장과 크게 다르지 않다. 에타의 생사여탈을 좌우할 수 있는 우두머리의 특권을 폐지하자는 의견은 에타의 천리를 보장하기 위해서가 아니라, 이들도 "황국의 인민"인 이상 "조정

---

34) 앞의 明治文化硏究會(1955), 142쪽.

의 대권(大權)", 즉 국가의 재판권이 침해당해서는 안 되기 때문이다.[35]
에타·히닌 신분을 폐지하고 피혁업자로 규정하여 농민이나 상인과 동일하게 만들자는 의견도 직업 선택의 자유를 보장하기 위해서가 아니라, 이들의 신분적 특성으로 인해 면제받은 "수십만 석"의 세금을 확보하여 "막대한 국익"을 보장받기 위해서이다.[36] 우에스기가 1871년 천칭폐지령의 직접적인 계기가 되었다고 밝혀낸 도쿄부 의견서에서도 에타·히닌의 천리가 아니라 "황국의 세상에서 에타·히닌의 칭호는 타당하지 않기 때문"이라는 것이 근거 중 하나로 제시되고 있다.[37]

물론 우에스기가 밝혀냈듯이, 천칭폐지령이 실시된 직접적인 계기는 에타 등에게 인정되던 '천민 택지'의 세금 면제가 당시 예정되었던 지조 개정의 걸림돌로 인식되었기 때문이다. 하지만 이를 인식한 메이지 정부의 해결 방향이 '천민 택지'의 세금 면제 금지 또는 취소가 아니라 천칭폐지령이었다는 점에 주목할 필요가 있다. 천칭폐지령이 발포된 1871년 8월 28일은 폐번치현이 실시된 지 한 달 정도 지난 시점이고, 이를 전후로 화족·사족·평민 혼인허가(1871.8.23)와 졸족칭(卒族称) 폐지(1872.1.29)도 이뤄졌다. 이것은 폐번치현이라는 국가 차원의 행정조치가 신분제라는 지금까지의 분절적 사회구성원리를 국민이라는 균질적 사회구성원리로 재편성하지 않고서는 그 실효를 거둘 수 없었음을 의미한다.

---

35) 1869년 5월, 大岡玄蔵, 「生殺ノ権' 穢多頭に委ヌヘカラサルノ議」, 위의 책, 154쪽.
36) 1869년 5월, 内山総助, 「穢多非人ノ身分御改正ノ議」, 위의 책, 155쪽.
37) 1870년 12월, 「東京府上申」, 앞의 原田伴彦·上杉聡(1984), 59쪽.

1부 국민의 탄생, 신민의 발견

이상과 같이 왕정복고 이후 사회 전반에 걸쳐 에타에 관한 신분적 규제가 여전히 강하게 유지되는 한편, 천황을 정점으로 한 국가체제를 만들기 시작하는 가운데 이를 지탱하는 존재 중 하나로서 에타가 국민으로 '상상'되기 시작했다. 그렇다면 이러한 시기에 에타는 자기 자신을 어떻게 인식했을까?

우선 막부 말기의 에타가 막부 측과 막부 반대파 측에 모두 동원되었던 것에 비해, 왕정복고 쿠데타 이후 발생한 보신전쟁에서는 주로 '관군'에 동원되었다.[38] 전쟁이 끝난 이후에는 메이지 정부가 추진하는 이른바 문명개화정책에 적극적으로 호응했다. 다음은 1870년 12월 17일 교토의 센본마스야(千本升屋) 모헤이(茂兵衛) 등이 교토부에 제출한 오명 폐지 탄원서이다.

철도를 개설한다는 취지는 천한 아랫것들까지도 국익을 느끼게 합니다. 우리 촌은 본래 오우의 사민(土民)이었지만 그중 분별없는 자도 있던 탓에 언제부터인가 결국 에타라는 오명을 얻었습니다. (중략) 이후 오늘날까지 계속되다가 복고 어일신을 맞이하는 것이 매우 다행이라 생각합니다. 이러한 때를 맞이하여 무엇으로 미충(微忠)을 다하여 한 번에 오명을 벗겠습니까? 예전부터 국은(國恩)에 보답할 길을 찾고 있던 차에 철도 개설 소식을 들은 바, 우리 촌과 오사카 와타나베(渡辺) 촌 등의 동지들이 교토에서 후시미까

---

38) 「奥羽越戦争に官軍として穢多隊が参戦」, 위의 책, 181쪽. 아이즈전쟁에서 다카다번(高田藩) 관할지역의 에타들은 25명 남짓의 소대를 조직하여 관군의 척후병 임무를 수행했다고 한다.

지 실비를 헌금하자는 의견을 내서 야마토(大和)·가와치(河內)·이즈미(和泉)·셋쓰(攝津)·기이(紀井)·단바(丹波)·오우미(近江)·하리마(播磨)의 500여 촌이 참가하기로 했습니다. 규모가 큰 곳은 200명에 상응하는 돈을 내고, 작은 곳은 운송 등 인력을 차출하기로 했습니다. (중략) 따라서 우리 촌과 같은 오명을 폐지하고 그 옛날 오우의 민(民)과 같이 취급해주시길 간절히 바라는 바입니다.[39]

여기에서는 막부 말기와 동일하게 게가레 씻김이 조건으로 제시되지 않고 있다. 반면에 '오명' 폐지의 정당성은 '국은'에 보답하기 위한 양이 실천이었던 것에서 당시의 문명개화정책 중 하나인 철도 건설이라는 '국익'으로 대체되고 있다. 이것은 막부 말기 이래의 에타가 자신의 존재를 정당화하는 논리를 천부인권이 아니라 천황과의 관련성 또는 국가에 대한 기여도에서 찾고 있음을 보여준다. 이는 또 다른 에타 호칭 폐지 탄원서에서 국은·신주·구폐 어일세(御一洗)·어일신의 어인혜(御仁惠)[40] 등과 같은 용어가 반복적으로 등장하는 것에서도 알 수 있다. 물론 이것은 에타라는 '오명'을 폐지하기 위해 정치적으로 사용된 수사적 표현에 불과한 것이지도 모른다. 하지만 그렇다 할지라도 결과적으로 이러한 언설은 에타 스스로 제시한 에타 호칭 폐지의 논리가 '일군만민'의 이념 아래 형성되기 시작한 천황제 국가의 틀 안에서 이뤄질 수밖에 없는 구속성을 만들어냈다.

---

39) 1870년 12월 17일, 「汚名廃止の歎願を京都府に提出」, 앞의 南博(1990), 371쪽.
40) 위의 책, 369~372쪽.

1부 국민의 탄생, 신민의 발견

4. 나오며: 천칭폐지령이 만들어낸 주술

1871년 8월 28일 천칭폐지령이 발포되었다. 물론 이에 대한 평민의 저항은 격렬했다. 이들은 '구폐 일소'라는 "조명(朝命)의 엄중한 취지를 받든다 할지라도 지금까지의 구습을 변혁하기는 매우 어렵다"며 천칭폐지령 철회를 요구했다.[41] 또한 옛 에타가 거주하는 부락과 일반 촌 사이에 물리적 충돌도 발생했다.[42] 이러한 상황을 시찰한 민부순찰관(民部巡察官)은 다음과 같은 지방순찰복명서를 제출하고 있다.

> 에타를 평민으로 삼는다는 포령이 있은 후, 에타가 요리집·목욕탕·머리 묶는 곳 등에 출입하는 것을 농상(農商, 평민을 의미함)이 꺼려서 이용하지 않게 되자 요리집 등이 매우 곤란해졌다. 이에 비젠(備前) 오카야마(岡山)에서는 기존의 목욕탕을 초(町)의 목욕탕이라고 하며 목찰을 미리 나눠준 뒤, 목찰을 보여주면 목욕탕을 사용할 수 있게 하고, 목찰이 없으면 초의 목욕탕이라는 이유로 거부한다고 한다. 이를 전해듣고 쿠라시키(倉敷) 주변에서도 똑같이 하고 있다고 한다.[43]

---

41) 1871년 10월,「穢多に対する差別的旧習を墨守するよう五四箇村が歎願」, 위의 책, 381쪽. 같은 시기에 동일한 논리로 23개 촌이 서명한 탄원서도 제출되었다(382쪽).

42) 1871년 9월~10월,「賤民制廃止により一般村と部落の間に確執が発生」, 위의 책, 380~381쪽.

43) 1871년 11월,「四国·中国地方の部落問題等に関する民情を民部巡察官から報告」, 앞의 原田伴彦·上杉聡(1984), 73쪽.

오랫동안 게가레 존재로 여겨진 에타와 거주 지역은 물론이고 다른 생활습관으로 살아온 농상(평민)으로서는 천칭폐지령이 발포되었더라도 그들이 목욕탕과 같은 자신들의 일상생활 속으로 어느 날 갑자기 들어오는 것을 받아들이기 힘들었을 것이다. 때문에 이들은 소극적으로나마 '목찰'이라는 거부 행위를 펼쳤고, 때로는 적극적으로 천칭폐지령 반대를 내걸고 봉기를 일으켰다.[44]

이렇듯 천칭폐지령에 강한 거부감을 표시하는 평민들에게 각 현에서는 천칭폐지령의 의미를 다음과 같이 설득하고 있다.

① 종래 에타·히닌 등 그 종이 다른 이유는 모르지만, 사농공상을 사민이라 하는 것도 필경 그 직업에서 유래하는 바, 에타·히닌 등도 그 직업을 천하게 여기고 서로 낮게 보는 것에서 시작되었으리라. 그 어느 누구도 모르는 이유를 근거로 마침내 사민은 교제를 끊고 관부(官府)는 장외(帳外)에 기록하는 폐해가 발생했다. 바야흐로 문명 일신하는 현재, 구폐를 바꾸어 일반 평민과 동일하게 하므로, 속히 그 폐해를 일소하여 혐의(嫌疑)와 차별을 없애고 (중략) 서로 반성하며 사람이 사람인 이유를 생각하고 부끄러움을 아는 것을 급무로 삼아 오직 이러한 때 이렇듯 감사한 취지를 받들 수 있도록 깊이 생각하고 새기어 커다란 홍은(鴻恩)에 보답하는 것을 잊지 말도록 하라.[45]

---

44) 예를 들어 1873년 5월에 발생한 미마사카(美作) 혈세잇키에서는 옛 에타의 거주지 습격으로 주택 263채가 불타고 51채가 파괴되었으며, 에타였던 18명이 살해당할 정도였다. 「明治六年夏美作全国騒擾概誌」, 앞의 ひろた まさき(1990), 110~111쪽 참조.

45) 1871년 9월 18일, 「賤民制廃止について堺県から告諭」, 앞의 南博(1990), 373쪽(밑줄은 인용자, 이하 동일).

1부 국민의 탄생, 신민의 발견

② 하늘과 땅 사이에 생겨난 것 중 사람보다 귀한 것은 없다. 그럼에도 같은 사람이면서 금수와 같은 취급을 받는 것이 에타와 히닌이다. 본래 에타와 히닌은 틀림없는 인간이다. (중략) 동일한 인간이면서 에타와 히닌 등 별종이 있을 이유가 없는 것은 명백한 도리이다.[46]

③ 종래 에타라 칭하며 인민 중에서 별종 취급을 하는 것은 본래 황국이 아직 개화되지 못한 때의 일이다. 근래에 조사를 해본 결과, <u>현재 우리 황국 인민임에 틀림없고 그 천성과 지식이 평민과 다르지 않으므로 종래의 잘못을 고쳐 평민 일반으로 취급하도록 한다.</u> (중략)

옛 에타에게 알림

이번에 에타와 히닌의 칭을 폐지하고 평민과 동일하게 취급하려는 깊은 취지를 깊이 감사히 여겨 농업에 한층 힘쓰는 것은 물론이고, 앞으로 모든 행동거지를 청결히 하도록 하라. 무엇보다도 아침저녁으로 청소를 하고 짐승을 잡아 그 가죽을 취급할 때에는 반드시 몸을 청결히 하도록 하라. <u>몸에서 나는 모든 악취에 주의하여 지금까지 평민이 게가레라 여기던 것을 신속히 바꾸도록 하라.</u>[47]

여기에서는 에타도 평민도 모두 '동일한 사람'이라는 이른바 천부인권사상이 천칭폐지령 발포 근거로 제시되고 있으며, 이는 '문명'이란 용어로 정당화되고 있다. 그런데 한 가지 특이한 점은 ③의 경우이다. ③은

---

46) 1871년 11월 22일, 「穢多・非人等廃止について広島県から管下に告諭」, 앞의 原田伴彦・上杉聡(1984), 416~417쪽.

평민과 에타 양쪽 모두에게 천칭폐지령의 의미를 설명하고 있다. 평민에게는 이제 에타도 '황국 인민'이라고 설명하는 한편, 에타에게는 게가레를 없애고 청결을 유지하라고 명하고 있다. 그동안 에타가 별종 취급을 받아온 이유가 게가레 때문이고 이것이야말로 개화되지 못한 황국의 구폐임에도 평민에게 게가레에 대한 문명적 인식 전환을 요구하기보다 개화되지 못했던 황국의 피해자 에타에게 스스로 게가레를 없애도록 노력하라고 주문하고 있는 것이다. 실제로 각 현에서는 "게가레 씻김 의식을 집행하고 에타·히닌 등에게 참배하도록 하여 오예(汚穢)가 전혀 없음을 보이고 평민도 받아들이도록"[48] 하는 퍼포먼스가 개최되었다. 이러한 퍼포먼스는 언론을 통해서 다음과 같이 선전되었다.

　　이세(伊勢)의 에타 촌에서는 이번에 평민과 동일하다는 포고가 발포되자, 바로 다음 날 고리(垢離)[49]를 하여 지금까지의 죄를 씻고서 대신궁(大神宮) 앞에 참배하며 천은(天恩)의 넓음에 감사드렸다. 삼가 신명에게 경례하고 신전에서 청결한 불을 지피고 그 불을 받아 집으로 돌아가 그때까지 사용하던 불을 버리고 일상의 식사나 목욕에 이르기까지 신명의 불을 사용했다고 한다. 모든 사람들이 더러운 오속(汚俗)을 버리고 새로이 바르게 하는 것을 칭찬했다.[50]

---

47) 1871년 10월 12일, 「賤民制廃止により姫路県から部落内外に告諭」, 앞의 南博(1990), 374쪽.
48) 1871년 10월, 「(高知県)賤民制廃止により旧穢多の人々に清祓を執行」, 위의 책, 378쪽.
49) 신불에 기원하기 전에 바닷물이나 냉수를 끼얹었으며 심신의 더러움을 빼는 목욕재계.
50) 『開化新聞』(1871.12), 앞의 南博(1990), 377쪽.

　　　　　　　　　　　1부 국민의 탄생, 신민의 발견

이처럼 각 현이 개최한 에타의 게가레 씻김 퍼포먼스는 막부 말기에 호아시가 제안한 에타 폐지 방안과 동일한 방식이다. 국가적 차원에서는 사민평등이라는 '문명일신'에 기초한 천칭폐지령이 발포되었지만, 각 지역에서 이것이 실행되기 위해서는 게가레 씻김이라는 신도적 행위에서 그 정당성을 찾을 수밖에 없었던 것이다. 이는 신분적으로 사민과 달랐던 에타가 사민과 동일한 '황국 인민'이 되기 위해서는 '문명일신'을 '천황'에 수렴시키고 이를 '일군만민'이라는 표어로 구체화하는 왕정복고 이데올로기와 친밀한 관계를 유지할 수밖에 없었음을 말해준다.

한편 천칭폐지령이 메이지 천황의 이름으로 발포된 이후, 옛 에타는 "메이지 황은이 넓고 두터워 마침내 우리를 국민 평등의 적(籍)에 편입하시고 국민으로서 당연한 권리를 얻을 수 있는 자유를 주셨다"[51]는 문구를, 정치적인 수사일지라도, 전면에 내세웠다. 이것은 이후 '부락민'이라는 호칭으로 불리며 또 다시 '평민' 출신 국민들에게 차별받는 에타와 히닌이 '국민 평등'의 권리를 '천황 아래 평등'이라는 천황제 국가 인식에서 찾을 수밖에 없었음을 나타낸다. 이는 에타와 히닌에게 메이지유신이 한편으로는 자신을 속박해온 신분으로부터 해방된 국민을, 다른 한편으로는 새롭게 창출된 천황제 아래의 신민이라는 주술로의 속박을 의미하는 것이었다.

---

51) 1881년 11월, 「緒言」, 앞의 ひろた まさき(1990), 117쪽.

제2장

이와쿠라 사절단의
서양 시찰과 내이션 체험

1. 들어가며

1871년 11월 12일 이와쿠라 사절단(이하 사절단)은 요코하마를 출발하여 미국으로 향했다.[1] 전권대사 이와쿠라 도모미(岩倉具視)를 비롯한 사절단 46명과 시종 18명, 여기에 유학생 43명(이 중 5명은 여자 유학생)이 추가되어 총 107명에 달하는 대규모 사절단이었다. 사절단은 태평양을 건너 미국, 영국, 프랑스 등 총 12개국을 순방하고 수에즈운하와 동남아시아를 거쳐 약 1년 10개월 만에 귀국했다. 당초 예정은 10개월 동안 14개국을 방문하는 것이었다. 하지만 미국과 영국에서 일정에 차질이 생겨서 예정보다 2배 이상 길어졌다.[2]

---

1) 1853년 막부는 서양 각국과 조약을 체결하면서 조약개정 기한을 20년으로 합의했다. 그 기한이 1872년 7월 2일로 다가오자, 메이지 정부는 조약개정의 예비교섭을 위해 이와쿠라 사절단을 파견하기로 결정했다. 이 과정은 田中彰,『岩倉使節団の歴史的研究』, 岩波書店, 2002, 19~25쪽 참조.

2) 첫 방문지 미국에서 적극적인 환대를 받은 사절단은 조약개정 예비교섭이 아니라 실질적 조약개정 교섭을 추진하기로 계획을 수정했다. 하지만 이를 위해서는 조약개정에 관한 천황의 전권위임장이 별도로 필요했다. 때문에 사절단은 오쿠보 도시미치(大久保利通)와 이토 히로부미(伊藤博文)가 일본으로 위임장을 받으러 다녀온 6개월 동안 워싱턴에 머물렀다. 이외에 런던에 도착했을 때에도 마침 빅토리아 여왕이 여름휴가를 떠나 알현이 늦어져, 당초 예정했던 한 달을 훨씬 넘겨 4개월간 머물렀다.

그렇다면 사절단은 역사적으로 어떻게 평가되고 있을까? 일본 학계의 일반적 평가를 알아보기 위해 현재 일본 고등학교에서 사용하는 일본사 교과서의 기술 내용을 확인해보도록 하자.

①「메이지 초기 외교관계」: 외교문제에서는 막부로부터 이어진 불평등조약 개정이 큰 과제였다. 1871년 말, 우대신 이와쿠라 도모미를 대사로 하는 사절단(이와쿠라 사절단)이 미국과 유럽에 파견되어 우선 미국과 교섭했지만, 목적을 달성하지 못하고 구미 근대국가의 행정과 산업 발전 상황을 상세히 시찰하고 귀국했다. 1876년부터 외무경 데라시마 무네노리(寺島宗則)가 미국과 관세자주권 회복 교섭에 거의 성공했지만, 영국과 독일 등의 반대로 무효화되었다.[3]

②「서양문화 섭취」: 정부는 새로운 지식과 기술을 배우기 위해 구미에 유학생을 보내고, 많은 외국인을 고용했다. 폐번치현 직후인 1871년 11월에는 특명전권대사 우대신 이와쿠라 도모미를 구미에 파견했다. 사절단의 목적은 조약개정의 예비교섭과 함께 각국의 법률·제도·산업·교육 등을 시찰하고, 일본의 근대화와 부국강병을 도모하는 데 있었다.[4]

---

3) 笹山晴生 외 12명, 『詳説日本史(日本史B)』, 山川出版社, 2013, 272쪽. 현재 일본 고등학교에서 채택률이 가장 높다.
4) 君島和彦 외 14명, 『高校日本史B』, 実教出版, 2013, 156쪽. 2013년 도쿄도(東京都), 가나가와현(神奈川県), 오사카부(大阪府), 사이타마현(埼玉県), 효고현(兵庫県) 교육위원회는 이 교과서 내용 중, 졸업식이나 입학식에서 일장기 게양과 기미가요 제창을 "일부 지자체에서 공무원에게 강제로 실시하도록 하는 움직임이 있다"는 기술을 문제 삼아 현립 고등학교에서 사용하지 못하도록 결정했다.

①은 메이지 초기 외교관계를 설명하면서, ②는 서양문화 섭취를 설명하면서 사절단을 언급하고 있다. 하지만 공통된 내용은 사절단이 계획했던 조약개정 예비교섭이 실패한 이후 '일본의 근대화와 부국강병'을 위해 '구미 근대국가의 행정과 산업 발전 상황'을 '시찰'했다는 것이다. 본문만이 아니라 별도 칼럼으로 사절단의 서양문화 섭취를 강조한 메이세이샤(明成社) 교과서[5] 이외에는 대체로 대동소이한 내용과 분량으로 기술되어 있다.

사절단에 대한 이와 같은 평가는 서양은 곧 문명이며, 그 문명을 받아들이는 근대 일본이라는 구도 속에서 사절단의 역사적 의미를 규정하는 것이다. 그 표현이 이문명(異文明) 접촉이라 하더라도, 여기에서 문명은 서양의 근대국가를 의미하고, 서양은 그 자체가 완성된 근대국가로 설정되어 근대화하는 일본의 모델로 상정되어 있는 것이다. 따라서 이와 같은 사절단의 역사적 의미 규정은 오랜 시간 속에서 다소 형태가 바뀌기는 했지만, 19세기 이래 동아시아를 휩쓸었던 서양 중심적 문명사관의 자장에서 여전히 벗어나지 못한 평가이다.[6]

그렇다면 사절단이 시찰한 1871~1872년 당시의 서양은 과연 완성된 근대국가였을까? 만약 근대국가가 국민국가(nation state)를 의미한다

---

5) 朝比奈正幸 외 17명, 『最新日本史』, 明成社, 2013, 194쪽, 200쪽. 이것은 우익 교과서로 평가받고 있다.

6) 선행연구는 구메 구니타케(久米邦武), 박삼헌 옮김, 「책을 내면서」, 『특명전권대사 미구회람실기』 제3권 유럽대륙(상), 소명출판, 2011, 6~9쪽 참조. 「책을 내면서」는 한국연구재단 학술명저번역 지원(2007)으로 한국어판 『특명전권대사 미구회람실기』 전 5권을 출판하면서 필자(연구책임자)가 각 권에 수록한 글이다. 각 권의 번역자는 제1권 정애영, 제2권 방광석, 제3권 박삼헌, 제4권 서민교, 제5권 정선태이다. 이하 인용문은 한국어판 쪽수를 표기했다.

면 프랑스 신학자 에르네스트 르낭(Ernest Renan)이 "국민(nation)이란 무엇인가? 왜 네덜란드인은 국민이고 하노버나 파르마공국의 경우는 그렇지 않은가?"[7]라고 질문을 던졌던 1882년까지도 서양의 국민국가는 완성된 것이 아니라 여전히 진행형이었다.

실제로 사절단이 방문할 당시의 미국은 남북전쟁(1861~1865)이 끝나고 대륙횡단철도가 개통(1869)되면서 마침내 통일된 국민국가의 형태를 갖추기 시작했다. 유럽에서는 가리발디 의용군의 연이은 승리로 이탈리아가 통일을 이뤄냈고(1861), 오스트리아제국의 황제와 헝가리의 헝가리인 귀족들 사이의 대타협으로 새롭게 오스트리아-헝가리제국이 성립했다(1867). 프로이센은 프로이센-오스트리아전쟁(1866)과 프로이센-프랑스전쟁(1870~1871)을 승리로 이끌며 독일의 통일을 이룩했고(1871), 프로이센에 패배한 프랑스는 제3공화정 성립(1870)과 파리코뮌(1871)을 거치며 국민국가의 재통합을 도모했다. 러시아에서는 농노해방령 발포(1861) 이후 제국 내의 러시아화가 진행되고 있었으며, 당시 이미 대영제국을 건설한 영국도 노동자층에 선거권을 확대하는 제2차 선거법 개정(1867)과 공립학교 설립을 규정하는 교육법 제정(1870) 등으로 새롭게 국민통합을 도모하고 있었다.

이는 사절단이 시찰한 1870년대 초반의 서양이 현재진행형 국민국가의 공간이었음을 말해준다.[8] 상대적으로 '오래된 영토국가'를 유지해온 영국, 프랑스, 러시아 등은 국민국가로의 재편, 이제 막 정치적 통일을 이룬 미국, 독일, 이탈리아 등은 국민국가의 형성을 각각 도모하고 있

---

7) 에릭 홉스봄(Eric Hobsbawm), 정도영 옮김, 『자본의 시대』, 한길사, 1998, 197쪽에서 재인용.

1부 국민의 탄생, 신민의 발견

었던 것이다. 이런 의미에서 1871년 폐번치현을 실시하고 중앙집권적 정치체제를 확립한 일본은 후자에 속한다. 따라서 사절단의 시찰은 이제 막 정치적 통일을 이룬 일본이 법률·제도·산업·교육 등 서양의 국민국가 체제를 관찰하는 것이었지만, 본의 아니게 그 시찰은 국민국가 체제가 원활하게 작동할 수 있도록 만들어졌거나 만들어져가는 국민국가의 장치들을 체험하는 과정이기도 했다. 그 대표적 사례가 사절단의 공식기록 『특명전권대사 미구회람실기』(이하 『실기』)[9]에 자주 등장하는 국민성 담론이다.

　19세기적 영역국가(국민국가)는 과거의 역사와 공통의 문화, 인종적 구성, 언어에 의해 규정되는 국민이 정주하는 확정된 영토를 지니는 존

---

8) 에릭 홉스봄은 1848년부터 1870년대까지를 '국민국가 형성' 시대로 규정하며 다음과 같이 적고 있다. "프랑스, 잉글랜드, 에스파냐, 러시아는 그 나라 사람들이 곧 프랑스, 영국 등의 국가와 동일시될 수 있었으므로 틀림없는 '국민'이었다. 헝가리와 폴란드가 '국민'인 것은 합스부르크제국의 안에서나마 헝가리왕국이 별개의 실체로 존재했기 때문이며, 폴란드국은 18세기 말에 망하기 전까지 오래도록 존재했기 때문에 그러했다. 독일이 국민인 까닭은 그 수많은 공후국들이 비록 단일한 영역국가로 통일된 적은 한 번도 없었지만, 이른바 '게르만 민족의 신성로마제국'을 오래도록 형성하고 있었다는 것, 독일연방을 형성했다는 것, 그리고 배운 것이 있는 모든 독일인들이 같은 문자와 같은 문학을 공유해왔다는 것 등의 이유들 때문이다. 또 이탈리아는 정치적 통일체는 아니었지만, 그 엘리트층에서는 아마도 가장 오래된 공통의 어문(語文) 문화를 가졌기 때문에 하나의 국민일 수 있었다."(위의 책, 201~202쪽.)

9) 1878년 출판된 『실기』는 총 5편 100권으로 이루어져 있다. 이를 각국별로 보면, 미국과 영국이 각 20권씩 전체의 40퍼센트를 점하고 있다. 그 뒤를 이어서 독일 10권, 프랑스 9권, 이탈리아 6권, 러시아 5권, 벨기에·네덜란드·오스트리아·스위스 각 3권씩, 스웨덴 2권, 덴마크 1권 순이다. 이외에는 빈 만국박람회 2권, 유럽 총론 5권, 스페인과 포르투갈을 합쳐 1권, 아프리카·아시아를 거쳐 귀항하는 일정 7권이다.

재로, 당시 이를 정당화하는 개념 중 하나로 국민성(nationhood)이 있다.[10] 따라서 다음과 같이 『실기』에서 간접화법으로 제시된 국민성은 국민국가라는 비교적 새로운 역사적 현상이 반영된 결과이기도 하다.

한순간도 발을 쉬지 않는 것이 영국인의 기질이라고 그들은 말한다. 영국 속담에 '시간이 곧 돈'이라는 것을 보아 일반인들이 매우 열심히 일하고 분발하는 것이 습관화되어 있음을 알 수 있다. 유럽에는 영국, 프랑스, 독일, 미국 등 각국 사람들을 비교한 일화가 있다. 6시간 분량의 일을 주었을 때, 미국인은 4시간 만에 일을 끝내고 그다음에는 산책을 하거나 즐긴다. 프랑스인은 4시간 만에 일을 끝낸 다음 술을 마시고 노래하거나 춤춘다. 영국인은 5시간 만에 일을 끝내고 나머지 한 시간은 다른 일을 한다. 독일인은 6시간 일해도 다 끝내지 못해 밤까지 잔업을 계속하고 그다음에도 또 일한다는 것이다. 이것은 네 나라 국민의 성격을 제대로 표현하고 있는 것이다(제2권, 76쪽).

하지만 이렇듯 『실기』가 서양 각국의 국민성을 실체(實體)로 인식하는 순간, 서양 각국의 국민성과 구별되는, 즉 "아시아대륙에서 중국인은 부드러운 성질을 가진 인종이며 군사들은 용맹함이 부족하고 약하다고 한다"(제2권, 120쪽), "일본인은 기민한 성질을 갖고 있기 때문에 깊이 생각하기를 싫어하며 결국은 진보하지 않는다"(제2권, 169쪽) 등과 같은 또 다른 국민성이 만들어진다. 그리고 그 국민성은 "역시 일본과 중국은 동양과 동남아시아 중에서 문명국임을 알 수 있을 듯하다"(제3권, 367쪽)와

---

10) 앞의 에릭 홉스봄(1998), 200~201쪽 참조.

같이, 서양은 문명, 중국과 일본은 반(半)문명, 동남아시아는 야만/미개라는 19세기적 문명사관의 내재화로 이어진다. 이러한 『실기』의 인식은, 몇 차례 서양을 체험한 후쿠자와 유키치(福澤諭吉)가 『문명론의 개략』(1875)에서 "유럽 각국과 미국을 최상의 문명국으로 보고, 터키·중국·일본 등 아시아 각국을 반개국(半開國), 아프리카 및 호주 등을 야만국으로 부른다"[11]며 간접화법으로 제시했던 문명사관을 동기화하는 것이기도 하다. 이런 의미에서 사절단의 역사적 의미 규정, 즉 비록 계획했던 조약개정 예비교섭은 실패했지만 '일본의 근대화와 부국강병'을 위해 '구미 근대국가의 행정과 산업 발전 상황'을 시찰했다는 현재의 평가는 재고의 여지가 있다.[12]

　본장에서는 『실기』를 근대 일본의 오리엔탈리즘이라는 관점에서 재검토하고자 한다.[13] 구체적으로는 사절단이 서양 각국의 도시를 시찰하

---

11) 福沢諭吉, 松沢弘陽 校注, 『文明論之槪略』, 岩波文庫, 1995, 25쪽.

12) 참고로 2013년에 개정된 한국의 고등학교 동아시아사 교과서도 다음과 같이 일본의 일본사 교과서의 평가와 동일하게 기술하고 있다. "메이지 정부는 미국과 유럽 지역에 사절단을 파견하여 미국과 체결한 불평등조약을 개정하려 하였다. 사절단은 미국의 거부로 조약개정에 실패하였지만, 서구 12개국에서 정치·군사 제도를 돌아보며 근대화 정책을 조사하였다."(손승철 외 6명, 『고등학교 동아시아사』, 교학사, 2014, 155쪽), "단발을 한 일본의 이와쿠라 사절단"(안병우 외 8명, 『고등학교 동아시아사』, 천재교육, 2014, 203쪽).

13) 이 관점은 강상중이 근대 일본을 분석한 연구방법에서 착안한 것이다. 강상중은 근대 일본의 식민정책학이 지니는 오리엔탈리즘적 심상지리를 분석하면서 그 기원을 후쿠자와 유키치의 계몽적 저서에서 다음과 같이 확인하고 있다. "후쿠자와의 대중서 『서양사정(西洋事情)』을 비롯해서 『콘사이스 세계일람(掌中萬國一覽)』, 『세계각국편람(世界国尽)』 등은 서구가 이질적인 문화와 접촉한 경험을 바탕으로 만들어낸 '지지 체계'나 '지지 입문', '지지 안내', '지지 사전'과 같은 부류의 텍스트를 세속적이고 '평이한 문장'으로 바꿔놓은 것이다.

는 가운데 의도하지 않았지만 체험하게 되는 국민국가의 장치를 확인함으로써, 국민국가의 제도와 문물 시찰에 국한되지 않는 국민국가 체험이 어떤 의미였는지 알아보고자 한다.[14]

2. 국민국가 간 의례 체험

예포(禮砲)라는 의례

『실기』는 1871년 11월 12일 사절단이 첫 방문지 미국을 향해 요코하마를 출발하는 광경을 다음과 같이 적고 있다.

> 정해진 아침 8시에 일동은 청사에 집합하여 10시에 다 함께 마차를 타고 부두로 가서 작은 증기선에 몸을 실었다. 이때 포대가 예포 19발을 쏘아 올려 사절의 출발을 축하해주었고 이어서 미국공사 드롱(Charles DeLong) 씨의 귀국을 축하하는 예포 15발이 발포되었다. 해상으로 포염이 흩어지며 포성의 굉음이 한동안 계속 울려 퍼졌다(제1권, 46~47쪽).

그 전이와 치환에는 다른 문화를 있는 그대로가 아니라 받아들이는 사람이 취해야 할 모습으로 변형해서 수용하려는 오리엔탈리즘적인 '변환과정'이 작용하고 있다"(강상중, 이경덕·임성모 옮김, 『오리엔탈리즘을 넘어서』, 이산, 1997, 87~88쪽). 이외에 근대 일본을 '식민지적 무의식과 식민주의적 의식'으로 재해석한 고모리 요이치의 연구도 참고하였다. 고모리 요이치(小森陽一), 송태욱 옮김, 『포스트콜로니얼』, 삼인, 2002 참고.

14) 대규모 사절단이었으므로 사절단의 체험을 일괄 처리하기에는 다소 무리가 있다. 하지만 『실기』가 공식기록인 만큼, 적어도 『실기』의 서술 내용을 사절단의 공식적인 체험으로 파악해도 무리가 없을 것이다.

여기에서는 사절단의 출발과 미국공사 드롱의 귀국을 축하하는 예포가 퍼포먼스 중 하나로 등장한다. 그런데 한 가지 흥미로운 것은, 사절단에 대해서는 19발이고 미국공사 드롱에 대해서는 15발로 발포 수가 다르다는 점이다. 이 중 미국공사 드롱에 대한 15발은 미국의 공식적인 예식이다. 이에 대해서는 1872년 1월 15일 사절단이 샌프란시스코에 도착했을 당시의 광경을 서술하는 가운데 설명되고 있다.

> 이날 아메리카호에 우리 일장기를 걸고 들어갔다. 이미 신문지상에 일본 사절단의 입항이 알려졌으므로 골든게이트에서는 시청과 우리 영사관에 전보를 쳐서 알카트라즈 섬 앞을 통과할 때 섬에서 예포 15발이 발사되었다. 미국은 민주국이어서 지위에 따른 예식이 간단하다. 예포는 영국과 달리 대개 언제나 15발이다. 13발일 경우도 있다. 이는 이 나라가 원래 13주로 독립하였기 때문에 지금도 예포의 수로 하는 것이다. 또 37발을 쏘는 경우도 있는데 이는 37주에서 각각 1발을 축하하는 의미이다. 영국처럼 신분에 따라 예식을 몇 단계로 바꾸는 것은 없다(제1권, 77쪽).

이에 따르면 '드롱 씨의 귀국을 축하하는 예포 15발'은 드롱 개인이 아니라 미국공사, 즉 미국이라는 국가에 대한 의례였음을 알 수 있다. 또한 15발만이 아니라, '원래 13주로 독립'했던 것을 나타내는 13발, 당시의 '37주'를 나타내는 37발도 있는데, 이들 숫자의 공통점은 '영국처럼 신분에 따라 예식을 몇 단계로 바꾸지' 않는 '민주국' 미국이라는 국민국가의 내셔널아이덴티티를 드러내는 기호라는 점이다.

그렇다면 사절단의 출발을 축하하는 예포 19발은 어떤 기호였을까?

막부 말기에는 이미 '외국 군함의 예우 및 축포'에 대한 지식이 전해 졌다. 실제로 1860년 막부가 미일수호통상조약 비준서 교환을 위해 미 국으로 사절단을 파견했을 때, 사절단을 태운 간린마루(咸臨丸)가 샌프 란시스코에 입항하면서 예포 21발을 쏘아 현지의 호평을 받았다.[15] 왕정 복고 이후에는 1868년 12월 24일 상대국 신분과 직급에 따라 "제왕(帝 王) 21발, 친왕(親王) 19발, 제1등관 17발, 제2등관 15발, 제3등관 13발" 로 구분하는 승함축포규칙(乘艦祝砲規則)이 제정되었고,[16] 1872년에는 천황 21발, 친왕·대원수·좌우대신·제1전권공사 19발 등을 규정한 축 포표(祝砲表)가 공식화되었다.[17] 따라서 사절단에 대한 예포 19발은 제 1전권공사에 해당하는 관원의 출발을 축하하는 축포였던 것이다.

예포는 상대국에게 경의를 표하기 위해 군대나 군함이 일정 수의 공 포탄을 발사하는 것이고, 축포는 자국의 경하할 만한 행사 및 대상에 따 라 발사하는 것이다. 이 중 예포는 17세기 영국 해군의 관습에서 유래했 지만, 19세기에 들어서는 국민국가 간 의례 중 하나로 자리 잡았다. 자 국을 방문한 상대국을 위한 예포와 자국의 축하할 만한 행사로서 축포 는 '대포'라는 상징적인 근대 군사기술을 국민국가의 내셔널아이덴티티 와 결합한 대표적 사례였다. 여기에서 중요한 것은 그 발포 수가 국민국

---

15) 石井研堂, 明治文化研究会 編, 『明治文化全集』別巻 明治事物起原(上), 日本評論社, 1969, 111쪽.

16) 『海軍掛日記』 12月 「乘艦祝砲規則」, 海軍省－公文類纂－M1－1－1(所蔵館: 防衛省防衛 研究所), アジア歴史資料センター レファレンスコードC09090000500.

17) 『公文類纂』 明治5年 巻4 本省公文 礼典部止, 「無号 軍務局申出 祝砲表一般へ布告の 件」, 海軍省－公文類纂－M5－4－76(所蔵館 : 防衛省防衛研究所), アジア歴史資料セン ター レファレンスコードC09110108600.

가의 내셔널아이덴티티를 드러내는 기호라는 점이다. 이런 의미에서 드롱에 대한 예포 15발이 드롱 개인이 아니라 미국이라는 국가를 대신하여 일본에 부임한 '공사'에 대한 의례였듯이, 사절단을 향한 예포(축포) 19발은 '사무라이'가 아니라 '국민'의 자격으로 천황의 전권을 위임받아 일본국을 대표하는 역할을 수행하는 관원을 향한 국가 차원의 의례였던 것이다.

그런데 중요한 것은 이러한 국민국가 간 의례의 특징은 쌍방이 주권을 지니는 대등 국가임을 전제로 하고 있다는 점이다. 발포 수의 차이는 미국과 일본국의 내셔널아이덴티티가 서로 다르다는 것을 의미하고, 이를 주고받는다는 것은 서로 다른 내셔널아이덴티티를 양국이 존중한다는 의미이다. 이것은 동아시아에서 『만국공법』이라 번역되었던 당시의 국제법에 기초한 국민국가 사이의 관계이다. 물론 『만국공법』은 "지리적인 기초(그것은 유럽의 법이고), 종교적-윤리적 영감(그것은 기독교 법이며), 경제적인 동기(그것은 중상주의적인 법이고), 그리고 정치적인 목적(그것은 제국주의적인 법)을 가진 일련의 규칙들"이었다.[18] 하지만 이론에 불과하더라도 『만국공법』은 상하관계가 아닌 독립된 국민국가 간의 대등한 권리를 상호 인정하는 체제였고, 앞에서 언급한 예포와 같은 의례는 그러한 국민국가 사이의 만국공법적 대등관계를 나타내는 퍼포먼스였다.[19]

한편 사절단은 미국과 유럽의 각 도시를 '시찰'하는 가운데 각국 정부

18) 김용구, 『만국공법』, 小花, 2008, 41쪽.
19) 이외에도 사절단은 영국의 비컨힐에서 거행된 열병식에서 "21발의 축포가 울리며 부대가 분열행진을 시작"(제2권, 123쪽)하는 체험을, 프랑스로 출발하는 "대사 일행이 승선하자 예포 19발이 발사"(제3권, 64쪽)되는 체험을 하고 있다.

나 지방단체 등이 준비한 환영식에서 다음과 같은 체험을 한다.

> 11시, 뉴욕시의 센트럴 철도가 사절 전용으로 만들어준 콜럼비아(Columbia)라는 이름의 열차가 당도하였다. 열차 안에는 일미 양국의 국기를 교차하여 장식한 것이 11개나 있고 보이들은 모두 소매 끝에 작은 일장기를 꼽고 있다(제1권, 272쪽).

> 저녁 4시, 시청에서 시장이 주최하는 연회가 열렸다. 백수십여 명이 모였고 여느 때처럼 강연이 있었다. 8시부터는 연극을 보러 갔다. 사절단을 위한 특별공연에서는 흰색과 붉은색 실크에 공연의 차례를 적은 프로그램이 배부되었고, 극장 안에는 일본과 영국 두 나라의 국기가 걸린 상당히 성대한 행사였다(제2권, 211쪽).

'열차 안 일미 양국의 국기 교차 장식'과 '극장 안 일본과 영국 두 나라 국기 게양'은 미국이나 영국이 일본국을 대등하게 맞이한다는 국민국가 간 퍼포먼스를 실천한 것에 불과하다. 하지만 본의 아니게 이를 체험한 사절단은 그렇게 미국이나 영국과 대등한 대우를 받는 일본국과 자신을 동일시하게 된다. 그리고 이러한 사절단의 체험이야말로 "도로변에 늘어선 가옥에 국기(일장기)"(제3권, 392쪽)를 달고 축하하는 노스위치 마을, "공장 지면의 회토에 '일본사절단 환영'이라는 문자를 음각해두었다가 그 속으로 녹은 철을 흘려보내며"(제3권, 279쪽) 환영하는 주물공장 등을 시찰하는 사절단의 내면에 일본국 대표라는 내셔널아이덴티티가 자리 잡게 되는 중요한 계기로 작용하고 있는 것이다. 이런 의미에서 각국의 수도에서 개최된 각국 정상과의 알현식은 사절단 일행이 일본국 대표라는 내셔널아이덴티티를 체험할 수 있는 전형적인 국민국가 간 퍼포먼스였다.

각국 정상과의 알현식

사절단이 방문한 나라는 총 12개국이므로, 각국 정상과의 알현식도 총 12회이다(표1 참조). 『실기』는 모든 알현식에 대해 "그 내용은 '알현식 기록'에 쓰여 있다"(제1권, 204쪽)고만 기술하고 있어서 그 상세한 모습은 알 수 없다. 따라서 일본 공문서관에 『대사서류(大使書類)』 중 하나로 남아 있는 '알현식 기록'(『각국제왕알현식(各國帝王謁見式)』)을 참고하도록 하자.

첫 번째 알현식은 첫 방문지 미국의 수도 워싱턴에서 그랜트(Ulysses S. Grant) 대통령과 이뤄졌다. '알현식 기록'에 따르면, 사절단 일행은 "대사(大使)와 부사(副使)는 이칸(衣冠), 서기관 5명은 히타타레(直垂)를 입고, 전원 대검(帶劍)"한 채 백악관에 도착했다. 사절단 일행과 그랜트 대통령은 서로 경례만 하고 악수는 하지 않았다. 대사는 천황폐하의 국서를 읽고 대통령에게 건넸으며, 대통령은 이에 대한 답문을 읽고 대사에게 건넸다고 한다.[20] 영국 이후에는 사절단의 복장에 대한 특별한 설명 없이 '세 번 경례'하고 뒷걸음으로 물러나는 것으로 알현식이 끝났다고

---

20) 「亜米利加大統領江謁見禮式」, 『各国帝王謁見式』(国立公文書館 2A-33-5-256), アジア歴史資料センター レファレンスコードA04017135400.

국 가	일 시	대 상	장 소
미국	1872년 1월 25일*	그랜트 대통령	워싱턴
영국	11월 5일*	빅토리아 여왕	런던
프랑스	11월 26일*	티에르 대통령	파리
벨기에	1873년 2월 18일	레오폴드 2세	브뤼셀
네덜란드	25일	빌럼 3세	헤이그
프로이센	3월 11일	빌헬름 1세	베를린
러시아	4월 3일	알렉산더 2세	상트페테르부르크
덴마크	4월 19일	크리스티안 9세	코펜하겐
스웨덴	4월 25일	오스카르 2세	스톡홀름
이탈리아	5월 13일	비토리오 에마누엘레 2세	로마
오스트리아	6월 8일	프란츠 요제프	빈
스위스	6월 21일	폴 세레솔레 대통령	베른

표1 | 이와쿠라 사절단의 각국 정상 알현식 기록

* 1873년 1월 1일 이전은 음력이며, 각각 양력으로는 3월 4일, 12월 5일, 12월 26일이다.

만 적고 있다. 그런데 프랑스 신문은 "유럽풍 외교예복을 착용"[21]하고 알현식에 참석한 사절단의 모습을 전하고 있다. 미국에서는 이칸·히타타레(일본국 전통관복)를 착용하고 사무라이의 신분적 특권인 대검을 찬 채 알현식에 참가했지만, 프랑스에서부터는 '유럽풍 외교예복을 착용'하고 티에르 대통령(Adolphe Thiers)을 알현한 것이다. 그림1은 당시 프랑스 언론이 그린 알현식 장면이다. 이 삽화는 중앙에 시선을 고정시킨 채, 왼쪽에 고개를 숙이고 인사하는 이와쿠라 대사와 일행을, 오른쪽에 그

---

21) 国際ニュース事典出版委員会,『国際ニュース事典 外国新聞に見る日本』第1巻(1852~1873) 本編, 毎日コミュニケーションズ, 1989, 579쪽.

인사를 받는 티에르 대통령
과 각료를 절반씩 배치함으
로써, 알현식이라는 국민국가
간 의례 공간에서 사절단이
체험한 일본국과 프랑스의
우호적이고 대등한 관계를
시각적으로 나타내고 있다.
물론 사절단 일행은 그러한
우호적이고 대등한 의례와는

그림1 | 『르몽드』(1873.1.4.) 일러스트. 『外国新
聞に見る日本: 国際ニュース事典』 第1
卷. 579쪽.

다르게 냉혹한 국민국가 간의 현실을 미국과의 조약개정 교섭 실패로
일찍이 체득하고 있었다. 때문에 그랜트 대통령과 대등한 국민국가 간
의례에 전통복장을 착용하고 신분적 특권을 드러내며 참석했던 사절단
은 그 대등한 국민국가 관계를 현실화하기 위한 조약개정 교섭이 실패
한 이후부터는 전통복장과 신분적 특권 대신 '유럽풍 외교예복'을 착용
하고 알현식에 참석하고 있는 것이다. 이러한 사절단의 복장 변화는 사
절단이 체험한 국민국가 간 의례가 어떻게 이들을 사무라이라는 신분이
아니라 일본국 국민으로 인식하게 만들었는지 극명하게 보여주는 사례
라 할 것이다.[22] 그리고 그 체험은 다음과 같은 비스마르크(Otto E. L.

---

22) 1873년 2월 27일 청일수호조규 비준교환을 위한 특명전권대사 자격으로 청을 방문한 외
무경 소에지마 다네오미(副島種臣)가 전통적 황제 알현 방식인 고두(叩頭, 황제에게 엎드려
절하는 것)를 끝까지 거부하고, 결국 국제적 관례에 따라 고개만 숙이고 인사하는 방식을 관
철시키는 과정은 사절단의 알현식 체험과 함께 근대 일본의 오리엔탈리즘을 상징적으로
보여준다. 外務省調査部, 『大日本外交文書』 第6卷, 日本国際協会, 1939, 150~152쪽.

von Bismarck)의 언설을 "깊이 생각해볼 만한 내용"이라는 『실기』의 평가로 이어진다.

> 현재 세계 각국은 모두 친목과 예의를 유지하면서 교제하고 있다. 하지만 이것은 어디까지나 표면적인 것에 불과할 뿐, 그 이면에서는 서로 은밀하게 강약의 다툼을 하며 크고 작은 각국이 서로 믿지 못하는 것이 본래의 모습이다. (중략) 이른바 만국공법은 열국의 권리를 보전하기 위한 원칙적 약속이긴 하다. 하지만 대국이 이익을 추구할 때에는 자신에게 이익이 있으면 만국공법을 잘 지키지만, 만약 만국공법을 지키는 것이 자국에 불리하면 곧장 군사력으로 해결하려 하므로 만국공법을 지키는 것은 불가능하다. 소국은 만국공법의 내용을 이념으로 삼고 이것을 무시하지 않는 것으로 자주권을 지키려 노력하지만, 약자를 우롱하는 실력주의의 정략에 휘둘리면 자신의 입장을 전혀 지킬 수 없는 것은 자주 있는 일이다. 우리나라도 이러한 상태였기 때문에 나는 분개하고 언젠가는 국력을 강화하여 어떤 나라와도 대등한 입장에서 외교를 할 수 있도록 만들고자, 애국심을 가지고 분발한 지 수십 년, 드디어 근래에 이르러 그 바람을 이뤘다(제3권, 371쪽).

사절단 일원은 폐번치현으로 이제 막 근대적 국가체제를 갖추기 시작한 일본국이 만국공법을 현실화하는 방법은 국민이 '애국심을 가지고 분발'하여 '국력을 강화'하는 길밖에 없음을 국민국가체제 시찰만이 아니라 국민국가 간 퍼포먼스를 통해서도 체험했던 것이다. 그리고 이러한 인식은 서양도시의 국민국가 상징공간을 체험하면서 더 명확해졌다.

3. 국민국가의 상징공간 체험

『실기』는 "일기 형식으로 작성된 본문"과 "본문 가운데 한 줄 띄어 쓴 부분"으로 구성되어 있다고 적고 있다. 전자는 "풍문이 아니라 가능한 한 실제로 목격한 것을 기록한 것"이고, 후자는 "필자[23]가 논설한 부분"이다(제1권, 16쪽, 18쪽). 그런데 실제 『실기』에는 사절단이 새로운 국가를 방문할 때마다 해당국에 대한 '총설'이 실려 있다. 총설에는 해당국의 역사, 국토와 지리, 인구와 생산량(농업·광물 등)이 상세히 기술되어 있다. 이는 해당국을 단순한 영역국가(또는 왕국)가 아니라 내셔널히스토리 (national history)와 내셔널파워(national power)로 설명하고 정당화하는 국민국가(nation state)로 파악하는 방식이다.

그렇다면 사절단은 국민국가체제를 시찰하는 가운데 서양도시의 어떠한 상징공간을 체험했을까? 다음은 1872년 3월 6일 사절단이 워싱턴

---

23) 구메 구니타케를 의미한다. 사가번(佐賀藩) 출신으로 사절단에 참가했을 당시 33세였다. 그는 번교(藩校) 고도칸(弘道館)과 에도의 쇼헤이코(昌平黌)에서 수학했다. 『실기』에서 볼 수 있는 풍부한 한학적 소양과 실학에 관한 그의 지식은 이때의 학습을 바탕으로 한다. 그는 『실기』를 편집한 뒤, 1879년부터 메이지 정부가 국사 편찬을 위해 설치한 수사관(修史館)에 채용되었다. 1888년에는 제국대학 교수 겸 임시편년사편찬위원에 취임하여 국사 편찬에 깊이 관여했다. 그러던 중 1891년 "신도는 종교가 아니라 동양의 내려오는 오래된 제천(祭天) 풍속 중 하나에 불과"하다는, 평소 자신의 역사관이 반영된 논문을 발표했는데, 이것이 신도가(神道家)와 국학자들의 공격을 받아 결국 제국대학 교수직에서 면직당했다. 이유는 황실에 대한 불경, 국체(國體) 훼손, 안녕질서 문란 등이었다. 이 사건은 1890년 교육칙어를 발포하고 전통적 충효주의와 근대적인 애국심을 유착시켜 충군애국이라는 새로운 덕육 관념을 교육하기 시작한 시점에 발생한 것으로, 학문의 자유와 근대천황제 이데올로기(국체론)가 양립할 수 없음을 보여준 첫 번째 사례이다.

의 국회의사당을 방문했을 때의 기록이다.

　오전 10시부터 사절단 일행 및 이사관들이 모두 모여 마차로 '캐피털(국회의사당)'로 갔다['캐피털'이란 의사당을 말하는 것으로 즉 연방정부이다. 콩그레스(Congress)라고도 하나 이도 의회라는 뜻이다]. '캐피털'이야말로 합중국 정부의 존재 자체이므로 그 건축물도 가장 웅장하다. 1793년 9월 18일 워싱턴 스스로 이 건물의 초석을 세웠다. (중략) 부지는 시내의 고지대에 위치하고 해발 약 50미터, 센트럴홀에 높이 50미터의 돔 형태의 탑을 세워 그 위에 자유의 여신상 브론즈가 서 있다. (중략)
　중앙의 돔 바로 밑에는 천정이 높고 널따란 원형의 방이 있는데, 주위에 큰 그림이 전시되어 있다. 콜럼버스가 대서양을 건너 처음으로 미국 땅을 밟은 때의 광경, 워싱턴이 대통령에 선출되었을 때의 모습, 영국과 단교하고 독립선언을 기초할 때의 광경 등 미국의 명예로운 역사적 이야기를 그린 그림이 전부 10점 있었다(제1권, 205~206쪽).

　『실기』에는 이 기술 바로 뒤에 "'콩그레스'는 미국의 최고 정치기관이다. 대통령은 행정권을 총괄하고 부대통령은 상원의장으로서 입법부의 장이고 최고재판소 장관이 사법권을 총괄한다. 이것이 미국의 연방정치의 큰 틀이고 군주정치와 다른 점이다"(제1권, 206쪽)라는 논설이 덧붙여져 있다. 이 논설은 미국이라는 국민국가체제에 대한 설명으로 사절단이 시찰한 내용에 속한다. 이에 비해 '일기 형식의 본문'은 국회의사당을 방문했을 때 시각적으로 체험한 내용으로 '자유의여신상 브론즈'의 위치와 '돔 바로 밑 원형 방에 전시된 미국의 내셔널히스토리 회화 10점'

을 스케치하듯이 적고 있다. 그런데 이러한 실내장식은 국회의사당이 '합중국 정부의 존재 자체'라며 국민 또는 외국인이 보고 느끼도록 만들어놓은 '장치'라 할 수 있다. 이런 의미에서 '군주정치'와 다른 미국의 정치체제에 대한 사절단의 시찰은 도시 곳곳의 국민국가 상징공간 체험을 통해서 그 내용이 구체화되고 있는 것이다. 다음은 1873년 2월 27일, 네덜란드의 수도 헤이그에서 해군성을 방문했을 때의 기술이다.

> 오후에 해군성을 방문했다. 호텔 앞 공원을 사이에 두고 건너편에 있다. 일찍이 네덜란드가 공화국이었던 시대의 해군은 유럽에서 가장 강하여 종종 영국과 스페인을 격파하고 오랫동안 해외웅비를 구가했다. 해군성에는 그 영광스러운 역사 중에서 영국 템스 강으로 진입하여 싸웠을 때 포획한 영국의 선박과 기계모형 등도 다수 놓여 있다. 이외에 등대 모형, 크고 작은 함포, 지휘도(指揮刀, sabel)와 깃발, 해군의 무기 전리품 등이 방 몇 개에 진열되어 있다(제3권, 279~280쪽).

당시의 네덜란드는 오라녀-나사우(Oranje-Nassau) 왕가의 자손 빌럼 3세(William III)가 군주로 있는 입헌군주국이다. 하지만 사절단이 해군제도를 시찰하기 위해 방문한 해군성의 내부 전시품은 군주나 귀족의 개인적 영광이 아니라 국민국가 네덜란드의 '영광스런 역사'를 시각적으로 체험하게 만드는 장치로 기능하고 있다. 또한 '워털루 전쟁터'는 다음과 같이 독일인과 영국인의 내셔널아이덴티티를 체험하는 공간으로 인식된다.

(2월 23일) 오전 9시부터 마차를 타고 남쪽으로 12마일 달려서 워털루라는 마을에 도착했다. 이곳은 1815년 6월 18일에 영국군 총사령관 웰링턴 공이 프랑스 황제 나폴레옹 1세를 격파한 격전지로 유명하다. (중략) 이곳은 양군이 결전을 펼쳐 사체가 산처럼 쌓인 전투의 중심지였기 때문에, 이를 기념하기 위해 1818년에 커다란 무덤을 쌓았다. 무덤의 정상에는 네모반듯하게 돌로 제작한 8척 정도의 기초를 세워놓고 그 위에 청동으로 제작한 사자가 포탄을 밟고 서서 프랑스 방향인 남쪽을 바라보고 있다. 무덤의 동쪽은 앞에서 언급한 남쪽으로 향하는 넓은 길인데, 나폴레옹이 건설한 이 도로는 파리로 연결된다. (중략) 파리 쪽을 바라보고 있는 모습은 매우 씩씩하다. 프랑스인은 당시의 패배를 굴욕으로 생각하고 있기에 이 동상도 매우 싫어한다. 이후 벨기에가 네덜란드와 단절하고 전투할 때 프랑스는 원군을 보냈다. 이때 프랑스군은 이 동상을 파괴하고자 화약을 준비할 정도였지만 벨기에가 이를 저지하여 파괴되지 않았다. 지금까지 이곳을 방문하는 프랑스인은 없다. 하지만 독일과 영국인들은 매일같이 이곳을 방문하여 과거의 승리에 경의를 표한다고 한다(제3권, 246~250쪽).

구메는 파리 쪽을 바라보고 있는 사자의 모습에서 '매우 씩씩'하게 전쟁에 승리한 독일과 영국인의 모습을 상상하며 "나라를 지킨 용사들에게 보답"(제1권, 212쪽)하는 내셔널아이덴티티를 체험하고 있는 것이다. 이에 비해 프랑스 국민의 내셔널아이덴티티는 다음과 같이 파리 시내를 관광하다가 '자그마하고 하찮은 집'에 설치된 파노라마를 통해서 체험하게 된다.

파리 시내를 관광했다. 시내에서 볼 만한 것은 일일이 열거할 수 없을 정도로 많지만 처음 온 사람이라면 모두 놀랄 만한 구경거리가 있다. 파노라마 (panorama)가 그것이다. 이것은 인공적이지만 유화로 만들어 마치 실제 풍경을 보는 듯하다. 실로 기기묘묘하여 문명의 정화라 할 만하다. 개선문에서 가까운 샹젤리제대로 서측에 있는 고층 건축물 사이에 낮은 원형 건물이 있다. 1프랑을 내고 건물 안으로 들어가면 정면에 거리 하나가 펼쳐진다. 이탈리아대로인 것 같다. 자세히 보면 포탄이 날아들고 병사들이 달리고 있으며 부상당한 노인의 이마에서는 선혈이 선명하게 흐르고 있다. 여자들은 울고 하녀들은 두려움에 떨며 마차에 가재도구를 쌓아 도망치려는 섬뜩한 광경이다. 이것이 2년 전 프로이센군에 포위되었던 파리의 광경이라는 점에 놀라고, 이것이 그림이라는 데 또다시 놀랐다. (중략) 1870년 말의 실제 광경인 것이다. 이것을 보고 경탄하지 않는 자는 없다. 이렇듯 교묘한 장치를 개설한 것은 20년 전이었다. 처음에는 나폴레옹 1세가 이탈리아군을 격파하는 그림이었고 작년부터 지금의 그림으로 바뀌었다고 한다(제3권, 88~89쪽).

여기에서 파노라마라는 '교묘한 장치'는 '2년 전 프로이센에 포위되었던 파리의 광경'을 '부상당한 노인'과 '두려움에 떠는 여자와 하녀' 그리고 '적을 노려보고 탄약을 나르는' 프랑스군 장교와 포병을 상상하여 시각화한 결과, '1프랑'을 내고 입장한 파리 시민들로 하여금 그 상상의 인물들과 자신의 전쟁 경험을 동일시하게 만드는 국민국가적 장치로 기능하고 있다. 그리고 사절단은 이러한 파노라마를 관광하다가 "독일에 대해서는 노여움을 지니고 보복을 준비"(제3권, 60쪽)하고 있는 프랑스 국민의 내셔널아이덴티티를 '선명하게' 체험하게 되는 것이다.

한편 사절단은 각국의 학교를 시찰했고, 그 결과 "소학교에서 생도들에게 역사를 가르치는 뜻도, 조상 대대의 뜻을 이어 점차 나라의 모습을 갖추어온 경과를 아이들의 머릿속에 심어서 애국심을 배양하게 하는 데 있다"(제5권, 111쪽)고 파악하는 성과를 올린다. 그런데 이러한 시찰은 본의 아니게 다음과 같이 각국의 내셔널아이덴티티를 체험하게 만든다.

1873년 3월 23일 사절단은 베를린대학을 시찰했다. 여기에서 사절단은 학생의 시험성적을 발표하기 위한 공간이지만, "1813년부터 15년까지 치러진 프랑스와의 전쟁에 출정했다가 전사한 학생들의 이름이 커다란 보드(board)에 금문자로 나란히 적혀 있는"(제3권, 392쪽) 홀을 발견한다. 여기에서 사절단은 보불전쟁에서 전사한 '학생들'을 위한 보드도 만들어질 예정이라는 설명을 듣게 되는데, 이는 근대 학교의 기능이, 국가를 위해 희생된 국민과 그 희생된 국민을 기억하는 국민국가의 기념 공간이라는 사실, 즉 '애국심을 배양'하는 공간으로서 근대 학교의 기능을 더 선명히 체험하는 계기가 되었다.

4. 나오며: 사절단의 아시아 체험과 오리엔탈리즘

태평양을 건너 미국과 유럽을 회람하고 1873년 7월 20일 귀향길에 오른 사절단의 시선은 지중해를 거쳐 수에즈운하를 지나면서부터 서양에서 아시아로 향한다. 이 시선의 특징은 시찰이 아니라 주로 체험에 속한다는 점이다. 사절단이 시찰의 대상으로 삼은 것은 어디까지나 국민국가체제였으므로, 아직 국민국가와는 거리가 멀었던 아시아 지역은 그

1부 국민의 탄생, 신민의 발견

시찰의 대상에서 애초부터 제외되었다.

이들은 아라비아 해를 지나 영국 식민지 인도의 봄베이와 캘커타, 포르투갈과 네덜란드를 거쳐 영국이 지배하는 실론 섬의 캔디 등을 지나면서 "도시의 건축물 중에서 가장 높고 웅장한 것은 총독부"이고 "그다음은 총독 지위에 있는 사람이 사는 총독 관저"이며 "대개 유럽풍 건축물 사이사이에 아시아풍의 건물"이 보이는 유럽 제국의 식민도시를 체험한다(제5권, 111쪽). 정박한 식민도시에서는 "감자나 바나나를 먹거리로 삼아 삶을 유지하며, 그들의 근심 없는 담박한 생활은 태곳적 인류의 모습에 가까운" 원주민과 "구걸하는 아이들로 북적"이는 마을을 바라보며 '열대지방 인민의 게으름'을 지적한다(제5권, 350~351쪽). 즉 "헛되이 삶을 유지하는 데 만족하여 개화를 향해 걸음을 내디딜 생각도 없이 천년을 하루 같이 거지와 다름없는 나날을 살아왔을 따름"이라고 지적하면서 "그 어떤 진보도 찾아볼 수 없다"(제5권, 338쪽)고 평가하는 대신, "문명세계에 속하는 영국과 프랑스"의 '부강함'을 그들의 '근면'으로 설명한다. 그러나 유럽의 식민지가 되어버린 인도와 동남아시아 지역을 '엄격'하게 바라보던 시선은 곧바로 자신들에게도 향하면서 "원주민의 상황을 보고 왠지 모를 감개에 젖은 적이 한두 번 아니다"(제5권, 339쪽)라고 고백하기에 이른다.

이처럼 1870년대 서양을 시찰하고 체험하는 가운데 문명을 체득한 사절단 일행이 인도와 상하이를 비롯한 아시아의 식민도시를 바라보는 시선은, 동일 인종에 대한 동정적인 태도와 서양에 비할 때 뒤떨어진 동양에 대한 비판적인 태도가 중첩되어 있기에 다분히 이중적이다. 그리고 이것은 관념적인 것에 머무는 것이 아니라 구체적인 시찰과 체험을 통해서 체득되었다는 점에서 이후 근대 일본에서 생산된 오리엔탈리즘의 원형을 이룬다.

특히 사절단의 오리엔탈리즘적 시선은 싱가포르, 하노이·통킹·시엔롱, 홍콩·아모이·상하이 등을 지나면서 중국인을 바라보는 가운데 더욱 뚜렷해진다. "대체로 문명과 거리가 먼 완고한 습속"(제5권, 382쪽), "중국 인종은 놀라울 정도로 불결함을 잘 견딘다"(제5권, 388쪽), "약육강식이 판을 치며 서로 간에 협동심이라곤 찾아볼 수가 없다"(제5권, 405쪽) 등과 같은 멸시의 시선은 반드시 "일본인은 서양인에 부끄럽지 않을 정도로 청결함을 좋아한다"(제5권, 388쪽), "(영국인이 다스리는) 이 도시(홍콩)의 주민들은 대부분이 중국인임에도 불구하고 거리는 청결하다"(제5권, 400쪽)와 같이 서양의 시선으로 동양을 바라보는 오리엔탈리즘적 태도를 극명하게 보여준다. 그러나 문명 그 자체로 인식되던 서양을 시찰하고 체험하는 가운데 획득된 사절단의 오리엔탈리즘은 그렇게 일면적이지 않았다. 서양의 국민국가에 비한다면 일본도 이제 막 국민국가를 형성하기 시작한 반(半)문명에 불과했기 때문이다.

물론 사절단이 본 '유럽풍에 동양의 분위기를 곁들인 건축물'과 '볼품없는 작은 집'이 공존하는 식민도시의 풍경은 이후 근대 일본이 만들어내는 반(半)문명의 전형적 풍경이다. 하지만 여기에는 유럽이 개발한 도시 풍경을 근대성으로 바라보는 시선과 함께, 미개발 지역을 "일 년 내내 초목이 푸르고 꽃들도 풍성하게 피어나는 극락의 땅"(제5권, 383쪽)으로 바라보는 아시아주의적 시선도 존재한다. 다시 말해서 사절단의 오리엔탈리즘적 시선이 유럽에 의해서 개발된 식민도시의 서양주의에만 고정된 것이 아니라 아직 개발되지 않은 '극락의 땅'에도 머물고 있다는 것은 이들의 시선이 문명과 반(半)문명 사이에서 미묘하게 흔들리고 있음을 말해준다.

그렇다면 이와 같은 사절단의 시선에서 보이는 '흔들림'은 무엇을 의미하는 것일까? 이 흔들림은 식민도시의 동남아시아인들에게 거친 행동과 모욕적인 언어를 일삼는 서양인들을 바라보는 가운데 발생했다. 예를 들어『실기』는 "같은 하얀색 피부에 금발머리라고 해서 그들을 문명인이라 생각하는 것이야말로 큰 잘못"이라고 지적하면서 "이런 부류에 속한 사람들은 앞다투어 식민지로 와서는 원주민들을 능멸"한다고 평가한다. 그리고 이에 대해 "아무리 무지한 원주민이라 해도 이를 참을 수는 없을 것"(제5권, 377~378쪽)이라며 문명인을 상대화하고 있다. 이렇듯 1870년대의 서양 국민국가를 시찰하고 체험한 뒤 귀국길에 오른 사절단이 식민도시와 조계지를 바라보는 시선에는 인종적 동질감을 전제로 하는 아시아주의의 맹아적 형태도 드러난다. 이것이야말로 일본국이라는 국민국가가 형성되는 과정에서 사절단이 지니는 역사적 의미일 것이다.

제3장

국민 행복의 탄생

1. 들어가며

2010년 7월 참의원 선거 중 당시 간 나오토(菅直人) 총리는 매니페스
토에서 '새로운 성장 전략'과 '최소 불행 사회'를 제시하면서 '행복'을 둘
러싼 사회적 관심을 환기시켰다. 이후 선거에서 승리한 간 총리는 "21세
기 일본의 부활을 향한 21국가전략 프로젝트"를 추진하기 위해 행복도
(幸福度, Well-Being)에 대한 조사연구에 착수했고, 12월 9일 내각부에
'행복도에 관한 연구회'를 설치했다.[1] 여기에서는 행복감을 측정하기 위
한 경제·사회상황, 심신 건강, 관계성으로 구성된 세 가지 지표를 설정
하고 '일본인의 행복'이 어떤 내용과 요소를 포함하는지 조사연구했다.[2]

국가 목표로 '행복'을 제시하는 국가는 일본만이 아니다. 이미 1972년
히말라야 산맥의 작은 국가 부탄은 국민총행복지수(Gross National
Happiness)를 제정하고 국민의 행복을 국가 제일의 목표로 천명했다. 부
탄은 지금까지도 행복을 국가 제일의 목표로 추구하고 있는 유일한 국

---

1) 「資料4 新成長戰略」, 『幸福度に関する研究会について』(2010.12.9.). 이하 자료들은 일본
   내각부 '행복도에 관한 연구회(幸福度に関する研究会)' 홈페이지에서 확인할 수 있다(http://
   www5.cao.go.jp/keizai2/koufukudo/koufukudo. html, 2013.9.26 검색).
2) 『幸福度に関する研究会報告－幸福度指標試案－』(2011.12.5.), 12~40쪽.

가이다. 2008년 프랑스 사르코지(Nicolas Sarkozy) 대통령은 GDP 대신 사회의 행복과 발전을 적절하게 측정하기 위한 스티글리츠위원회 (Commission on the Measurement of Economic Performance and Social Progress)를 창설했다. 여기에서는 더 이상 경제·사회 발전을 대표하는 지표로 GDP를 활용하기 힘들다는 전 세계적 공감을 바탕으로, 스티글리츠(Joseph E. Stiglitz)를 비롯한 다섯 명의 노벨상 수상자가 주축을 이루어 활동했다. 영국 역시 미래전략처(Prime Minister's Strategy Unit)를 중심으로 그동안 진행되어온 행복연구의 결과를 정책에 반영하기 위해 노력하고 있다.[3] 한국에서도 2012년 12월에 당선된 박근혜 대통령이 국민행복기금과 국민행복주택 등 '국민 행복'을 내건 여러 정책을 연일 내놓았다.

그렇다면 행복이 국가와 사회의 궁극적인 의무이자 목적이 된 것은 언제부터일까?

서양에서 happiness가 신의 선물이나 운명의 술수가 아니라 원칙적으로 남녀노소 모두 획득할 수 있는, 인간에게 부여된 당연한 것으로 인식되기 시작한 것은 17세기 계몽사조가 등장하면서부터이다. 계몽사조가 happiness를 이 지상의 삶에서 모든 인간이 열망할 수 있는 무언가로 인식하게 만들고,[4] 1776년 미국 독립선언문은 'Pursuit of happiness (행복 추구)'를 국가와 사회의 의무이자 목적으로 자리 잡게 만들었다.[5]

---

3) 정지범,『국민 행복 결정요인 분석 및 제도적 관리 방안 연구』(KIPA연구보고서 2011-26), 한국행정연구원, 2011, 3~4쪽 참조.
4) 대린 맥마흔(Darrin McMahon), 윤인숙 옮김,『행복의 역사』, 살림, 2008, 30~31쪽 참조.
5) 이재승,「행복추구권의 기원과 본질」,『민주법학』38호, 민주주의법학연구회, 2008, 100쪽.

이처럼 서양에서조차 happiness라는 단어가 지금과 같은 뜻으로 사용되기 시작한 것이 약 200년 정도밖에 되지 않는다고 할 때, 동아시아 한자문화권에서 그 번역어에 해당하는 '幸福(행복)'의 사정은 어떠할까?

현재 동아시아에서 사용되는 번역어 대부분이 그러하듯이 happiness를 幸福으로 처음 번역한 것은 아마도 중국이나 일본일 것이다. 현재로서는 어느 쪽이 먼저인지 확인할 수 없다. 다만 권보드래에 따르면, 근대 이전의 한국에서는 복(福)이나 복록(福祿)이 널리 쓰이고 행복은 등장하지 않는다고 한다.[6] 행복이라는 단어는 갑오경장 이후 등장했으며,[7] 1910년까지는 '인민의 향복(享福)'이나 '백성의 행복'과 같이 국가주의적 의미로 사용되다가, 일본의 식민지가 된 이후 평범한 개인의 쾌락과 관련을 맺으면서 식민권력에 순응하게 만드는 개념어로 정착했다고 한다.[8]

본장에서는 일본의 경우 happiness가 어떻게 幸福으로 번역되었고, 이것이 근대국가 성립 과정에서 어떤 의미를 지니는지 알아보고자 한

---

6) 권보드래, 「'행복'의 개념, '행복'의 감성-1900~10년대 『대한매일신보』와 『매일신보』를 중심으로」, 『감성연구』 창간호, 전남대학교 호남학연구원, 2010, 120쪽.

7) 권보드래와 달리 탁석산은 "최초 등장 시기를 정확하게 알 수는 없지만 1886년 10월 4일자 『한성주보』 기사에서 행복이라는 말을 확인할 수 있다"고 지적한다. 탁석산, 『행복 스트레스』, 창비, 2013, 37쪽 참조.

8) 권보드래의 분석은, 한국이 '주체'적으로 국가체제를 수립하던 시기에는 국가주의적 성격의 행복 개념이 제시되었고, 그 '주체'가 '식민권력'으로 이양되었을 때에는 행복이라는 개념이 사적영역으로 제한된다고 이분법적으로 구분함으로써, 행복 개념의 정착 과정을 식민 지배 이전과 이후라는 '국가권력'의 문제로 치환하고 있다. 하지만 동아시아의 '행복'이 서양의 happiness를 '근대적'으로 이해하고 번역한 것이었던 만큼, '국가권력'이라는 '주체'와 함께 '개인'이라는 또 다른 주체의 개념이 애초부터 내포되어 있었던 점은 간과하고 있다.

다. 한 단어의 어원을 추적하는 것은 매우 지난한 작업이다. 특히 행복과 같은 추상명사의 경우는 그 어원과는 관계없이 여러 뜻으로 쓰이는 경우가 많기 때문에 더더욱 그러하다. 따라서 본장에서는 행복이라는 단어의 어원을 추적하지 않고 행복이라는 단어를 둘러싼 담론의 의미 변화를 검토하고자 한다. 이는 좁게는 근대 일본에서 행복이라는 번역어가 개념적으로 정착되어가는 과정을 추적하는 작업이고, 넓게는 한국을 포함한 동아시아 한자문화에 정착된 행복 개념의 실태를 파악하는 작업이기도 하다.

2. 번역어 幸福의 등장

현재 필자가 확인한 바로는 일본에서 비교적 일찌감치 happiness를 幸福으로 번역한 것은 후쿠자와 유키치이다.[9]

후쿠자와는 서양을 방문했을 때 수집한 서적들을 참고로 1866년에 『서양사정(西洋事情)』(초편)을 출간했다.[10] 여기에는 미국사를 약술한 부분에 독립선언문 전문이 실려 있는데, 그 내용 중 幸福이 3회 등장한다.

---

9) 권보드래는 幸福이라는 단어가 1872년 『메이로쿠잣시(明六雑誌)』 창간호, 1874년 기조(F. Guizot)의 「General History of Civilization in Modern Europe」을 번역한 나가미네 히데키(永峰秀樹)의 『구라파문명사(歐羅巴文明史)』, 1881년 스펜서(Herbert Spencer)의 『Social Statics』를 번역한 마쓰시마 쓰요시(松島剛)의 『사회평권론(社会平権論)』 등에서 등장한다고 적고 있다. 앞의 권보드래(2010), 124쪽 참조.

10) 1860년에는 군함봉행(軍艦奉行) 기무라(木村)의 수행원으로 미국을 방문했고, 1861년에는 막부의 유럽사절단 수행원으로 유럽을 방문했다. 이하 연도는 양력을 기준으로 함.

우선 2회는 독립선언서의 앞부분에 등장한다.

　모든 사람은 평등하게 태어났으며, 하늘은 양도할 수 없는 몇 개의 통의(通義)를 부여했다. <u>통의란 스스로 생명을 유지하고 자유를 바라며 **행복**을 추구하는 데 누구의 간섭도 받지 않는 것이다.</u> 통의를 확보하기 위해 인간은 정부를 조직하고, 정부의 정당한 권위는 신민(臣民)이 만족을 느꼈을 때 비로소 생긴다. 정부의 활동이 이 취지를 거슬렀을 때, 정부를 변혁하거나 타도하여 <u>인민의 안전과 **행복**</u>을 유지하기 위해 새로운 정부를 세우는 것도 인민의 통의이다. 이것은 변론의 여지없이 명료하다.[11]

원문은 다음과 같다.

　We hold these truths to be self-evident, that all men are created equal, that they are endowed by their Creator with certain unalienable Rights, <u>that among these are Life, Liberty and the pursuit of **Happiness**</u>. That to secure these rights, Governments are instituted among Men, deriving their just powers from the consent of the governed, That whenever any Form of Government becomes destructive of these ends, it is the Right of the People to alter or to abolish it, and to institute new Government, laying its foundation on such principles

---

11) 福沢諭吉, 『西洋事情』初編(抄), 『福沢諭吉著作集』第1卷, 慶應義塾大学出版会, 2002, 68쪽. 밑줄 및 강조는 인용자, 이하 동일.

and organizing its powers in such form, as to them shall seem most likely to effect <u>their Safety and Happiness</u>.[12]

　'행복을 추구'는 'the pursuit of Happiness'를, '인민의 안전과 행복'은 'their Safety and Happiness'를 번역한 것이다. 미국 독립선언서에서는 행복(추구권)을 생명권·자유권과 함께 인민의 자연권으로 규정한다. 그 결과 국가(정부)는 '인민의 안전과 행복'을 보전하기 위한 수단에 불과한 존재가 되며, 만약 국가(정부)가 제멋대로 '인민의 안전과 행복'을 침해하면 인민은 '새로운 정부'를 세울 수 있게 된다. 독립선언서에서 국가(정부)는 '인민의 안전과 행복'의 필요조건이 아니라 충분조건에 불과한 것이다. 번역어 幸福은 일차적으로 이러한 의미의 happiness를 번역한 것이었다.

　나머지 1회는 마지막 부분의 "천도의 부조를 굳게 믿고 이 거사를 일으킴에 있어서 목숨을 걸고 **행복과 영명**(榮名)을 지키는 바이다"[13]에 등장한다. 원문이 "We mutually pledge to each other our Lives, <u>our Fortunes, and our sacred Honor</u>"[14]이므로, 오늘날 주로 재산으로 번역되는 Fortunes가 幸福으로 번역된 것이다. 독립선언서가 작성될 당시 미국인들에게 "행복을 추구한다는 것은 당연히 번영, 즐거움 그리고 부를 추구하는 것"[15]을 의미했으며, 독립선언문을 기초한 토머스 제

---

12) 加藤周一·丸山真男,『日本近代思想大系15 翻訳の思想』, 岩波書店, 1991, 37쪽.
13) 앞의 福沢諭吉(2002),『福沢諭吉著作集』第1卷, 72쪽.
14) 앞의 加藤周一·丸山真男(1991), 42쪽.
15) 앞의 대린 맥마흔(2008), 446쪽.

퍼슨(Thomas Jefferson)도 인간으로서 품위 있는 삶을 유지하는 데 필요한 정도의 재산 획득을 천부적인 권리로 정의했다.[16] 따라서 후쿠자와가 Fortunes를 幸福으로 번역한 것은 행복과 재산이 서로 치환될 수 있는 의미였던 미국적 상황을 고려한 결과라 할 것이다.

한편 후쿠자와는 1867년 막부가 미국에 건조를 의뢰했던 군함을 인도받으러 가는 일행의 일원으로 미국을 방문했다. 1868년에 출판된『서양사정』(외편)은 이때 구입한『Political Economy, for use in schools, and for private instruction』의 일부를 번역한 것이다.[17] 여기에서는 happiness의 번역어로 幸福과 함께 幸도 등장한다.

幸은 "부부생활은 幸(さいわい)을 늘리고 交(まじわり)를 넓히는 것"[18]이라는 문장에서 등장한다. 원문은 "The married life is evidently productive of happiness, and tends to the good of society"[19]이다. 여기의 happiness는 적어도 미국 독립선언서의 경우와 같이 공적영역에 속하는 자연권을 의미하는 것은 아니고, 넓은 의미에서 사적영역에 속하는 good luck에 가깝다. 아마도 이러한 의미의 happiness를 幸福

---

16) 앞의 이재승(2008), 124쪽.

17) William and Robert Chambers,『Political Economy, for use in schools, and for private instruction』. Edinburgh, 1852. 이 책은 챔버스 교육총서(Educational Course) 중 하나로 포켓북 크기이다. 원서의 저자가 밝혀져 있지 않아서 후쿠자와도 '영인 챔브르 씨 소선(英人チャンブル氏所撰)'이라 적었다. 하지만 이 책의 저자는 스코틀랜드의 저술가 버튼(John Hill Burton)이라고 한다. アリオン・ソシエ(2002),「解説」, 앞의 福沢諭吉 (2002),『福沢諭吉著作集』第1巻, 351쪽 참조.

18)『西洋事情』外篇 巻之三, 앞의 福沢諭吉(2002),『福沢諭吉著作集』第1巻, 88쪽.

19) 앞의 William and Robert Chambers(1852), 2쪽.

이 아니라 幸으로 번역한 것은 기존의 일본어에서 幸이 복이나 운의 의미로 사용되고 있었기 때문일 것이다. 그런데 한 가지 흥미로운 것은 번역어 幸福과 달리 幸에는 さいわい(사이와이)라고 일본어 발음[ruby]을 훈독으로 표기하고 있다는 점이다. 일본어에서 훈독은 '뜻으로 읽는다'는 의미이지만, 단어의 생성단계를 생각해볼 때 먼저 일본어 고유의 단어가 있고 이것에 알맞은 한자를 대응시켜 사용할 때 등장한다.[20] 따라서 happiness를 幸으로 번역하면서 さいわい(사이와이)라는 훈독으로 표기한 것은 그 의미가 본래 일본어에서 복이나 운을 뜻하는 幸에 가깝다는 것을 나타내기 위한 장치라 할 수 있다. happiness의 의미가 복이나 운과 같이 사적영역에 속하는 경우에는 幸(さいあい, 사이와이)로 번역함으로써, 자연권과 같이 공적영역과 관련된 번역어 幸福과 의식적으로 구분하고 있는 것이다.[21]

번역어 幸福이 사용된 경우는 다음과 같다.

① <u>幸福을 추구하고</u> 취의(趣意)를 달성하며 활계(活計)를 추구하면서 타인을 생각하지 않는다 해도, 오로지 사욕을 맘껏 휘둘러 타인에게 방해가 될

---

20) 박효경, 「『裸体画』의 성립과 '벗은 몸' 그리기-근대 일본의 '나체화'를 중심으로」, 『일본학보』 제96집, 한국일본학회, 2013, 267쪽 참조.

21) 후쿠자와가 처음으로 의식적인 구분을 한 것인지, 아니면 이미 누군가 한 것을 후쿠자와가 차용한 것인지는 불명확하며, 이를 밝히는 작업은 번역어 幸福의 어원을 추적하는 문제이기도 하다. 본장의 목적은 번역어 幸福의 담론을 분석하는 것이므로, 이 문제에 대해서는 다루지 않고자 한다. 참고로 幸(さいあい, 사이와이)의 또 다른 훈독으로는 幸(しあわせ, 시아와세)가 있다. 그 의미도 幸(사이와이)와 동일하게 '복/운'이고, 幸福과 구분되는 용법도 거의 동일하다.

우려가 없는 것이 문명이다. 지금 못 배운 이민(夷民, 야만인을 의미함 — 인용자) 무리 속으로 재화 한 덩어리를 던지면, 곧바로 무리들이 이를 차지하기 위해 서로 다투고 얼굴을 할퀴며 눈을 찌르는 추한 모습을 차마 눈뜨고 볼 수 없겠지만, 문명 세상에서는 그렇지 않다.[22]

It does not follow, however, that in thus seeking his own happiness, and pursuing his own objects as regards the means of livelihood and otherwise, each man is to trample down or injure his neighbour. Set a prize before a mob of untutored barbarians, and they will tread each other down or tear each other's eye out to get at it; but with civilised men it is understood, both as the wisest and most moral arrangement, that in pursuing his own object in life, whatever it be, no one is to injure his neighbour.[23]

② 다른 여러 사정으로 그 처치가 제대로 되면, 자연스럽게 인간의 교제를 돕고 좋은 정부의 기초를 닦아서 세인(世人)의 幸福을 적지 않게 늘릴 수 있다고 앞에서도 언급했다.[24]

We have seen that there are certain propensities and qualities which, when rightly directed, have a tendency towards social order and good government; which is the same as saying, that they have

---

22) 『西洋事情』外篇 卷之三, 앞의 福沢諭吉(2002), 『福沢諭吉著作集』第1卷, 101~102쪽.
23) 앞의 William and Robert Chambers(1852), 10쪽.
24) 『西洋事情』外篇 卷之三, 앞의 福沢諭吉(2002), 『福沢諭吉著作集』第1卷, 187쪽.

a tendency to promote <u>human **happiness**</u>.[25]

③ 인간에게는 이른바 천부(天賦)의 성정(性情)이 있다. 한편으로 그 정실(情實)은 편소(偏小)한 사욕(私慾) 때문에 매우 천히 여길 만하기도 하다. 하지만 그 성정이 자연스럽게 널리 인간 교제를 이루는 것을 보면, 즉 이 성정은 사람으로 하여금 그 <u>안녕(安寧)</u>과 **幸福**을 발전시키고 지선(至善)의 덕의(德誼)에 도달하도록 만드는 천여(天與)의 선물이라 할 것이다.[26]

He will soon find that certain propensities implanted in mankind, which, when viewed alond, have a selfish, narrow, and almost degraning aspect, are, when cintemplated in relation to each other, a wise provision for enabling man to advance <u>his own welfare, **happiness**</u>, and virtue.[27]

번역어 幸福은 앞에서 살펴본 미국 독립선언서의 경우와 동일하게 자연권 또는 재산권과 관련된 의미로 사용되고 있다. 하지만 인용문 ① 에서 '幸福을 추구'하더라도 '타인에게 방해가 될 우려가 없는 것이 문명'이라는 문구를 통해, 번역어 幸福에는 '문명'의 의미가 내포되어 있음을 알 수 있다.

문명의 의미를 내포한 번역어 幸福은 후쿠자와가 1869년 9월 출판

---

25) 앞의 William and Robert Chambers(1852), 49쪽.
26) 『西洋事情』外篇 卷之三, 앞의 福沢諭吉(2002), 『福沢諭吉著作集』第1卷, 191쪽.
27) 앞의 William and Robert Chambers(1852), 51쪽.

한 『세계국진(世界國盡)』에도 등장한다.[28] 후쿠자와는 이 책을 "천하의 화복(禍福)"이 "국민 일반의 지우(知遇)"에 달렸으므로 "아동과 부녀자가 세계의 형세를 이해하고 그 지식의 단서를 깨달아 천하 幸福의 토대를 세울 수 있도록"[29] 저술했다고 한다. 따라서 본문에서는 아시아, 아프리카, 유럽, 북아메리카, 남아메리카, 태평양 등의 순서로 각 대륙의 자연환경 및 국가 정보를 요약 서술하고, 부록에서 '세계 형세'를 혼돈, 만야(蠻野), 미개·반개(半開), 문명개화의 단계로 나누어 부연 설명하고 있다.[30] 결론적으로 이 책을 통해서 후쿠자와는 행복의 주체가 '아동과 부녀자'를 포함한 '국민 일반'이고, '행복의 토대'는 혼돈에서 문명으로 역사적 진보 과정을 밟아가는 '세계 형세'와 '그 지식의 단서'를 깨우쳤을 때 가능하다고 주장한다. 그리고 이 과정에서 번역어 幸福은 '국민 일반'을 주체로 하는 문명의 상징으로 제시되고 있다.

그렇다면 이처럼 문명을 매개로 한 번역어 幸福과 '국민 일반'의 결합은 이후 막부가 폐지되고 새로운 국가체제가 모색되면서 어떤 담론들을 생산해냈을까?

---

28) 이 책은 운율에 맞춰 음독할 수 있도록 7·5조로 서술되어 있어서 "전국의 아동이 이것을 외워서 읊조리는 게 마치 오늘날의 민요나 동요를 부르듯 하여 세계의 지리와 사상을 일반에 보급시키는 데 대단히 효과가 있었다." 石河幹明, 『福沢諭吉伝』 第2巻, 岩波書店, 1994, 13쪽 참조.

29) 福沢諭吉, 『世界国尽』, 『福沢諭吉著作集』 第2巻, 慶應義塾大学出版会, 2002, 64쪽.

30) 위의 책, 154~156쪽.

3. 왕정복고와 국민 행복

1868년 1월 막부 타도파는 막부를 폐지하고 '왕정복고 대호령'를 발포했다. 이후 유신정부는 막부 지지파와 보신전쟁을 치루는 한편, 다른 한편으로는 어일신(御一新)이라는 슬로건을 내걸고 천황을 정점으로 한 국가체제를 만들기 시작했다. 이른바 메이지유신의 시작이다.

서양 서적의 번역이 아니라 일본인이 저술한 서적 중 행복이라는 단어가 비교적 빠른 시기에 등장하는 것은 가토 히로유키가 1868년 9월 출판한 『입헌정체략(立憲政體略)』이다. 이것은 『태서국법론(泰西國法論)』 (츠다 마미치(津田眞道) 역, 1868) 등 당시 번역되어 있던 서양 정체(政體) 관련 서적을 가토 나름대로 정리한 편저이다.

이 책에서 가토는 5개의 정체 중 군주천제·군주전치·귀현정치를 "여전히 개화문명으로 향하지 못한 국가의 정체"로 규정하는 반면, 상하동치와 만민공치는 "공명정대·확연불발(確然不拔)의 국헌(國憲)을 만들어 진정한 치안을 구하는 것"[31]이라고 높게 평가한다. 군주천제는 "가장 나쁘고 천한 만이(蠻夷)의 정체"로 규정한 반면, 군주전치와 귀현정치는 "인문(人文)이 아직 발달하지 못한 우매한 민(民)이 많은 국가에 적당한 정체이지만, 개화된 국가에서는 당장 폐기해야 한다"[32]고 언급한 뒤, 현재의 일본에 대해 다음과 같이 적고 있다.

---

31) 加藤弘之, 『立憲政體略』, 『日本の名著34 西周·加藤弘之』, 中央公論社, 1972, 334쪽.
32) 위의 책, 333쪽.

1부 국민의 탄생, 신민의 발견

우리 황국도 2천여 년 동안 고유한 정체를 지니고 있었다 하지만 지난날 막부가 시세를 관찰하여 정권을 천조(天朝, 천황을 의미함 — 인용자)에게 귀납하여 모든 것이 새롭고 공명정대한 정체가 만들어졌다. 진정 황국 중흥의 성업과 백성의 **행복**이 이보다 더할 것이 없다.[33]

가토는 '우리 황국'이 '새롭고 공명정대한 정체를 만들어냈다'고 평가하고, 이것이야말로 '황국 중흥의 성업과 백성의 행복'이라 적고 있다.[34] 그 결과 가토에게 백성의 행복은 황국이라는 새롭고 공명정대한 정체가 성립했기 때문에 가능한 것이 된다. 황국이라는 용어는 메이지 정부가 왕정복고를 표방하기 위해 반복적으로 사용하던 정치적 용어였고, 당시 율령정체취조국(律令政体取調局) 관원이던 가토가 이를 의식적으로 차용한 것에 불과할 수도 있다. 그럼에도 이제 막 성립한 황국을 전제로 가토가 제시한 백성의 행복은 국가(정부)의 필요조건으로 등장한 번역어 인민의 幸福이 언제든지 황국의 충분조건으로 변화될 수 있는 가능성을 단적으로 보여준다.

그러나 메이지 초기에 빈발한 대규모 백성잇키(百姓一揆)가 말해주듯이,[35] 황국의 충분조건으로 규정된 백성 행복의 의미는 쉽게 정착되지

---

33) 위의 책, 334쪽.

34) 에도시대의 백성이 좁게는 피지배층의 대다수를 차지하는 농민, 넓게는 피지배층 일반을 의미하므로, 가토가 제시한 '백성의 행복'은 앞에서 후쿠자와가 말했던 '국민 일반'의 행복과 동일한 의미라 할 수 있다.

35) 연차별 백성잇키 발생수는 1868년 108건, 1869년 97건, 1870년 61건, 1871년 47건, 1872년 27건, 1873년 55건이다. 青木虹二, 『百姓一揆総合年表』, 三一書房, 1971, 34쪽 참조.

않았다. 막부와 각 번이 각각의 무장력으로 자신들의 지배를 관철시켰던 것과 달리, 국가적 성격상 황국은 천황제 국가 지배의 절대성에 대한 백성, 즉 국민의 승인이라는 절차가 필요했기 때문이다. 이런 의미에서 1872년 메이지 천황의 사이코쿠(西國) 지방순행은 국민의 승인을 유도하는 이 시기의 대표적 정책이었다.[36] 이때 메이지 천황은 서양식 군복을 착용하고 정부의 문명개화정책과 관련된 박람회나 조폐료 등을 방문했다. 이러한 천황의 퍼포먼스는 왕정복고에 그치지 않고 새롭게 문명이라는 문구와 결합된 유신을 실천하는 천황의 모습으로 황국에 대한 국민의 승인을 얻으려는 정치적 의도를 단적으로 보여준다.[37]

메이지 천황의 지방순행이 황국에 대한 국민의 승인을 얻기 위한 국내정책이었다면, 정한론정변에 이어서 실시된 타이완침공은 결과적으로 국민의 승인을 얻어낸 대외정책이었다.

1874년 타이완침공은 타이완에서 1871년에 발생한 류큐인(琉球人, 지금의 오키나와) 조난사건을 발단으로 실시된 근대 일본 최초의 해외파병이다. 당시 일본정부는 타이완침공에 항의하는 청과 개전도 불사하겠다는 강경책을 고수하다가, 청 주재 영국공사의 중재로 청이 일본 정부에 배상금 50만 냥을 지불하는 것으로 타협했다.[38]

---

36) 1872년에 이어서 1876년 오우(奧羽) 지방순행, 1878년 호쿠리쿠(北陸) 지방순행, 1880년 야마나시(山梨)·미에(三重)·교토(京都) 지방순행, 1881년 야마가타(山県)·아키타(秋田)·홋카이도(北海道) 지방순행, 1885년 산요도(山陽道) 지방순행이 실시되었다. 이를 메이지 전기 6대 순행(巡幸)이라고 한다. 타키 코지(多木浩二), 박삼헌 옮김, 『천황의 초상』, 소명출판, 2007, 77~109쪽 참조.
37) 박삼헌, 『근대 일본 형성기의 국가체제-지방관회의·태정관·천황』, 소명출판, 2012, 128 ~129쪽.

당시 일본에서는 '황국 존망'을 우려하며 '의용병'으로 지원하거나 헌금을 내겠다는 '우국 동지'들의 건백서가 다수 제출되었다.[39] 예를 들어 시카마현(飾磨縣) 사족(士族) 미마 모토나가(三間元長)는 "행복이 무엇이 겠는가. 아무것도 하지 않고 가록(家祿)[40]을 받는 죄를 갚길 바랄 뿐"이라며 군자금으로 "금 30엔을 봉납"하기도 했다.[41] 모토나가의 신분이 사족이기에, 그에게 에도시대 이래 무사 신분의 의무가 작동했다고 볼 수 있다. 그럼에도 가록 수여의 주체가 번주가 아니라 황국인 만큼, 이제 모토나가의 행복은 청과 개전도 불사하겠다는 황국에게 봉납하는 군자금으로 구체화되기 시작하는 것이다.

그렇다면 이와 같은 모토나가의 행복은 그동안 국가체제 구상 논의에서 배제되었던 국민들이 능동적으로 자신들의 국가체제 구상을 제기하기 시작한 자유민권운동에서 어떤 의미를 지니게 되었을까?

4. 자유민권운동과 국민 행복

자유민권운동은 정한론에 패배한 이타가키 타이스케(板垣退助) 등이

---

38) 한중일3국공동역사편찬위원회, 『한중일이 함께 쓴 동아시아 근현대사』 1, 휴머니스트, 2012, 55~56쪽.

39) 본서 제6장 참조.

40) 메이지 정부가 1869년부터 화족과 사족에게 그 가격(家格)에 따라 기존 봉록의 10분의 1을 지급한 봉록. 1876년 질록처분으로 폐지되었다.

41) 1874년 10월 11일, 「飾磨県士族三間元長ヨリ同県権令ヘ軍資金献納願」, 国立公文書館 アジア歴史資料センター, レファレンスコードA03030871000, 45~46쪽.

1872년 1월 정부에 민선의원설립건백서(民選議院設立建白書, 이하 건백서)를 제출하면서 시작되었다. 이때 이타가키 등은 민선의원에 대한 여론을 환기시키기 위해 행복안전사(幸福安全社)를 창립했다.[42] 그 명칭이 미국 독립선언서의 '인민의 안전과 행복'과 동일한 것은 건백서 작성 당시의 이타가키 등이 인식한 행복의 의미가 번역어 幸福의 범위를 넘어서지 않았음을 시사한다. 이것은 건백서의 마지막 문장도 "의원을 설립하는 것은 천하의 공론을 신장하고, 인민의 통의와 권리를 세우고, 천하의 원기를 고무하고, 상하가 서로 가깝고, 군신이 서로 아끼고, 우리 제국을 유지·진기(振起)하고, 행복과 안전이 보호되길 바라기 때문이다"[43]라고 끝나는 것에서도 알 수 있다. 다음은 건백서가 제출된 이후 불평사족을 중심으로 한 반정부운동에서 점차 지조개정을 통해서 토지소유권을 획득한 호농 중심의 참정권운동으로 발전해나가는 중요한 시점마다 제출된 의견서들이다.

    ① 1877년 6월, 「입지사(立志社) 건백서」

나라에 정부가 있는 이유는 나라의 치안을 유지하는 데 있다. <u>치안 담당을 맡긴 자는 민의 권리를 창달하여 행복안전의 영역에 있게 해야 한다.</u> (중략) 인민이 아직 몽매하다는 것은 정권에 참여하는 의(義)를 취하여 <u>행복안</u>

---

42) 板垣退助, 遠山茂樹·佐藤誠朗 校訂, 『自由党史』 上, 岩波文庫, 1957, 87쪽. 행복안전사는 도쿄 교바시구(京橋区) 긴자(銀座) 3초메(丁目)에 있었다. 이타가키 등은 행복안전사를 토대로 1월 12일 애국공당(愛国公党)을 결성했다. 애국공당은 자유민권운동 시기에 결성된 최초의 정치결사이다.
43) 위의 책, 93쪽.

1부 국민의 탄생, 신민의 발견

전의 영역으로 향할 여지를 막고 노예 상태에 만족하게 만드는 것이다. 이것은 인민을 우인시(愚人視)하는 도쿠가와 유사(有司)와 다르지 않다. (중략) 이 제도(징병제를 의미함 ― 인용자)를 토대로 사(士)의 상직(常職)을 없애고 자유의 정신을 함양해야 할 때이다. 지금 이를 성공시키려 전제정체를 입헌정체로 변경하면 어느 누가 행복안전의 영역에 들어감을 기뻐하지 않겠는가. 어느 누가 비굴누습을 벗어나지 않겠는가.[44]

② 1878년 4월, 「애국사(愛國社) 재흥 취의서(趣意書)」

인류가 서로 모여서 나라를 세우는 것은 각각 자신을 아끼고 자신의 권리를 보전하며 자신의 행복을 향유하기 위해서이다. 무릇 사람이 자신을 아끼는 마음은 본래 천성이다. 하지만 사람이 권리를 견고히 하고 **행복을 유지하여 안전을 유지할 수 있는 것은** 국가가 있기 때문이다. 국가의 안위는 실로 (그 나라) 사람의 안위와 관련된다. 따라서 나라가 평안하면 (그 나라의) 사람이 편안하고, 나라가 위험하면 (그 나라) 사람도 위험하다. 어찌 애신(愛身)과 애국이 다르겠는가. (중략) 만약 사람이 자신을 아낄 줄 모르면 스스로 몸을 해치고, 민(民)으로서 그 나라를 아낄 줄 모르면 스스로 나라에 재앙을 끼쳐 결국 자신의 권리와 행복도 내버리게 된다.[45]

③ 1880년 4월, (국회기성동맹)「국회개설 윤가(允可) 상원서(上願書)」

---

44) 위의 책, 195쪽, 197~198쪽, 201~203쪽. 입지사는 이타가키를 중심으로 1874년에 도사(土佐)에서 결성된 정치결사로, 자유민권운동에서 중심적 역할을 수행했다.
45) 위의 책, 222쪽. 애국사는 1875년 입지사가 각지의 자유민권 정치결사를 결집하여 조직한 전국적 정당. 결성 직후 해체되었다가 1878년 다시 결성되었다.

무릇 인민이 나라에 의무를 다하는 이유는 그 나라에서 **안전행복**을 누리기 위해서입니다. 그런데 우리나라는 유신 이래 10여 년 동안 병란과 소요가 끊이지 않으며, 아직 평안을 유지하여 민생을 안정시키지 못하고 있습니다. 그리고 반란이 발생했을 때에는 정부가 진압해야 하지만, 소란을 일으킨 인명을 상해하고 재화를 파괴하며 그 참상을 사회에 깊게 남김으로써 국가의 원기를 멸손시키는 것이 적지 않습니다. 폐하(메이지 천황을 의미함 — 인용자)는 어찌 이를 보려 하지 않으십니까. 신들이 어찌 침묵하고 있겠습니까. 무릇 오늘날 우리나라에서 국회를 개설하는 것은 일찍이 폐하가 바라는 바(1875년 4월 점차입헌정체수립조서를 의미함 — 인용자)이자 신(臣) 등이 진정으로 바라는 바이며, 국가에 반드시 필요한 것입니다. 따라서 신 등은 항상 폐하를 도와 하루빨리 국회 개설을 보길 바랍니다. 국회를 개설하여 폐하와 함께 지대한 경복(景福)을 다하길 바랍니다.[46]

여기에서는 대부분 '행복안전'과 같이 행복과 안전이 결합된 형태로 제시되고 있다. 이는 앞에서도 언급했듯이 미국 독립선언서와 동일한 형태이다. 하지만 그 의미는 시간이 흐르면서 복잡한 양상을 나타낸다.

①에서는 나라(정부)의 성격이 '민의 권리를 창달하여 행복안전'을 유지하도록 '나라의 치안을 유지'하는 것으로 규정된다. 이것은 만약 나라(정부)가 '정권에 참여하는 의'를 막고 '행복안전의 영역'으로 향하지 못

---

46) 위의 책, 287쪽. 2부(府) 22현(縣) 8만 7천여 명의 총대(總代) 114명이 1880년에 애국사를 개칭하여 결성한 전국 조직. 국회개설청원운동을 추진하여 1881년 자유당 창립의 모태가 되었다.

1부 국민의 탄생, 신민의 발견

하게 하면 '도쿠가와 유사(有司)' 또는 '전제정체'가 된다는 것을 의미한다. 따라서 ①에서 나라(정부)는 '민의 행복안전'을 보장하는 존재, 즉 미국 독립선언서와 동일하게 '인민의 안전과 행복'을 보전하기 위한 수단으로 규정된다.

하지만 ②에서 나라를 세우는 것은 '자신의 행복을 향유'하기 위해서라고 규정되는 한편, '사람의 권리'와 '행복·안전 유지'는 국가가 존재하기 때문에 가능하다고도 규정된다. 그 결과 '애신'과 '애국'은 서로가 서로를 규정하는 관계가 된다. 이것은 당시의 민권파가 자신의 주장을 정당화하는 전형적인 논리였다. 다음은 국회기성동맹이 결성되기 직전에 민권운동가 27명이 제출한 국회개설청원서이다.

밖으로는 강국의 눈치를 살피고 안으로는 국고가 궁핍하여 국권 확장과 국세 떨침이 불가능하다. 관민이 서로 소원하여 장차 국가가 위험하다. (중략) 오늘날 우리 정부는 하루속히 국회를 개설하여 우리 인민에게 의정(議政)의 권리를 부여하고 우리로 하여금 널리 불패독립의 정신을 발휘하도록 하여 국가의 장래를 위험에서 함께 구제한다면 이는 곧 국권의 확장이요 국세의 떨침이요 국기(國基)의 확고함이요 국체의 보전이다. 메이지가 자유 세상을 만끽하고 오랫동안 부강을 세계에 빛낼 수 있는 것은 관민일치를 철저히 하는 것뿐이다.[47]

---

47) 1880년 3월 2일, 愛媛縣士族綾野宗藏·茨城縣平民中山三郎等1府9縣27名, 「國會開設建言」, 色川大吉·我部政男, 茂木陽一·鶴卷孝雄 編, 『明治建白書集成』第五卷, 筑摩書房, 1996, 751~752쪽.

여기에서는 민권 확보를 위한 국회 개설이 국가의 자주권·독립권을 뜻하는 '국기 확고'와 독립국가로서의 권위 증대를 비롯한 세계에 대한 영향력 증대 및 정치경제적 진출을 뜻하는 '국권 확장'과 '국세 떨침'을 이루기 위한 전제조건으로 제시되고 있다. ①에서 그 자체로 의미를 지녔던 '인민의 행복안전'이 여기에서는 국가(국권)와의 관련을 통해서 그 의미가 획득되고 있는 것이다. 예를 들어 '인민의 행복'을 쟁취하기 위한 언론과 집회의 자유를 주장하던 민권운동가들은 "우리 같은 논자가 많은 것은 국가의 幸福(こうふく, 고우후쿠)"[48]이라는 논리로 자신들의 주장을 정당화하기도 했다.

③에서도 '인민이 나라에 의무를 다하는 이유'가 '그 나라에서 안전행복을 누리기 위해서'라고 규정되고 있으므로, 인민의 안전행복과 나라(국가)는 ②에서 '애신'과 '애국'의 관계처럼 서로가 서로를 규정하는 관계이다. 하지만 여기에서는 나라(국가)를 위한 국회 개설이 '신'만이 아니라 '일찍이 폐하(메이지 천황)가 바라는 바'라는 주장도 추가되고 있다. 당시 민권운동가들은 메이지 천황의 칙령으로 발포된 왕정복고대호령·5개조서문(1868), 점차입헌정체수립조서(1875) 등을 국회 개설의 정당성으로 제시했다. 또한 이를 근거로 천황이 바라는 바를 실행하지 않는 '유사' 정부에 반대하는 것이야말로 '애국'이라고 주장했고, '유사' 정부가 "국체를 파괴하는 적명(敵名)으로 국민의 충애심(忠愛心)을 선동"[49]

<hr />

48) 青山薫, 「論客の多きは国家の幸福」, 岡軌光 編, 『大阪演説叢談』 第2輯, 朝日新聞社, 1879, 15쪽.
49) 板垣退助, 遠山茂樹·佐藤誠朗 校訂, 『自由党史』 中, 岩波文庫, 1958, 115쪽.

1부 국민의 탄생, 신민의 발견

한다며, 탄압하면 할수록 '폐하'와의 일체감을 강조했다. 다음은 1881년 10월에 10년 뒤 국회 개설을 약속하는 '국회개설칙유'가 발포된 직후, 자유민권운동가 아라이 쇼고(新井章吾)가 발표한 글이다.

지나인민의 상황을 살펴보고 조선의 국정을 관찰해보자. 그들은 우리 대일본국과 단지 일본해를 사이에 두고 있는 가장 가까운 영토임에도, 국체가 서로 달라 군민 사이가 너무도 멀어서 아래의 뜻이 위에 달하지 않고 위의 뜻이 아래에 관철되지 않는다. 국군(國君)의 의사는 국군(國君) 혼자 집행하고 하민(下民)의 고통은 하민이 스스로 참아내는 것을 당연하게 여긴다. 이 어찌 군민공치라는 좋은 제도를 향유할 여지가 있겠는가. 이를 생각하건데 <u>그 국민의 불행을 슬퍼하지 않을 수 없다.</u> 하지만 광명청랑한 천지를 우러러보고 예성청명(叡聖淸明)하신 황제 폐하를 숭봉하며 천재일우의 시운을 맞이한 <u>우리 동포는 옛 조상들과 조선지나의 인민들에 비교하면 그 행복과 고통의 차이가 마치 하늘과 땅의 차이다.</u> 어찌 감격하여 눈물을 흘리지 않을 수 있겠는가. 그런데 국민된 자들이 성은에 감격하여 단지 감읍할 뿐이거나 황제폐하의 성유(聖諭)를 읽는 것에 그쳐서야 되겠는가. 무릇 우리들의 본분은 반드시 이 성유의 뜻을 받들고 하루속히 의원(議員)을 소집하여 국회를 개설함으로써 군민동치의 좋은 결과를 만들어내 폐하께서 애초 생각하신 바의 성지를 관철해야 한다. 이것이 우리 동포 신민된 자의 직분이다. 만약에 정부 유지(有志)들이 이를 나태하여 잘못하는 자가 있으면 우리 인민은 이를 압박하여 재촉해야 한다.[50]

여기에서 '군민공치라는 좋은 제도'는 국회이고, 이는 어디까지나 서양의 근대적 정치제도를 의미한다. 서양의 근대적 정치제도를 '좋은 제도'로 파악하는 것은 메이지시대에 유행한 이른바 문명사관의 영향을 받은 것이다. 문명사관에 따르면, 세계는 최상의 문명국(유럽국가) 및 미국, 반개국(半開國)인 터키·청·일본 등 아시아국가, 야만국인 아프리카 및 호주 등으로 나뉜다.[51] 당시 일본은 아직 다른 아시아 국가들과 마찬가지로 반개국의 단계이다. 하지만 아라이 쇼고에 따르면, 일본 국민은 문명을 상징하는 좋은 제도(국회)를 10년 뒤에 개설하겠다는 천황의 '성지' 때문에 '조선지나의 국민'은 물론이고 일본의 옛 조상들과도 다른 행복한 존재로 재규정된다. 이렇듯 민권운동가들이 국회 개설을 정당화했던 논리에는 서양문명을 실천하는 근대적 천황을 매개로 일본이 근린 아시아 국가와 다르다는 내셔널리즘이 존재했다. 이는 바꿔 말하면 서양문명을 실천하는 근대적 천황의 존재야말로 다른 아시아 국가와 달리 일본 국민이 행복할 수 있는 이유로 인식되고 있음을 보여준다. 물론 "만약 입헌국의 인민이 존엄한 군주가 있어야만 안녕을 보장받을 수 있

---

50) 新井章吾, 「聖諭ヲ謹讀ス」, 『自治政談』 第二号, 1884.10.28, 4~5쪽. '지나'라는 표현은 중국을 멸시하는 용어이지만, 사료 인용에 한해서 사용했다. 아라이 쇼고는 1856년에 도치기현(栃木縣) 후키가미(吹上) 촌에서 농사와 상업을 겸하는 집안의 장남으로 태어나, 후키가미촌 부호장(副戶長), 호장(戶長), 현의원을 거쳐 자유민권운동에 투신한 전형적인 호농 출신 민권운동가이다. 1885년 오사카사건으로 옥살이를 한 뒤, 1890년 제1회 중의원 총선거에서 당선된 이래 1903년 제9회 총선거까지 일곱 번 당선되었다. 1897년에는 고등관 2등에 해당하는 척식무성(拓植務省) 북부국장(北部局長)에 임명되어 잠시나마 관직에 몸을 담그도 했다. 大町雅美, 『新井章吾ー栃木県の自由民権家と政治ー』, 下野新聞社, 1979 참조.

51) 福沢諭吉, 『文明論之概略』, 『福沢諭吉著作集』 第4巻, 慶應義塾大学出版会, 2002, 21~22쪽(정명환 옮김, 『후쿠자와 유키치의 문명론』, 기파랑, 2012, 26~27쪽).

다면, 그 안녕이 가져다주는 행복은 자신이 가진 자유의 권리에 의해 획득한 것이 아니고 군주의 덕택으로 얻은 것"[52]이라며, 군주와의 관계를 비판적으로 인식하는 민권운동가들도 있었다. 하지만 이들도 결국에는 "민권을 발전시키는 것만이 황실을 안태(安泰)시킬 수 있다는 입장"[53]을 취하게 되었으므로, 자유민권운동에서 황실의 존재는 애초부터 부정의 대상이 아니었던 것이다.

한편 10년 뒤 국회 개설을 약속한 메이지 천황의 칙유가 발포된 이후, 자유민권운동 진영은 각각의 정치적 입장에 따라 정당을 결성하여 국회 개설에 대비하기 시작했다. 그중 자유당과 입헌개진당은 대표적인 정당이다. 자유당은 프랑스식 급진적 민약헌법론을 지지하며 일원제와 보통선거를 주장했고, 입헌개진당은 영국식 점진적 입헌론을 지지하며 이원제와 제한선거를 주장했다. 자유당의 지지층은 불평사족·지주·농민·상업자본가였고, 입헌개진당은 지식계급·산업자본가였다.[54]

그렇다면 자유당과 입헌개진당은 행복을 어떻게 인식했을까?

자유당은 당의 첫 번째 목적으로 "자유 확충·권리 보전·행복 증진·사회 개량 도모"[55]를 제시했고, 입헌개진당도 첫 번째 강령으로 "왕실의 존영을 유지하고 인민의 행복을 보전하는 것"[56]을 제시했다. 자유당은

---

52) 中江兆民, 『三醉人經綸問答』, 岩波文庫, 1965, 49~50쪽(연구공간 '수유+너머' 일본근대사상팀 옮김, 『삼취인경륜문답』, 소명출판, 2005, 76~77쪽).

53) 安丸良夫, 『近代天皇像の形成』, 岩波書店, 1992, 256~257쪽(박진우 옮김, 『근대 천황상의 형성』, 논형, 2008, 253쪽).

54) 安在邦夫, 『立憲改進党の活動と思想』, 1992, 吉川弘文館, 202쪽 참조.

55) 앞의 板垣退助(1958), 80쪽.

56) 위의 책, 99쪽.

'황실'에 대한 언급 없이 '행복 증진'을 제시하고, 입헌개진당은 '왕실 존영'과 '인민 행복'을 대등하게 제시하는 차이가 있을 뿐, 두 정당 모두 '인민 행복'을 첫 번째 강령으로 채택하고 있는 것이다.

　이렇듯 자유당과 입헌개진당이 행복을 첫 번째 강령으로 채택함으로써 행복은 근대 일본의 인민이 쟁취해야 할 기본적 정치권리로 규정되었다. 하지만 민권의 발전이야말로 국권 발전을 지탱한다는 민권(국권형 내셔널리즘)[57]에 가까운 자유민권운동의 특성상, 실제적인 행복의 주체는 인민이라기보다 국권 확립을 전제로 하는 국민에 가까웠다. 또한 확립해야 할 국권도 천황을 전제로 하는 군민동치의 범위를 벗어난 것이 아니었으므로, 그 국민은 언제든지 신민(臣民)으로 전환될 가능성을 내포하고 있었다. 이러한 가능성은 대일본제국헌법 발포를 앞두고 자유당과 입헌개진당 등 민권파를 탄압하기 위해 보안조례가 1887년에 발포되면서 현실화되었다.

　정부는 "대정(大政)의 진로를 개통하고 신민의 행복을 보호하기 위해 그 방해를 제거하고 안녕을 유지할 필요"[58]가 있으므로 보안조례를 제정한다고 발표했다. 이로써 정부는 신민 행복에 대한 의미 규정의 주도권을 쥐게 되었다. 따라서 두 정당이 보안조례로부터 자유로울 수 있으려면, 자신들이 추구하는 인민 행복이야말로 신민의 행복이라고 주장하거나, 아니면 적어도 신민의 행복을 방해하지 않는다고 강변하는 것 이

---

57) 遠山茂樹, 『自由民權と現代』, 筑摩書房, 1985, 155쪽.

58) 1887년 12월 25일, 『保安条例』 勅令第67号(国立公文書館アジア歴史資料センター, レファレンスコードA03020016500).

외의 선택지는 없게 된다. 그런데 전자의 경우는 정부에 의해서 언제든 보안조례 위반으로 규정될 가능성을 내포하고 있으므로, 두 정당이 보안조례로부터 자신들을 보호하려면 결국 후자의 경우를 선택할 수밖에 없게 된다. 그 결과 두 정당의 강령에서 약간의 인식 차이를 보였던 인민 행복은 보안조례라는 거름종이를 통해서 신민 행복으로 수렴될 수밖에 없었던 것이다. 이런 의미에서 정부가 "신민의 행복을 증진하기 위해 필요한 명령을 발포하는 것"[59]을 천황의 권한 중 하나로 제정하고, 당시의 언론이 이것이야말로 "신민의 지행지복(至幸至福)"[60]이라 평가한 대일본제국헌법은 근대 일본에서 제기된 행복 담론의 소실점이었던 것이다.

5. 나오며: 국민 행복의 행방

그렇다면 대일본제국헌법 이후 신민 행복의 행방은 어떠했을까?

메이지 말기에 활동했던 사회주의자들은 1904년 러일전쟁 당시 러시아의 동료 사민주의자들과 연대하여 반전평화라는 반애국(反愛國) 운동을 전개했다. 이 때문에 이들은 메이지 천황의 암살을 기도했다는 죄목으로 사형선고를 받았다. 이른바 '겨울의 시대'가 시작되는 1910년 대역사건이 그것이다. 이들 중 옥중에서 사형집행을 기다리던 40세 고토쿠 슈스이(幸徳秋水)는 다음과 같이 행복의 의미를 적고 있다.

59) 伊藤博文, 宮沢俊義 校注, 『憲法義解』, 岩波書店, 1940, 34쪽.

60) 1889년 2월 5일, 「社説 再び憲法発布に就て」, 『東京朝日新聞』 第1247号, 조간 1면.

장수는 결코 행복한 것이 아니며, 행복은 다만 자기가 만족해서 죽거나 사는 데 있다고 믿어왔다. 만약 인생에서 사회적 가치(value)로 명명할 수 있는 것이 있다고 한다면, 그것은 장수에 있는 것이 아니라 인격과 사업이 주변과 후대에 미치는 감화나 영향 여하에 있다고 믿어왔고, 지금도 그 생각에는 변함이 없다. (중략) 천수를 누리는 것은 오늘날의 사회에서는 누구도 어려운 일이다. 그러니 만약 <u>만족스럽고 **행복**하게, 또한 가능하다면 그 사람의 분에 맞는</u> ― 나는 분에 맞지 않는 것을 기대하지 않는다 ― <u>사회적 가치를 지니며 죽는다고 한다면</u>, 병들어 죽든, 굶어 죽든, 얼어 죽든, 타 죽든, 지진으로 죽든, 치어 죽든, 목매 죽든, 부상으로 죽든, 질식해서 죽든, 자실이든 타살이든, 애조(哀弔)하고 혐오할 이유가 전혀 없다. 그렇다면 결국 사형은 어떠한가. 생리적으로 부자연스럽다는 점에서 이들 각종 죽음과 다를 바가 있을까? 이들 각종 죽음보다도 더욱 혐오하고 잊어야 할 이유가 있겠는가.[61]

사형집행을 앞둔 비장함 속에서 고토쿠는 '천수를 누리는 장수'가 아니라 '사회적 가치를 지니고 죽는 것'에서 행복의 의미를 찾고 있다. '장수'라는 사적영역의 행복을 넘어서지만, 그것이 국가적 또는 이를 전제로 하는 국민적 가치가 아니라 사회적 가치라는 공적영역의 새로운 행복을 제기하고 있는 것이다. 이런 의미에서 메이지유신이 탄생시킨 국가와 국민의 행복, 나아가 신민의 행복을 상대화하려 했고, 또한 할 수

---

61) 幸德春秋,「死刑の前」, 幸德春秋全集編集委員会 編,『幸德春秋全集』第6卷, 明治文献, 1968, 550~551쪽, 555~556쪽(임경화 엮고 옮김,『나는 사회주의자다-동아시아 사회주의의 기원, 고토쿠 슈스이 전집』, 교양인, 538~539쪽, 2011, 544~545쪽).

있었던 것은 자유민권운동가들이 아니라 메이지 말기의 초기 사회주의자들이었다. 물론 여기에도 이후의 역사적 전개 속에서 이들이 '일본적' 사회주의를 구상하기 이전까지라는 단서는 필요하다.

한편 고토쿠가 거부한 '천수를 누리는 장수'는 앞에서 살펴보았던 번역어 幸(さいわい, 사이와이)에 속하는 행복이다. 메이지유신 이후 번역어 幸은 대체로 행복이라는 단어로 통일되어갔다. 하지만 동일하게 幸福이라는 단어를 사용하더라도 그 의미가 "세상에서 장수만큼 幸福(さいわい)한 것은 없다"[62]처럼 사적영역에 속하는 경우에는 'さいわい(사이와이)'라고 훈독을, "짐은 인민이 더욱 분려(奮勵)하고 산업이 더욱 번성하며 나라에 오랫동안 풍부하고 넉넉한 幸福(こうふく)을 누리길 바라노라"[63]처럼 공적영역에 속하는 경우에는 'こうふく(고우후쿠)'라고 음독을 표기하는 구분도 한동안 이어졌다. 이러한 과정을 거치는 가운데 '사이와이'에 속하는 행복은, 기본적으로는 고토쿠가 언급하고 있듯이 여전히 장수와 같은 사적영역에 속하는 의미가 지속되는 한편, 여기에 새로운 의미가 추가되기도 했다. 예를 들어 후쿠자와는『학문의 권장』제8편(1874)에서 다음과 같이 미국의 경제학자이자 교육자 웨이랜드(Francis Wayland)의『모럴 사이언스(Moral Science)』[64]를 인용하고 있다.

---

62) 岸田吟香,「寄書 楽善堂養生話」,『読売新聞』第815号, 1877.10.4, 조간 3면.

63) 『読売新聞』第780号, 1877.8.23, 조간 1면. 여기에서 '짐'은 메이지 천황이다. 이것은 1877년 도쿄 우에노(上野) 공원에서 개최된 제1회 내국권업박람회(1877.8.21.~11.30)를 전하는 기사이다. 인용 자료는 메이지 천황이 발포한 칙선의 일부이다.

64) 원제목은『도덕학 요론(The Elements of Moral Science)』(1835)이다.

인간에게는 누구나 정욕이 있다. 정욕은 심신을 움직이게 하여 그 정욕을 만족시킴으로써 자신의 행복을 얻게 된다. 예를 들면 인간이라면 좋은 옷과 좋은 음식을 싫어하는 사람은 없다. 그것을 얻으려면 활동이 필요하다. 인간의 활동은 정욕이 바탕이 되어 일어난다. 그러므로 정욕이 없으면 활동을 하게 되지도 않고, 활동이 없으면 인간의 안락한 **행복**은 생기지 않는다.[65]

여기에서 활동은 노동을 의미하므로, 인간의 안락한 행복은 노동을 통해서만 얻을 수 있는 것이 된다. 또한 별도의 저서에서 "하늘은 만물을 사람에게 부여하지 않고 노동[働(はたらき)]에 부여는 것"이므로, 개인의 노동 능력을 키우는 '공부'야말로 "행복을 낳는 어머니"[66]라고 규정한다. 이것은 '사이와이'의 행복이 본래 지니고 있던 사적영역의 의미를 넘어서 자본주의 윤리의 핵심 요소인 '노동'과 결합된 의미로 재탄생되고 있음을 말해준다. 이후 자본주의 윤리와 관련된 행복의 의미는 웨이랜드의 번역서[67]가 소학교 수신과 교과서로 사용되면서 수신론의 형

---

65) 福沢諭吉, 『学問のすすめ』, 『福沢諭吉著作集』 第3卷, 慶應義塾大学出版会, 2002, 84쪽 (남상영·사사가와 고이치 옮김, 『학문의 권장』, 소화, 2003, 108쪽).

66) 「童蒙教草」(1872), 앞의 福沢諭吉, 『福沢諭吉著作集』 第2卷, 2002, 192쪽

67) 후쿠자와가 게이오의숙에서 교과서로 사용해서 그런지, 메이지 전기에 웨이랜드 저서의 번역서는 당시로서는 드물게 5종이나 출판되었다. 『修身学』 上編(神鞭知常 역, 1873), 『泰西修身論』(山本義俊 역, 1873), 『修身論』(阿部泰蔵 역, 문부성 발행, 1874), 『米人淮蘭徳著 修身学』(平野久太郎 역, 1885), 『威氏修身学』(大井鎌吉 역, 문부성 발행, 1878~1879). 이 중에서 아베 다이조(阿部泰蔵)의 번역서가 수신과 교과서로 사용되었다. 메이지 전기의 웨이랜드 붐은 伊藤正雄, 「福沢のモラルとウェーランドの 『修身論』」, 『福沢諭吉論考』, 吉川弘文館, 1969 참조.

1부 국민의 탄생, 신민의 발견

태로 재생산되는 과정을 거쳐 1890년 교육칙어로 귀결되었다. 이것은 근대 일본의 공리주의 수용과 변용의 문제이기도 하므로, 이에 대한 구체적인 분석은 이후의 과제로 남겨두기로 한다.

제4장

국민에서 신민으로

가토 히로유키의
입헌적 족부통치론을 중심으로

1. 들어가며

최근에 출판된 『일본 근현대 인명사전』에서는 가토 히로유키를 '메이지의 정치학자'로 소개하면서 다음과 같이 설명하고 있다.

그의 사상은 자유민권운동의 발흥을 기점으로 전기와 후기로 나뉜다. 전기를 대표하는 『입헌정체략(立憲政體略)』, 『진정대의(眞正大意)』, 『국체신론(國体新論)』에서는 대체로 천부인권론의 입장에서 입헌정체의 개략과 그 필요성을 주장하며 수구파에 대한 날카로운 비판을 전개하는 등 계몽사상가로 활약했다. 하지만 민권의원설립건백서가 제출되었을 즈음부터 급진파를 비판의 대상으로 삼았고, 게다가 1881년 가이에다 노부요시(海江田信義)에게 혹독하게 비판받은 것을 계기로 『진정대의』, 『국체신론』을 절판한다는 성명을 발표했다.

이러한 전향 이후 후기를 대표하는 것은 『인권신설(人權新說)』, 『강자의 권리경쟁(强者の權利の競爭)』이다. 전자에서 사회진화론의 기수로 등장한 그는 천부인권론을 망상으로 단언하고 민권사상가들과 논쟁을 펼쳤고, 후자에서는 강권주의(强權主義)의 입장에서 국가론을 전개했다. 만년에는 크리스트교 비판을 활발하게 펼치며 국가의 이기심을 기축으로 한 국체(國体)의 호지

(護持)를 강조했다. 무신론자인 그의 장례식은 종교와 관계없이 치러졌다.[1]

이처럼 종래 연구에서는 가토의 사상을 천부인권론에서 사회진화론의 전향을 기점으로 전기와 후기로 구분하고, 전기에는 수구파를 비판하는 계몽사상가로, 후기에는 급진파를 비판하는 국가론자로 평가하고 있다. 하지만 근대 일본의 국가체제 형성 과정에서 사회진화론이 "자유민권운동의 원리를 기초 짓는 것으로 수용됨과 동시에 이 운동과 정면 대립했던 메이지 정부에 의해서도 매우 중요시"[2]되었다는 사실에 비춰볼 때, 사회진화론 수용 여부만으로 가토의 사상을 국가주의로의 회귀 또는 국가주의라는 성격으로 규정지을 수는 없다.

이에 필자는 근대 일본의 국가체제 형성 과정에 등장한 대표적인 국가사상이라는 관점에서 1889년 대일본제국헌법이 발포되기까지 역사적 추이에 따라 가토의 사상을 고찰한 바 있다.[3] 여기에서 국가사상이란 국가체제의 근본 원리를 설명해주는 논리를 말한다.

본장에서는 그 연장선상에서 대일본제국헌법이 발포된 이후 청일전쟁과 러일전쟁을 거치면서 가토의 국가사상이 이론적으로 어떻게 변화했는지 알아보고자 한다.

앞의 인용문에서도 알 수 있듯이, 가토의 후기와 만년에 해당하는 이 시기에는 '국가의 이기심을 기축'으로 한 가토 특유의 사회유기체론을

---

1) 鹿野政直, 「加藤弘之」, 『日本近現代人名辞典』, 吉川弘文館, 2001, 285쪽.

2) 清水幾太郎, 『日本文化形態論』, サイレン社, 1936, 47~48쪽.

3) 박삼헌, 『근대 일본 형성기의 국가체제-지방관회의·태정관·천황』, 소명출판, 2012, 제3부 제2장 참조.

분석한 다바타 시노부의 연구,[4] '크리스트교를 비판'하며 '국체의 호지를 강조'한 가토의 '국가주의적 경향'을 분석한 요시다 고지(吉田曠二)의 연구,[5] 가토의 크리스트교 비판과 함께 '입헌적 족부통치론'에 의한 군주기관설 비판에도 주목한 나카무라 유지로(中村雄二郎)의 연구[6] 등이 있다.

본장에서는 종래 연구를 참고하면서도 '크리스트교 비판'이라는 관점에서 벗어나, 1881년 『국체신론』을 스스로 절판한 이후 저서의 제목에서 사라졌다가 1907년 『우리 국체와 기독교(吾國体と基督教)』에서 제목으로 다시 등장하는 '국체'라는 용어에 주목하여 가토의 후기 사상을 검토해보고자 한다.

2. 대일본제국헌법 발포 이후의 국가사상

일본제국헌법에 대한 가토의 평가

1889년 2월 11일 메이지 천황은 기원절[7] 제사를 주재하면서 황실전범과 헌법 제정을 알리는 제문을 읽은 뒤, 메이지 궁전에서 거행되는 헌

---

4) 田畑忍, 『加藤弘之の国家思想』, 河出書房, 1939 ; 田畑忍, 『強者の権利の競争』, 日本評論社, 1942 ; 田畑忍, 『加藤弘之』, 吉川弘文館, 1959.

5) 吉田曠二, 「第二章 加藤弘之のキリスト批判論」, 『加藤弘之の研究』, 大原新生社, 1976.

6) 中村雄二郎, 「加藤弘之の制度観と自然観」(三), 『近代日本における制度と自然』, 未来社, 1967.

7) 『일본서기日本書紀』에 의거하여 진무(神武) 천황이 즉위했다고 일컬어지는 날. 1873년에 국가 경축일로 정해졌으며, 1945년 이후 건국기념일이 되었다.

법발포식에 참석했다. 여기에서 메이지 천황은 "조종(祖宗)으로부터 이어받은 대권(大權)에 의거하여 현재 및 장래의 신민에게 불마(不磨)의 대전(大典)을 선포"[8]하고, "제1장 천황, 제1조 대일본제국은 만세일계의 천황이 통치한다"로 시작하는 대일본제국헌법을 내각총리대신 구로다 기요타카(黑田淸隆)에게 수여했다. 이와 같은 헌법발포식의 형식은 만세일계이기에 그 정당성을 지니는 메이지 천황이 헌법을 하사하는 흠정헌법주의를 가시적으로 보여주는 것이었다.

대일본제국헌법에 대한 "전국 민중의 환호하는 목소리가 드높아지는" 가운데, 동양의 루소라 일컬어지는 자유민권운동가 나카에 초민(中江兆民)은 "천황으로부터 부여받은 헌법이 도대체 어떤 것인지, 다마(玉, 귀중한 것)인지 와력(瓦礫, 쓸모없거나 변변치 않은 것)인지 그 내용을 아직 보지도 않은 채 그 이름(名, 헌법이라는 명칭)에 취해 있으니, 우리 국민은 어째서 이토록 어리석단 말인가"라고 탄식하였고, 후일 대일본제국헌법의 전문을 입수하여 읽어보고는 그저 쓴웃음만 지었다고 한다.[9]

일찍이 나카에 초민은 민권의 종류를 두 가지로 나누고 다음과 같이 설명했다.

보통 민권이라 하는 것에도 두 종류가 있네. 영국이나 프랑스의 민권은 회복적(恢復的) 민권이네. 아래로부터 나아가서 취한 것이지. 그런데 이와 달리 은사적(恩賜的) 민권이라 할 만한 것이 있네. 위로부터 은택을 입은 것 말

---

8) 宮内省 臨時帝室編修局, 『明治天皇紀』 第七, 吉川弘文館, 1972, 206~207쪽.
9) 幸德秋水, 『兆民先生』, 伊藤整 編集 『日本の名著44 幸德秋水』, 中央公論社, 1984, 160쪽.

일세. 회복적 민권은 아래로부터 스스로 나아가서 취한 것이어서 그 분량의 다소를 우리가 마음대로 결정할 수 있네. 반면 은사적 민권은 위로부터 은택을 입은 것이어서 그 분량의 다소를 우리가 마음대로 결정할 수 없지.[10]

여기에서 초민은 민권을 '인민의 권리'라는 의미로 사용하고 있으며, 이에 대한 법적인 규정이 마련되는 절차를 회복적, 즉 아래로부터 나아가 취한 것과 은사적, 즉 위로부터 은택을 입은 것으로 나누고 있다. 인민의 권리를 확보하고 이를 법적으로 규정하는 근대국가의 기본법, 즉 헌법이 제정되는 절차를 둘로 나누고 있는 것이다.

이렇듯 헌법을 인민의 권리 확보라는 관점에서 파악한 초민이 보기에 대일본제국헌법은 "인민을 바보로 취급"[11]하는, "민중의 권리가 지극히 적은 헌법"이었기에 '쓴웃음'을 지을 수밖에 없었다. 또한 니시무라 시게키(西村茂樹)와 같은 보수 사상가조차도 "메이지의 헌법정치를 보면 그 이름은 심히 아름답다. 그러나 그 내용은 지난날 전제정치와 크게 다를 바가 없다. 왜 그런가. 서양의 헌법은 전적으로 민력(民力)으로 이루어진 것이다. 그렇기 때문에 민에게 이로운 게 많다. 우리나라의 헌법은 전적으로 번벌정부의 손으로 만들어졌다. 그렇기 때문에 정부 쪽에 유리하다"고 비평할 정도였다.[12]

---

10) 나카에 초민, 연구공간 '수유+너머' 일본근대사상팀 옮김, 『삼취인경륜문답』, 소명출판, 2005, 130~131쪽. 『삼취인경륜문답』의 출판연도는 1887년 5월이다.

11) 앞의 幸德秋水(1984), p.160.

12) 이에나가 사부로(家永三郎) 엮음, 연구공간 '수유+너머' 일본근대사상팀 옮김, 『근대 일본 사상사』, 소명출판, 2006, 72쪽.

이처럼 대일본제국헌법에 대한 비판이 제기되는 가운데, 가토는 대일본제국헌법을 어떻게 평가했을까?

대일본제국헌법의 발포와 함께 전국적으로 총선거가 처음 실시된 1890년, 가토는 「헌법의 신성(憲法の神聖)」이라는 제목으로 연설을 한다. 여기에서는 "헌법, 즉 구어(歐語) 콘스티튜션(Constitution)이라 칭하는 것은 통상 대의정체를 설치한 나라의 대전(大典)을 의미하지만, 이것은 헌법을 너무도 좁은 의미로 사용하는 것이다. 이것을 넓은 의미로 사용할 때에는 가령 어떤 전제천권(專制擅權)한 나라의 대전(大典)이라도 콘스티튜션이라 말한다"고 전제한 뒤, '야만미개국의 헌법'과 '문명개화국의 헌법'은 '사회 진화'의 차이만 있을 뿐, 동일한 '국가 치평의 대기본이자 대근본'이라 규정한다. 그리고 '일반적으로 그 효력의 성쇠에 따라 주권의 성쇠를 이루고 치평의 안위'가 만들어지기 때문에 '모든 나라들이 헌법을 군주의 위엄과 함께 신성시하며 감히 침범'할 수 없도록 정한다고 주장한다.[13]

이어서 대일본제국헌법의 정신은 '구주 각국의 헌법'과 동일한 '입헌정체의 본지(本旨)'이므로 "정부의 권력, 의회의 권한 등이 구주 각국의 헌법과 다소 다르더라도 결코 신헌법을 비난해서는 안 된다." 왜냐하면 '그 나라의 역사, 풍속'에 따라 "정부의 권력, 의회의 권한 등은 관엄대소(寬嚴大小) 모두 다르기" 때문이다. 그리고 대일본제국헌법은 '구주 각국'의 경우처럼 "인민의 분요(紛擾)가 아니라 전적으로 천황폐하가 시세

---

13) 「憲法の神聖」, 『加藤弘之講演全集』 第1冊(大久保利謙·田畑忍, 上田勝美·福嶋寬隆·吉田曠二 編集, 『加藤弘之文書』 第三卷, 同朋舍出版, 1990, 수록), 1890, 88~89쪽.

의 어쩔 수 없음을 통찰하신 결과"이므로 더욱이 '충애로운 인민'이라면 "혹시라도 그 신성을 능욕하여 국가의 치안을 어지럽혀서는 안 된다"고 결론짓는다.[14]

가토에게 헌법은 초민처럼 인민의 권리를 확보하고 이를 법적으로 규정하는 국가의 기본법이 아니라, 인류역사상 모든 국가가 그 주권의 통치 활동을 보장받기 위해 법적으로 규정한 통치법령을 의미한다. 그 결과 인민의 권리를 규정한다는 헌법의 근대적 의미는 사라지고 국가의 통치법령이라는 일반적 의미만이 남게 되며, 대일본제국헌법도 그 범주 안에서 평가된다.

그렇다면 대일본제국헌법의 현재적 정당성은 어디에 있을까? 그것은 첫째 '역사, 풍속'에 따라 각론의 차이는 있지만 '사회 진화'가 발전한 '구주 각국의 헌법'과 동일한 입헌정체라는 점, 둘째 '인민의 분요'로 제정된 '구주 각국의 헌법'과 달리 '사회 진화'의 '시세를 통찰'한 천황에 의해서 제정되었다는 점에서 확보된다. 요컨대 대일본제국헌법을 인민의 권리 확보라는 관점에서 비판했던 초민과 달리, 가토는 '국가 치평'이라는 통치의 관점에서 옹호하고 있는 것이다. 하지만 이것은 대일본제국헌법이 "민중의 권리가 지극히 적은 헌법"이지만 입헌정체라는 '사회 진화'의 '시세를 통찰'한 헌법이므로 의미가 있다는 것이지, 그 주체가 천황이기에 의미가 있다는 것은 아니다. 물론 천황이 '사회 진화'의 '시세를 통찰'했다고는 언급하지만 이것만으로는 '시세 통찰'의 가능성이 천황을 포함한 누구에게나 열리게 된다. 다시 말해서 대일본제국헌법이

---

14) 위의 책, 89~90쪽.

반드시 흠정헌법주의이어야 하는 이유를 설명하지는 못한 것이다.

　이상과 같이 대일본제국헌법이 발포되었을 당시, 가토는 이것이 반드시 흠정헌법주의이어야 하는 이유를 명쾌하게 제시하지 못했다. 하지만 이후의 저서들을 살펴보면, 그의 국가사상이 대일본제국헌법의 흠정헌법주의를 중심으로 다시 한 번 재구축하는 과정이었음을 알 수 있다. 1893년에 출판된 『강자의 권리경쟁』은 그 출발점이었다.

　앞의 인용문에서 알 수 있듯이 종래 연구에서는 『인권신설』과 『강자의 권리경쟁』을 '전향 이후 후기'를 대표하는 저서로 평가하고 있다. 『인권신설』에서 시작된 가토의 사상적 전향(사회진화론의 수용)이 『강자의 권리경쟁』에서 완성되었다고 보기 때문이다. 물론 『강자의 권리경쟁』 이후의 저서들에 대해 가토 스스로도 "전서(前書, 『강자의 권리경쟁』을 의미함 ― 인용자)를 개정증보"하거나 "대폭 증보개정"[15]한 것이라고 평가하고 있으므로 이 같은 평가도 일면 타당하다고 할 수 있다. 하지만 『강자의 권리경쟁』 이후의 "저서는 모두 나의 신주의(新主義)를 충분히 발휘하기 위해 논구한 것"[16]이라는 가토의 설명을 고려한다면, 『강자의 권리경쟁』에 대한 기존 연구의 위치 규정에는 재고의 여지가 있다. 『강자의 권리경쟁』이 가토 자신도 '지금 보면 실로 유치'했던 『인권신설』의 '진화주의'를 '10년 정도' 걸려서 완성한 저술임에 틀림없지만, 다른 한편으로는 가토가 '진화주의'에 입각한 '이기주의(利己主義)'의 의미를 '논구'하기 시작하는 출발점이기도 하기 때문이다.

---

15) 加藤弘之, 『加藤弘之自叙伝』, 大空社(초판 1915), 1991, 48~49쪽.
16) 위의 책, 50쪽.

청일전쟁 전후의 국가사상

대일본제국헌법이 발포된 이듬해 1890년 10월 30일, 메이지 천황은 문부대신 요시카와 아키마사(芳川顯正)를 궁중으로 불러서 '교육에 관한 칙어', 즉 교육칙어를 하사했다. 이것은 다른 칙어들과 달리 국무대신들의 서명 없이 천황의 서명만으로 공포되었다. 이미 대일본제국헌법이 시행되고 있는 당시에 국무대신들의 서명 없이 천황의 서명만으로 공포되었다는 것은 이것이 통치권자인 천황의 통치행위상 의지표명이 아니라, 만세일계의 천황이라는 권위로 도덕상의 원리를 신민에게 훈시하는 형식으로 공포되었음을 의미한다.[17] 이처럼 교육칙어는 대일본제국헌법과 함께 만세일계의 천황이 일본을 지배하는 정당성을 담보해내는 이데올로기적 장치였다.

한편 1891년 1월 제일고등중학교에서는 천황의 친필서명이 들어 있는 교육칙어의 봉독식이 거행되었다. 이때 교사와 학생들은 교육칙어에 적혀 있는 천황의 친필서명에 대해 경례를 실시했다. 하지만 그 자리에 있던 기독교 신자 우치무라 칸조(內村鑑三)는 우상숭배를 금지하는 기독교 규율을 지키기 위해 경례를 거부했다. 당시 이 일은 불경사건(不敬事件)이라 일컬어지며 많은 논란을 불러일으켰다. 결국 우치무라는 친구에게 교육칙어 봉독식을 대행하도록 했음에도 제일고등중학교에서 추방당했다.

우치무라의 불경사건은 근대 천황제 이데올로기에 대한 기독교의 굴

---

17) 佐藤秀夫, 「解説」, 『続·現代史資料(8) 教育 御真影と教育勅語』I, ミスズ書房, 1994, 23쪽.

복을 상징적으로 보여주는 사례만이 아니라, 교육칙어에서 제시된 충군 애국이라는 도덕상의 원리가 교육현장에서 어떻게 관철되기 시작했는지 알 수 있는 사례로도 자주 언급된다.

이 사건이 발생했을 당시, 도쿄제국대학이라는 최고교육기관의 총장이었던 가토가 어떠한 입장을 취했는지 알 수 있는 자료는 현재 확인하기 어렵다. 하지만 이후 가토가 "기독교가 우리 국체에 크게 해롭다고 생각하기 때문에 그 이유를 과학적으로 증명"[18]한 뒤, 일본 기독교계와 집요한 논쟁을 벌이고 있는 것을 보면, 적어도 이 사건이 '우리 국체에 해롭다고 생각'하게 된 계기가 아니었을까 싶다. 다시 말해서 이것은 가토로 하여금 1881년 『국체신론』을 스스로 절판하면서 부정했던 국체론이 아니라, 만세일계의 천황에 의한 국가지배체제(대일본제국헌법체제)를 정당화하는 입헌적 족부통치론을 '우리 국체론'의 핵심적 개념으로 재구축하게 만드는 결정적인 사건이었던 것이다. 그리고 앞에서도 언급한 바와 같이 그 재구축의 시작은 『강자의 권리경쟁』이었다.[19]

1893년 3월 30일 도쿄제국대학의 총장을 그만둔 가토는 같은 해 5월에 『강자의 권리경쟁』을 독일어판으로 출판하고, 이어서 11월에는 일본어판도 출판했다. 여기에서 가토는 '인류'도 "그 신심의 우열강약이 다름에 따라 항상 강자의 권리경쟁이 발생하므로 강자가 약자에게 승리를 거두는 천칙(天則)은 결국에 생물계와 다르지 않다"[20]고 전제한 뒤, "강

---

18) 加藤弘之, 『吾国体と基督教』, 金港堂書籍株式会社, 1907, 1쪽.
19) 『강자의 권리경쟁』의 분석은 앞의 박삼헌(2012), 258~262 참조.
20) 加藤弘之, 『強者の権利の競争』, 哲学書院, 1893, 30쪽.

1부 국민의 탄생, 신민의 발견

자의 권리가 나타나는 현상은 개부문야(開否文野)에 따라 다르다"고 설명한다.[21]

이어서 '세상의 학자들'은 '자유권'을 '양정(良正)'한 것, '강자의 권리'를 '포악'한 것으로 생각하여 양자가 서로 함께할 수 없는 것이라 말하지만, 오히려 "학리적으로 해석할 때 권력, 권세, 장자의 권리 및 자유권 등과 같은 용어는 완전히 동일한 의미"이므로, '군주의 권력', '귀족의 특권'과 같은 것은 '강자의 권리'라고 할 수 있을 뿐만 아니라 자유권이라고 말할 수도 있고, 인민의 자유권도 '강자의 권리'라고 할 수 있다면서, "지금의 문명개화된 입헌국의 군주는 경우에 따라서 인민에 대해 약자라고 볼 수 있다"고까지 말한다.[22] "인민이 근세 이래 지능과 부유를 진보·발달시킴에 따라 점차 자유권(강자의 권리)을 점유·확장할 수 있었기 때문에 군주는 점차 자신의 권력을 제한하고 인민의 자유권을 인정하고 허가"할 수밖에 없었다고 볼 수도 있다는 것이다.[23]

따라서 가토는 '강자의 권리' 자체가 부(否)한 것이 아니라 '강자의 권리'가 발현되는 사회의 '개부문야(開否文野)'가 중요하다고 주장한다. 그리고 '강자의 권리'가 "진성(眞誠)의 권리(제도법률상의 권리)"로 되기 위해서는, 다시 말해 "본래 자연적 실력인 강자의 권리"가 "국가법제적 권리, 즉 진성의 권리"로 되기 위해서는 "약자의 인정과 허가"를 받았을 때에만 가능하다고 주장한다.[24]

---

21) 위의 책, 41쪽.
22) 위의 책, 45쪽.
23) 위의 책, 47쪽.
24) 위의 책, 49쪽.

그렇다면 가토는 이와 같은 논리로 당시의 일본을 어떻게 설명하고 있을까? 우선 "이미 일본에서 입헌정체를 설립한 것은 (아시아의 — 인용자) 타국에 비해 일본 인민이 매우 우수함을 증명하기에 부족함이 없다"[25]고 전제한 뒤, 지난 몇 해 동안 일본에서 실시된 대변혁은 "인민의 자유", 즉 민권의 점유·확장이 아니라 "천황폐하의 대전제(大專制) 권력"에 의해 가능했다고 한다. 그리고 이것은 "역성혁명에 의한 다른 나라의 군주가 감히 시도"할 수 없는 "만세일계의 우리 천황폐하"였기에 가능했다고 한다.[26] 요컨대 대일본제국헌법이라는 당시 일본의 '대진보'는 만세일계라는 "본래 자연적 실력"인 '천황의 권리', 즉 '천황폐하의 대전제 권력'(흠정헌법주의)이었기에 가능했다는 것이다.

하지만 이것은 대일본제국헌법을 흠정헌법주의로 발포한 이유를 설명할 수는 있어도, 대일본제국헌법을 발포한 천황의 권리가 '약자의 인정과 허가'를 받은 '진성의 권리'인 이유까지 설명할 수 있는 논리는 아니었다.

그렇다면 가토는 이 문제를 어떻게 해결했을까? 『강자의 권리경쟁』의 서론에서 "본문 중에 도덕, 법률 또는 이기심, 이타심에 대해 많이 논하지만, 본래 본서의 중점이 이를 논하는 것"에 있지 않으므로 "가까운 시일 안에 **도덕법률의 진보**라는 제목의 소책자를 저술하여 그 의미를 명료히 하고자 한다"[27]고 밝히고 있듯이, 약 3개월 뒤인 1894년 2월 3

---

25) 위의 책, 93쪽.
26) 위의 책, 105쪽.
27) 위의 책, 4쪽. 강조는 원문.

1부 국민의 탄생, 신민의 발견

일 출판된 『도덕법률의 진보』는 이 문제를 해결하기 위한 모색의 시작이었다.

여기에서 가토는 "위로는 최대 진보를 이룬 우리 인류에서 아래로는 최하등에 위치한 유기물에 이르기까지 존재하는 고유한 천성"을 "자기 자신의 유지보존 및 그 진보 신장의 추구"라는 이기심이라 규정하고, 이타심은 "그 성질 및 형상이 변화한 이기심"에 불과하다고 지적한다.[28] 이어서 이타심을 자연적 이타심과 인위적 이타심으로 나누고, 다시 자연적 이타심을 지식적 이타심과 감정적 이타심으로 나누어 설명하면서, "종교자나 철학자는 무아(無我)·기아(棄我) 등 자신을 희생하여 이타(利他)를 도모하는 모든 행위를 인류 최대의 덕의(德義)라며 권유하지만, 무아·기아 또는 진실로 타인을 위해 자신을 희생하는 것은 현실적으로 전혀 있을 수 없다"고 단정한다. 즉 "경신(敬神)·애인(愛人)·애국(愛國) 등과 같은 덕은 물론, 부모가 자녀를 사랑하고 남녀가 서로 사랑하는 것조차 그 실상은 결코 애타(愛他)가 아니라 전적으로 이기심이 약간 변성(變性)·변형한 것에 불과하다. 이타의 이면에는 반드시 강력한 이기가 존재한다"는 것이다.[29]

한편 "인류의 사회, 즉 국가는 매우 진보한 일종의 유기물, 즉 사회유기물이기 때문에, 이것의 유지·진보를 도모하기 위해서는 반드시 크게 완비된 요구(要具)"[30]가 있어야 한다. 이 중 도덕·법률은 심신적 요구(要

---

28) 加藤弘之, 『道德法律之進步』, 敬業社, 1894, 1~3쪽.

29) 위의 책, 32쪽.

30) 위의 책, 34~35쪽.

具)에 속하는데, 이에 대해 구주(歐洲)의 철학자는 "구주 인종의 도덕·법률만이 천칙(天則)에 맞는 만세불역(萬世不易)의 도덕·법률"이므로 "타주(他州) 미개반개한 인민의 도덕·법률은 결코 진정한 도덕·법률"이 될 수 없다. 하지만 가토는 "구주 인종의 도덕·법률이 적어도 이론상으로는 가장 진보·발달한 것이라는 데 이론의 여지가 없지만, 진보·발달한 구주 인종의 도덕·법률을 타주의 미개반개 인민에게 적용하려고 하면 그 개화의 정도에 상응하지 않기 때문에, 그 사회의 유지·진보에 이익이 되지 않을 뿐만 아니라 오히려 크게 해가 된다"[31]고 전제한 뒤, 다음과 같이 도덕·법률에 대한 자신의 의견을 제시한다.

도덕·법률은 철두철미하게 사회의 요소인 강자(미개국에서는 오직 군주·귀족·남자만이고, 개명사회에서는 군민(君民)·귀천·남녀 총체이다)가 자기의 유지·진보를 이뤄내기 위한 요구(要具)에 다름 아니다. 그리고 강자의 권리(권력이라 해도 무방함)가 편파적인 진보에 머무는 사회, 바꿔 말하면 도덕·법률이 오직 군주·귀족·남자의 유지·진보를 위한 요구(要具)에 머무는 사회에서는 도덕·법률이 아직 진보·발달하지 않은, 여전히 야비루열(野鄙陋劣)한 상태에 머물러 있다.

하지만 강자의 권리가 점차 편통(徧通)한 진보에 도달한 사회, 바꿔 말하면 도덕·법률이 오직 군주·귀족·남자의 유지·진보를 위한 요구(要具)에 머물지 않고 일반인민 및 여자의 유지·진보를 위한 요구(要具)이기도 한 사회에서는 도덕·법률이 이미 진보·발달하여 고상우대(高尙優大)한 것이 되어

---

31) 위의 책, 37~38쪽.

있다. 이렇게 보면 도덕·법률의 진보·발달이 대부분 강자의 권리가 편통하는 진보의 결과에 다름 아님을 알 수 있다.[32]

여기에서 도덕·법률은 "사회의 개명(開明) 및 강자의 권리가 진보한 정도에 따라 진화하는 것"이지 "본래부터 인성(人性)에 부여된 불변불역의 윤리사상 및 법리사상"은 아니기 때문에, "개화의 인민과 미개의 인민이 각각 서로 다른 도덕·법률을 가지고 있으므로 그 윤리사상·법리사상도 서로 다를 뿐"[33]만 아니라, 각각의 "윤리사상 및 법리사상도 고래(古來) 도덕·법률의 진보에 따라 진보"[34]하는 것이 된다.

이상과 같이 대일본제국헌법이 발포된 이후 가토는 사회유기물인 국가의 유지·진보를 도모하기 위한 요구(要具), 즉 종교·교육·경제·정사(政事)·병비(兵備) 들 중에서 심신적 요구인 도덕·법률에 주목하고 있다. 이것은 이후의 저서들이 『도덕법률 진화의 이치』(1900), 『증보개정 도덕법률 진화의 이치』제3판(1903), 『자연계의 모순과 진화』(1906), 『자연과 윤리』(1912) 등 도덕진화론을 중심으로 저술된 것을 통해서도 알 수 있다.

그렇다면 가토가 주목한 도덕·법률의 내용은 무엇일까?

1894년 6월 청일전쟁이 시작되자 가토는 역성혁명이 존재하는 청국과 달리 일본은 '순연한 하나의 민족'이자 "만세일계의 황통이므로 우리

---

32) 위의 책, 51~52쪽.
33) 위의 책, 81쪽.
34) 위의 책, 쪽82.

인민의 충군과 애국이 시종일관 일치"[35]하기 때문에 일본에 '10대 승산'이 있다고 주장했다.[36] 여기에서 주의해야 할 점은 가토가 '우리 인민의 충군과 애국의 일치'와 함께, 다음과 같이 '천황폐하의 성덕'을 강조하고 있다는 점이다.

이번에 사건(청일전쟁을 의미함)이 발생하자 대본영을 히로시마에 설치하고 병영을 행궁으로 삼아 불철주야 군기를 친재하셨다. 이에 4천만 신민 모두 감읍하고 출정한 장졸들은 용기백배하여 일사보국(一死報國)의 정신이 왕성해졌다. 하지만 청국 황제의 거동이 어떠했는지 자세히 알 수는 없지만, 여러 신문이 전혀 보도하지 않는 것으로 보건대 일이 뜻대로 되지 않아서 무엇 하나 할 수 없었으리라. 이 또한 일청(日淸) 양국의 현격한 차이이니, 이것이 승산 있다고 생각하는 하나의 이유이다.[37]

---

35) 加藤弘之,『日本の十大勝算』, 哲学書院, 1894, 8쪽.

36) ① 일본 인민은 충애(忠愛)의 정신이 풍부하고 청인(淸人)은 그렇지 못하다. ② 일본 인민은 기꺼이 구주(歐洲)의 새로운 학술을 취하여 스스로 개화로 나아가지만 청인은 그 반대이다. ③ 일본의 장졸(將卒)은 용무(勇武)의 기상이 풍부하지만 청국의 장졸은 그렇지 못하다. ④ 일본에는 정비된 군제(軍制), 정련(精練)된 군율의 장졸, 예리한 병기(兵器)가 있지만 청국은 그렇지 못하다. ⑤ 일본은 국가의 통일이 정연하지만 청국은 그렇지 못하다. ⑥ 일본인은 부유하지 못하지만 군자금을 모으기 매우 쉽다. 그러나 청인은 다소 부유함에도 군자금을 모으기 매우 어렵다. ⑦ 일본은 동양의 안위를 알고 미리 대비하는 지략이 있지만 청국은 그렇지 못하다. ⑧ 일본은 적정(敵情)을 상세히 알지만 청국은 그렇지 못하다. ⑨ 일본은 오직 국제법의 본지(本旨)를 준수하여 정의를 수행하지만 청국은 그렇지 않다. ⑩ 우리 천황폐하의 성덕이 사천만 신민을 감읍시켜 장교·병졸로 하여금 일사보국(一死報國)의 정신을 왕성하게 만들었지만 청국 황제의 거동은 그렇지 못하다.

37) 앞의 加藤弘之(1894), 37~38쪽.

가토는 청국 황제와 달리 히로시마 대본영을 행궁으로 삼아 친재를 실시한 천황폐하의 성덕을 청일전쟁에서 승리할 수밖에 없는 하나의 이유로 제시하고 있다. 청일전쟁이라는 국가적 위기가 닥쳤을 때 천황이 몸소 일사보국의 정신을 실천하는 성덕을 베풀었고, 4천만 신민과 출정한 장졸이 이에 감읍했기에 일사보국의 정신이 더 왕성해졌다는 것이다. 여기에서 가토는 천황의 성덕을 청일전쟁에 승리하기 위한 필요조건으로 제시하고 있음을 알 수 있다.

하지만 청일전쟁에 승리한 직후 발표된『순국의 절의』에서는 그 논리가 미묘하게 변화하고 있다. 이것은 청일전쟁 당시 일본군에게 항복한 뒤 리홍장(李鴻章)에게 패배했다는 전보를 보내고 자살한 북양함대 함장 딩루창(丁汝昌)에 대한 세상의 평가, 즉 순국의 의미를 비판하기 위한 글이었다.

여기에서 가토는 순국의 절의를 "국가가 위급존망의 경우에 필요한 것"이자 "개명한 사회에서 가장 필요한 것"이라고 규정하고, "이 도의(道義)는 단순히 윤리로 가르칠 수 있는 것이 아니라 대부분 감정의 발동에 의해서 만들어지는 것"이라고 설명한다. 또한 이것은 "사람의 감정, 사람이 군국(君國)을 깊고 두텁게 사랑하지 않는다면 가령 어떤 윤리로도 만들어질 수 없음"을 강조한다.[38] 이렇듯 순국의 일반적인 의미를 제시하면서 일본의 순국이 지니는 의미를 다음과 같이 설명하고 있다.

---

38) 加藤弘之,『殉國の節義』,『加藤弘之講演全集』第2冊, 1895, 앞의 大久保利謙·田畑忍
     (1990) 수록, 222쪽.

일본처럼 일계(一系)의 천자를 받들어 모시고 동포인 하나의 민족으로 이뤄진 우리나라에서는 군신 동포 서로 간의 감정이 깊고 두터워서 순국의 절의가 저절로 발휘되지만, 지나(支那, 중국을 의미함) 및 다른 나라들은 이 감정이 깊지도 두텁지도 않기 때문에 아무리 윤리로 이것을 가르쳐도 도저히 이 감정을 불러일으킬 수 없음은 물론이고, 이러한 국민이 위급존망의 경우에 순국의 절의를 다하리라고는 결코 바랄 수 없다. (중략) 우리나라가 지닌 순국의 절의심은 무릇 다음과 같은 세 가지 항목에 해당한다. <u>첫째 만세일계의 족장(族長)인 천황폐하를 위해, 둘째 천황폐하의 신민인 우리 동포형제를 위해, 셋째 천황폐하가 통치하시고 우리 동포가 거주하는 일본 국토를 위해 우리 심신을 희생하는 것, 이것이 바로 우리 일본인민의 순국의 절의이다.</u> 이것은 필시 순국 절의의 완전한 형태이다. 이처럼 순국절의는 무릇 일계의 천황폐하를 머리에 받들어 모시고, 건국 이래의 동포형제가 서로 화합하는 일본국이 아니면 결코 찾아볼 수 없는 것이다(밑줄은 인용자).[39]

여기에서는 가토가 일본의 순국이 지니는 의미를 설명하는 세 가지 항목에 주목할 필요가 있다. 우선 첫 번째 항목에서는 그동안 천황 통치의 정당성을 논증하기 위한 수식어였던 만세일계라는 용어에 족장이라는 용어가 추가되어 있다. 이것은 단순한 용어의 추가를 넘어서 "천자는 인민의 족장, 인민은 그 신자로서 한 번도 끊어지지 않아서 그 친자관계가 만고에 걸쳐 변하지 않았기 때문에 군에 대한 무(務)는 충이라고도 부르지만 이와 동시에 효가 되기도 한다"는 논리의 근거를 마련해준

---

39) 위의 책, 222~223쪽.

다.[40) 요컨대 그동안 통치 권력의 역사적 특징인 만세일계만으로 정당화하던 천황 지배에, 일족의 우두머리를 뜻하는 족장이라는 친연성 강한 용어를 추가함으로써 천황과 신민 간의 관계를 혈연적 관계로 상상하게 만들고 있는 것이다.

이어서 두 번째 항목에서는 우리 동포형제라는 용어를 사용함으로써 천황과 신민 간의 관계만이 아니라 신민 간에도 혈연적 관계를 상상하게 만들고 있으며, 세 번째 항목에서는 천황폐하가 통치하고 우리 동포가 거주하는 일본 국토라는 공간이 제시되면서, 천황과 신민 및 신민 간의 혈연적 관계는 역사적으로 동일한 공간에 변함없이 거주해온 상상의 공동체로 규정되기에 이른다.

이상과 같이 청일전쟁 이후의 가토는 천황이 일본국을 통치하는 정당성이 아니라 천황이 통치하는 일본국의 성격, 즉 순국으로 상징되는 충군애국이라는 도덕상의 원리를 강조하기 시작했다. "많은 국민이 전승에 도취되고, 일청전쟁 승리가 거액의 상금과 타이완 할양을 가져옴에 따라 제국주의적 이익과 국민적 이익이 겹치면서, 히로시마 대본영에서 밤낮으로 군무를 수행한 메이지 천황이 '국민적 이익' 실현을 위해 선두에 서서 분투한 인격적 상징으로 국민들의 눈에 비치기 시작한 것이다."[41) 다시 말해서 청일전쟁의 승리를 통해서 이제 더 이상 천황의 권리가 약자의 인정과 허가를 받은 '진성의 권리'인 이유를 설명하지 않아도 되는 것이다.

---

40) 위의 책, 221쪽.
41) 鈴木正幸, 『国民国家と天皇制』, 校倉書房, 2000, 156쪽.

이후 가토는 러일전쟁을 거치면서 일본국을 "건국 이후 지금까지 일본민족의 족부(族父)인 천황이 군위(君位)를 유지해온 국가"로 파악하고, 이를 서양의 입헌적 군주통치국과 그 성격을 달리하는 입헌적 족부통치국이라 규정했다.[42] 이것은 당시에 이노우에 데쓰지로(井上哲次郎), 이노우에 엔료(井上円了) 등과 같은 철학자 및 윤리학자가 "황실과 국민의 관계를 총본가와 분가(分家)·말가(末家)"[43]로 파악하며 제시했던 이른바 가족국가론을 자신의 국가사상에 접목한 결과였다.

3. 러일전쟁 전후의 국가사상

가토가 1900년 4월에 출판한 『도덕법률 진화의 이치』의 「서언」은 다음과 같이 본서의 의미를 적고 있다.

나는 이전에 '도덕법률의 진보'라는 제목의 소책자를 세상에 내놓았다. 하지만 그 논하는 바가 매우 간략하여 아직 나의 소견을 충분히 논하지 못했으므로 여기에 다시 본서를 저술하여 조금은 자세하게 서술하고자 한다. 따라서 주의(主義)의 전체 내용은 이전의 저서와 전혀 다르지 않다.

본문에서 애기(愛己)·애타(愛他)라 칭하는 것은 Egoismus, Altruismus

---

42) 加藤弘之, 「吾が立憲的族父統治の政体」, 『東洋学芸雑誌』第22巻 第287号 別刷, 1905, 10쪽.
43) 앞의 鈴木正幸(2000), 149쪽.

1부 국민의 탄생, 신민의 발견

로서 종래 이기(利己)·이타라 번역하는 관습에 따라 나도 그 번역어를 사용했다. 이 용어는 불교에서 사용하는 소위 자리(自利)·이타라는 용어를 고려한 것이었지만, 세상에는 이기를 그저 유해한 것으로만 이해하는 자들이 많으므로 오해를 불러일으키지 않기 위해 이(利)라는 글자를 애(愛)라는 글자로 바꾸기로 했다.[44]

『도덕법률의 진보』에서 사용했던 이기를 애기로 바꾸는 이유는 단지 이기를 유해한 것으로만 이해하는 자가 많으므로 오해를 불러일으키지 않기 위해서라는 것이다. 여기에서 오해란 이노우에 엔료 등이 가토가 제시한 이기에 입각한 진화론을 일상적인 의미의 이기주의로 이해하고, 이것이 "우리 국체를 교란할 우려가 있다"고 비판한 것을 말한다.[45]

하지만 『도덕법률 진화의 이치』가 출판된 이후에도, 가토의 애기설 (愛己說)에 대해서는 여전히 "충군애국에 해가 된다"는 비판이 있었다. 따라서 훗날 자서전에서도 자신이 말하는 이기주의에 따르면 "충효인의 (忠孝仁義)가 곧 이기(利己)를 의미한다"[46]고 적을 정도로, 가토는 자신의 논리가 국체를 교란할 우려가 있다는 비판에 매우 신경을 썼으며, 이후의 저서들은 자신의 "저서가 충군애국에 해가 되지 않을 뿐만 아니라,

---

44) 加藤弘之, 「緒言」, 『道德法律進化之理』, 東京博文館, 1900, 3~4쪽.

45) 加藤弘之, 『破「破唯物論」』, 『加藤弘之講演全集』 第3冊, 앞의 大久保利謙·田畑忍 (1990) 수록, 338쪽. 이 글에서는 1903년 출판되는 『증보개정 도덕법률 진화의 이치 제3 판』에 대한 언급이 전혀 보이지 않으므로, 이 책은 1900년에서 1903년 사이에 집필된 것으로 보인다.

46) 앞의 加藤弘之(1991), 51쪽.

이것을 크게 조장하는 것"[47]임을 이해시키기 위한 내용들로 채워졌다.

예를 들어 자신의 국가론은 "국가를 모래를 합쳐 놓은 것 같은 개인의 집합이 아니라 유기체처럼 유기적(organic) 관계의 집합"으로 보기 때문에 "치자(治者)와 피치자의 구별, 계급과 직업의 구별 등 여러 종류의 기관이 서로 조화를 이루며 유기적 생존을 하는 것"으로 파악한다고 강조하고, "국가를 이롭게 하는 것을 도덕의 최종 목적"이라고 언급하면서 다음과 같이 그 의미를 상세히 설명한다.

무릇 국가를 구성하는 개인의 여러 덕의 중에서 가장 중요한 것은 애국이다. 하지만 직접적으로는 애국에 속하지 않는 덕의가 있다. 효제(孝悌), 충신(忠信), 박애(博愛) 등 다른 개인과의 사이에 이뤄지는 것이 그것이다. 하지만 이것들은 모두 간접적으로 국가를 이롭게 한다. 따라서 이러한 여러 덕의들의 결과는 모두 애국이라 하지 않을 것이 없다. 이것이 도덕의 최종 목적은 전부 애국이 된다고 말하는 이유이다.

한편 충군과 애국의 관계는 국체가 다름에 따라 크게 다르다. 충군을 경시하고 애국을 중시하는 나라가 있고, 애국을 경시하고 충군(忠君)을 중시하는 나라가 있다. 하지만 우리나라는 결코 그렇지 않다. 만세일계의 천황을 받들어 모심으로써 충군과 애국은 완전히 융화합일을 이뤄서 조금도 분리되지

---

47) 加藤弘之, 『予が愛己主義と忠君愛国との関係』, 『加藤弘之講演全集』 第3冊, 앞의 大久保利謙·田畑忍(1990) 수록, 404~405쪽. 이노우에 엔료가 『파유물론(破唯物論)』을 출판한 것은 1898년이고, 『도덕법률 진화의 이치』는 1900년에 출판되었으므로, 이 글은 1898년에서 1900년 사이에 집필된 것으로 보인다.

1부 국민의 탄생, 신민의 발견

않는다. 애국은 곧 충군, 충군은 곧 애국이 된다.[48]

이처럼 자신의 저서가 충군애국에 해가 되지 않을 뿐만 아니라, 오히려 이것을 크게 조장하는 것이라고 강변하게 된 배경에는 청일전쟁 이후 고양된 애국심에 대한 사회주의자들의 신랄한 비판과 이에 대한 이노우에 데쓰지로 등 지배이데올로그들의 사상적 대립이 있었다. 앞에서 언급한 이노우에 엔료의 저서명이 『파(破)유물론』인 것은 이와 같은 당시의 사상적 대립을 말해준다.

예를 들어 사회주의자 고토쿠 슈스이는 "애국주의는 미신이다. 미신이 아니라면 호전심(好戰心)이다. 호전심이 아니라면 허예허영(虛譽虛榮)의 광고이자 매품(賣品)이다. 그렇지도 않다면 전제정치가가 자신의 이익과 영예를 달성하기 위한 수단이자 이기(利器)이다"[49]라고 지적하면서, 애국심의 본질을 동물적 천성에 기초한 "증오, 모멸, 허과(虛誇)"라고 비판하고 있다.[50] 따라서 "애국심을 구사하는 국민은 그 품성이 오하루열(汚下陋劣)"하여 "고상한 문명 국민"이라 칭할 수 없으므로 "정치를 애국심의 희생으로 삼고, 교육을 애국심의 희생으로 삼으며, 상공업을 애국심의 희생으로 삼는 자는 문명의 적, 진보의 적 그리고 세계 인류의 죄인"이 된다.[51]

---

48) 위의 책, 407쪽

49) 幸德秋水, 「大逆無道録」, 幸德春秋全集編集委員会 編, 『幸德春秋全集』 第3巻, 明治文献, 1968, 16쪽.

50) 幸德秋水, 「二十世紀之怪物帝国主義」, 1901년, 위의 책, 137쪽.

51) 위의 책, 141쪽.

이와 같은 사회주의자들의 애국심 비판은 일본 정부가 중국의 의화단운동(1899~1901)을 진압하기 위한 8개국 연합군(영국, 프랑스, 미국, 러시아, 독일, 이탈리아, 오스트리아-헝가리, 일본)에 참가하는 등, 점차 만주와 한반도의 지배권을 두고 러시아와 일전을 대비하며 애국심 고취에 힘을 기울이던 당시, 제국주의의 본질이 "소위 애국심을 씨(經)로 삼고 소위 군국주의를 날(緯)로 삼아 옷감을 짜는 정책"임을 폭로하는 것이었다.[52]

이에 대해 가토는 "애국이라는 대덕의(大德義)는 사회성질 및 문명개부(文明開否)와 기타 상황에 따라 그 내용을 달리하지 않는 것"이라고 인식하고, 애국심이야말로 "일정부동(一定不動)의 최대선"이라고 주장한다.[53] 즉 "부자·부부·형제 등과 같은 척족(戚族)에서부터 일반사회 여반(侶伴, 짝이 되는 친구를 의미함―인용자)에 대한 제반의 덕의는 필경 이 애국적 덕의를 완수하기 위한 수단"[54]에 불과하다며, 사회주의자 또는 기독교인들의 박애주의를 부정하고 있다.

한편 러일전쟁이 시작된 지 한 달 정도밖에 안 되는 1904년 3월 24일, 아직 러일전쟁의 향배를 점치기 어려운 시기에 가토는 『진화학으로 관찰한 일로의 운명』에서 다음과 같이 일본의 승리를 예견하고 있다.

우리나라가 20세기의 문명세계에서 가장 적자다운 지위에 서 있는 반면에 러시아는 가장 부적자(不適者)다운 지위에 서 있음은 이미 의심의 여지가

---

52) 위의 책, 117쪽.
53) 加藤弘之, 『增補改訂 道德法律進化之理』(第三版), 東京博文館, 1903, 192쪽.
54) 위의 책, 229쪽.

없다. 과연 그렇다면 이러한 도리에 따라 진화학적 판단을 내려보면 우리나라는 오늘날의 시세에 점차 유망한 생존을 유지하며 번영할 수 있는 데 반해, 러시아는 점차 슬픈 운명에 떨어질 수밖에 없게 된다. 만약 진화학이 유견적(誤見的) 주의가 아닌 이상 반드시 이렇게 되리라는 확신이 있다.

하지만 나의 주장이 곧 이번 전쟁의 승패를 논하는 것은 아니다. 강도가 열쇠를 부수고 침입하면 인인군자(仁人君子)라도 그 난폭함을 대적할 수 없다. 우리 군이 이번 전쟁에 필승하리라는 것을 믿어 의심치 않지만, 만에 하나 예상대로 승리하지 못할 수도 있다. 하지만 이것은 오직 일시적인 것이지 결코 적자생존의 학리에 어긋난 것이 아니다. 적자생존은 오직 일시적인 것이 아니라 종국의 경우를 보고 말하는 것이다. 따라서 나는 이번 전쟁의 결과 여부에 대해 논하는 것이 아니다. 장래의 일로 양국의 운명이 나뉘게 되는 바에 착안하여 논했으므로, 여러분은 특히 이 부분에 주목해주길 바라는 바이다.[55]

요컨대 20세기 문명세계에서 일본은 적자생존이라는 진화학적 판단에 따라 '적자'인 반면, 러시아는 '부적자'이므로 일본이 승리할 것이고, 만에 하나 예상대로 승리하지 못하더라도 종국의 승리를 예견하고 있는 것이다. 그렇다면 근거는 무엇이었을까? 이에 대해 가토는 책 말미에 다음과 같은 표로 그 내용을 정리하고 있다.[56]

여기에서 중요한 것은 청일전쟁 때와 달리 만세일계의 천황이라는 표현이 등장하지 않고, 오로지 충군애국을 위해 진력을 다하는 신민만

---

55) 加藤弘之, 『進化学より観察したる日露の運命』, 東京博文館, 1904, 85~87쪽.
56) 위의 책, 87~89쪽.

일본	러시아
신민은 오로지 충군애국을 위해 진력을 다한 것 이외에 다른 생각이 없다.	걸핏하면 국가를 파괴하고 황실을 무너뜨리거나 반란을 도모하는 인민이 적지 않다.
입헌정치를 실시하여 여론을 취합한다.	전제천단(專制擅斷)의 정치를 실시하여 여론을 억압한다.
귀하든 천하든 인민의 권리와 의무가 동일하다.	귀족의 권력이 평민을 압도한다.
자국의 이익을 도모함과 동시에 문명 각국의 평화를 위해 진력을 다한다.	세계를 착란하여 자국의 이익을 탐하고자 한다.
교육 등 문명의 이기(利器)가 뛰어나다.	교육 등 문명의 이기가 열등하다.
외교적 및 군사적 행위상 국제법을 지킨다.	외교적 및 군사적 행위상 국제법을 지키지 않는다.
열국에 대한 태도가 군자적(君子的)이다.	열국에 대한 태도가 악한적(惡漢的)이다.
따라서 이후 문명시대에 적자로서 오래 융성할 수 있다.	따라서 이후 문명시대에 부적자로서 마침내 단멸(斷滅)할 수밖에 없다.

표1 | 일본과 러시아 비교표

언급되고 있다는 점이다. 앞에서 살펴본 바와 같이 천황이 일본국을 통치하는 정당성이 아니라, 천황이 통치하는 일본국의 성격인 충군애국이라는 도덕상의 원리, 즉 애국심만이 '적자'로서의 조건으로 강조되고 있는 것이다. 그리고 러일전쟁에서 일본의 승리가 확정되었을 때, "이전에는 청국에 연전연승하고, 오늘날 러시아에 연전연승"한 "가장 결정적인 원인"으로 제시되었던 적자의 조건(애국심)이 "입헌적 족부통치"라는 논리로 구체화되고 있다.[57] 즉 "구주인도 일본인도 우리나라 정체를 구주 각국과 동일한 입헌적 군주통치로 잘못 알고"[58] 있지만, 문명시대에 적

---

57) 앞의 加藤弘之(1905), 11쪽.

자로서 오래 융성할 수 있는 근본적인 이유는 일본국의 정체가 입헌적 족부통치이기 때문이라는 것이다.

그렇다면 이렇듯 러일전쟁에 일본이 승리한 직후, 가토가 제시한 입헌적 족부통치론은 구체적으로 어떤 내용이었을까?

우선 가토는 일본국의 "입헌정체가 다른 나라의 입헌정체와 그 내용을 전혀 달리하는 두 가지 특수한 점"[59]을 제시한다. 첫째 일본국의 입헌정체는 구주 각국과 달리 인민들의 압력을 받아 제정한 것이 아니라 유일하게 군민의 불화나 알력 없이 천황 스스로가 제정, 즉 흠정헌법이라는 점이다. 따라서 일본국의 헌법에서는 천황이 상하 양원에 협찬의 권리를 부여하고 그 의결을 재가하도록 되어 있다. 즉 천황과 상하 양원을 합하여 입법부를 이루지도 않고, 천황이 상하 양원과 함께 입법권을 지니는 것도 아니며, 오직 천황만이 입법권을 행사할 수 있는 것이다. 그렇다고 해서 "천황이 다른 독재군주처럼 헌법의 밖에서 자유롭게 행동하지는 않는다." 왜냐하면 "천황도 우리 신민과 함께 헌법 안에 있으며, 오로지 헌법에 의해서 행동하도록 자신이 정했기 때문이다."[60]

둘째는 구주 각국의 군주와 달리 일본국은 "건국 이후 지금까지 일본 민족의 족부인 천황이 군위(君位)를 유지해온 국가"라는 점이다. 서양인은 물론이고 일본인들도 족부통치가 고대 미개의 정체이지 문명개화국에서는 이미 사라진 것이라고 생각하지만, 이는 "우리나라에 족부통치,

---

58) 위의 책, 9쪽.
59) 위의 책, 5쪽.
60) 위의 책, 8쪽.

그것도 입헌적 족부통치가 있음을 모르고 있기 때문"이라고 지적한다.[61]
따라서 일본국은 입헌적 군주통치국(Die Konstitutionelle Monarchie)이
아니라 입헌적 족부통치국(Die Konstitutionelle Patriarchie)이라 불러야
한다고 주장한다.

이상과 같이 러일전쟁에서 일본이 승리한 직후, 가토는 입헌적 족부
통치라는 일본국만의 입헌정체를 20세기 문명세계에서 아시아만이 아
니라 구주 각국과도 비교하여 일본국이 '적자'일 수 있는 이유로 제시하
고 있다. 그리고 이것은 "기독교가 우리 국체에 해로운 이유를 과학적으
로 증명"하는 과정에서 다음과 같이 정식화된다.

> 우리 국체라고 한다면 두말할 필요 없이, 일본민족의 대부(大父)이신 제
> 실(帝室)이 만세 통치의 대권을 장악하시고 족자(族子)인 우리 신민을 무육
> (撫育)하시고, 또한 족자인 우리 신민이 그 통치를 받아 신민된 길을 다하는
> 것이다. 이것은 이미 명료한 것으로써, 세계 만국에 일찍이 전혀 비할 바 없
> 는 국체이다.[62]

여기에서는 일본민족의 대부이신 제실(천황)이 만세통치의 대권을 장
악하고 족자인 신민을 무육한다는 입헌적 족부통치론이 국체로 제시되
고 있다. 즉 "제1장 천황, 제1조 대일본제국은 만세일계(萬世一系)의 천
황이 통치한다"로 시작하는 대일본제국헌법의 흠정헌법주의가 일본민

---

61) 위의 책, 10쪽.
62) 앞의 加藤弘之(1907), 41~42쪽.

1부 국민의 탄생, 신민의 발견

족의 대부이신 제실(천황)이 만세통치의 대권을 장악하고 족자인 신민을 무육하는 입헌적 족부통치론으로 설명되고 있는 것이다.

그리고 이것은 다음과 같이 일본국의 충군애국을 정당화하는 근거가 되기도 한다.

우리나라는 다른 나라와 달리 만세일계의 황통인 이른바 족부통치국이다. 즉 일본민족의 종가는 통치자가 되고 그 지족(支族)은 신민이 되기 때문에, 일본의 군민은 군민일 뿐만 아니라 항상 부자 관계를 유지한다. (중략) 따라서 우리나라에서는 국가와 황실이 완전히 일치하여 결코 별개의 것이 아니다. 다른 나라처럼 황실이 때때로 변경·교대하는 소위 역성혁명의 나라와 전혀 달리 우리 신민이 국가에 진력을 다하는 것은 다름 아니라 황실에 진력을 다하는 것이고, 또한 황실에 진력을 다하는 것은 다름 아니라 국가에 진력을 다하는 것이다. 이렇듯 국가와 황실이 조금도 다르지 않다.[63]

여기에서 일본국은 세계 만국에 일찍이 전혀 비할 데 없는 국체, 즉 만세일계의 황통(족부)통치국이기 때문에 군민 관계는 부자 관계가 되고, 따라서 국가와 황실이 별개가 아니게 된다. 그 결과 황실에 진력을 다하는 것, 즉 충군(忠君)과, 국가에 진력을 다하는 것, 즉 애국(愛國)은 동일한 의미를 획득하게 된다. 그 결과 교육칙어가 제시한 충군애국이라는 도덕상 원리는 일본국의 국가적 통합을 내면에서 뒷받침하는, 일

---

63) 加藤弘之, 『自然と倫理』, 実業之日本社, 1912, 앞의 大久保利謙·田畑忍(1990) 수록, 589~590쪽.

본국만의 국가도덕(Volksmoral)의 의미를 획득하게 되는 것이다.

　이상과 같이 흠정헌법주의에 의해서 대일본제국헌법이 발포된 이후, 청일전쟁과 러일전쟁을 거치면서 가토는 충군애국이라는 도덕상의 원리로 만세일계의 천황에 의한 국가지배체제를 정당화하는 입헌적 족부통치론을 '우리 국체론'으로 자신의 국가사상에 재구축했던 것이다. 물론 여기에서 사용된 국체는 1881년에 그가 스스로『국체신론』의 절판을 선언하며 그 사용을 포기했던 "만국과 동일한 국체(진성(眞成)의 국가)"[64]를 의미하는 용어가 아니라, "고대 이래의 전통에 근거하는 일본 국가의 특질, 특히 그 통일성과 연속성 그리고 그 특질을 유지해온 국민성 등을 포괄하는 개념"[65]을 의미하는 용어이다. 요컨대 가토의 후기 사상은 '우리 국체'를 입헌적 족부통치론으로 설명하는 또 하나의 국체론이었던 것이다.

4. 나오며: 미완의 군주기관설 비판

　1908년에는 포르투갈의 카를로스 1세가 공화주의자에 의해 암살당하는 등 세계적으로 군주제의 위기가 시작되었고, 일본에서도 1910년 이른바 대역사건이 발생하여 메이지 천황도 암살 대상이 되기도 했다.

　이렇듯 국내외적으로 군주제가 위기에 처했을 무렵, 일본의 법학계에

---

64) 앞의 박삼헌(2012), 246쪽.
65) 新村進編,『広辞苑』第二版補訂版, 岩波書店, 1976, 777쪽.

서는 우에스기 신키치(上杉慎吉)의 천황주권설과 미노베 타쓰키치(美濃部達吉)의 천황기관설을 중심으로 헌법논쟁이 발생했다. 이것은 대일본제국헌법체제를 인정하는지 여부에 대한 입장 차이가 아니라 대일본제국헌법체제 아래에서 정치체제의 기본적 존재 양태를 어떻게 이해해야 할 것인가를 둘러싼 견해의 대립이었다. 이른바 천황 통치의 대의(大意)에 대해서는 각자의 입장에서 이를 인정하면서도, 무엇을 통치권의 주체로 볼 것인가라는 통치권의 주체 문제에 대해 대립하는 것이었다. 구체적으로는 미노베가 국가란 법인격을 지닌 단체이고 군주·국회·일반신민 등이 공동의 목적 아래에 서로 결합하여 조직적인 통일체를 이루는 것이기에 단체로서의 이러한 국가가 통치권의 주체라고 주장한 것에 대해, 우에스기는 군주 곧 국가라는 입장에서 군주국에서는 군주야말로 주권자이고 통치권의 주체이므로 미노베와 같이 국가를 단체라고 생각하여 그 단체로서의 국가가 통치권의 주체라는 논리는 민주주의이며 일본의 국체에는 반한다고 비난했다.[66]

이처럼 일본의 법학계에서 통치권의 주체를 둘러싼 이른바 천황기관설 논쟁이 시작되었을 때, 가토 또한 기독교와 함께 군주기관설을 "국가의 주권에 매우 해(害)가 되는 것"[67]이라 지적하고, 자신의 입헌적 족부통치론에 의거하여 군주기관설을 비판하기 시작했다. 가토는 77세가 되던 해에 출판한 『자연과 윤리』(1912)의 제44장 '자연법에 반하는 군주통치기관론'에서 그 문제의식을 제기한 뒤, 이것의 '보유(補遺) 제1'로 출

---

66) 앞의 이에나가 사부로(2006), 198~201쪽 참조.
67) 앞의 加藤弘之(1912), 597쪽.

판한『국가의 통치권』(1913), '보유(補遺) 제2'로 출판한『책임론』(1915.5), '보유(補遺) 제3'으로 출판한『책임론』(1915.11)에서 군주기관설에 대해 구체적으로 비판하고 있다. 하지만 이것은 그가 1916년 81세의 나이로 삶을 마감함으로써 미완의 비판이 되어버렸다. 따라서 그 개략적인 내용을 정리하는 것으로 본고의 결론을 대신하고자 한다.

가토는 "근래 우리나라의 법학자들 사이에 국가 통치권의 소재에 대한 주의가 두 파로 나뉘어 격렬한 논쟁을 펼치고 있는데, 이는 구주의 법학자들 사이에도 있는 것"이라며 다음과 같이 그 내용을 간략히 정리하고 있다.

첫 번째, 국가의 통치권은 국가 그 자체가 고유(固有)하는 것이다. 따라서 군주는 그저 국가의 최고기관으로서 통치권을 실현하고 행사하는 것에 불과하다는 주의, 즉 이른바 군주기관설이다.

두 번째, 국가의 통치권은 국가 그 자체가 고유하는 것이 아니라, 특히 군주가 고유하는 것이라는 주의, 즉 이른바 군주주체설이다.[68]

이렇듯 '두 파'의 내용을 정리하고 자신도 군주주체설에 동의한다고 말한다. 하지만 그 내용에 있어서는 다음과 같이 조금은 차이가 있다고 주장한다.

---

68) 加藤弘之, 『国家の統治権』, 実業之日本社, 1913, 앞의 大久保利謙・田畑忍(1990) 수록, 630쪽.

　　　　　　　　　　　　　　　　　1부 국민의 탄생, 신민의 발견

통치권은 군주의 고유(固有)이지 결코 국가에 있지 않다는 것은 무릇 국가의 본성에 따른 것이지 특별히 우리나라에만 해당하는 것이 아니다. 구주 각국도 역시 동일하다고 생각하기 때문에 나의 통치권주의는 오로지 국가의 '자연'적 본성에 논거를 구하는 바이다.

하지만 구주 각국처럼 역성혁명의 나라라면 통치권의 소재론은 국가의 이해에 크게 관계가 없다. 하지만 특히 황통이 만세일계인 우리 국체에서는 결코 그렇지 않다. 나는 우리 국체가 국가의 '자연'적 본성에 가장 적합한 것이라고 믿고 있다. 따라서 나는 우리 역사 및 국체에서 그 논거를 찾을 뿐만 아니라, 나아가 오히려 국가의 '자연'적 본성의 측면에서 확실한 논거를 찾기 위해 연구하고자 한다.[69]

여기에서 국가는 "통치권을 고유(固有)하는 군주와 그 지휘명령을 받는 보조기관인 인민이 함께 형성한 것"[70]으로서, 자연적 일대(一大) 유기체를 의미한다. 또한 그 본성은 "신체의 주체인 사유의 중추(머리를 의미함 — 인용자)가 기타 여러 기관을 지배하고 생존을 영위하는 것처럼 국가의 군주와 기타 기관의 관계도 이와 동일"[71]하다고 한다. 이른바 국가 유기체론에 입각한 국가론인 것이다. 그리고 '우리 국체'야말로 "국가의 '자연'적 본성에 가장 적합"하다고 주장한다. 왜냐하면 일본국에는 "천황은 항상 우리 신민을 자식처럼 사랑하고, 우리 신민은 항상 천황을 부모

---

69) 위와 동일.

70) 위의 책, 638쪽.

71) 앞의 加藤弘之(1912), 594~595쪽.

처럼 공경하는 것" 즉 '일본인의 충애심(忠愛心)'이라는 "가장 자랑스러운 특수한 '자연'의 힘"이 있기 때문이다.[72]

이렇듯 가토는 자신의 입헌족부통치론에 입각하여 군주기관설을 비판했다. 하지만 이에 대해 "요즘 타이완을 우리 영토로 삼고 조선 병합도 이룬 오늘날, 우리나라를 족부통치의 국체라고 하는 것은 틀린 생각"[73]이라는 비판이 제기되었다. 요컨대 동아시아에서 유일하게 식민지를 건설한 '제국 일본'에서 입헌적 족부통치론과 같이 단일민족론에 기초한 논리, 즉 "일본민족만의 제국을 유지한다는 의식은 오히려 타파의 대상이 된 것이다."[74] 하지만 이에 대해 가토는 "황실을 종가로 삼는 일본민족이 오늘날 일본 총인민의 중심이자 심수(心髓)이고, 기타 조선과 타이완의 인민은 그 부용(附庸)[75]이자 식민(植民)"이기 때문에 "그 중심이자 심수인 일본민족의 종가에서 통치되는 국체를 족부통치라 하는 것이 어찌 부조리하단 말인가"라고 되묻고 있다. 다이쇼 이후의 국체론자처럼 "천황통치가 권력에 의한 지배가 아닌 가족의 정이라는 논리를 조선과 타이완에까지 연장하려고 혼합민족론을 끌어들여 피지배민족도 일본민족과 혈연관계에 있다고 주장"[76]하기까지는 이르지 못했던 것이다.

하지만 이런 의미에서 오히려 가토의 국가사상은 근대국가체제 성립을 절대명제로 제시하는 '메이지' 국가사상의 최고점이었다고 할 수 있

---

72) 앞의 加藤弘之(1913), 646~647쪽.

73) 앞의 加藤弘之(1912), 591쪽.

74) 오구마 에이지, 조현설 옮김, 『일본 단일민족신화의 기원』, 소명출판, 2003, 159쪽.

75) 작은 나라가 독립하지 못하고 큰 나라에 딸리어 있는 것.

76) 앞의 오구마 에이지(2003), 372쪽.

다. 이런 이유로 잡지 『타이요(太陽)』의 임시증간호 『메이지 12걸』의 수십만 독자는 메이지시대를 대표하는 문학가, 오늘날 표현으로 말하자면 인문학자로 후쿠자와가 아닌 가토를 선정했던 것은 아니었을까?[77] 참고로 가토와 동시대를 함께했고 지금은 일본 화폐 1만 엔을 장식하며 근대 일본 최고의 지성으로 평가받는 후쿠자와 유키치는 게이오의숙의 이미지가 훨씬 강했던 탓인지 교육가 분야에 선정되어 있다.[78]

---

77) 『明治十二傑』太陽臨時增刊号(1899.6.15.), 博文閣. 『타이요』는 '메이지 전기에 기적적으로 출현한 출판계의 거인'이라 평가되는 하쿠분칸(博文館)이 1895년부터 발행한 잡지이다. 동시기에 발행된 『고쿠민노토모(国民之友)』와 비교했을 때, 그 "사상적 성격은 불명확하고 집필자에 대한 여러 제약도 비교적 적은" 종합잡지였다. 『타이요』의 성격은 鈴木貞美, 『雑誌 「太陽」と国民文化の形成』, 思文閣出版, 2001 참조.

78) 가토와 후쿠자와 이외에 선정된 10명은 정치가(伊藤博文), 미술가(橋本雅邦), 법률가(鳩山和夫), 과학자(伊藤圭介), 의사(佐藤進), 종교가(釈雲照律師), 군인(西郷従道), 농업가(伊達邦成), 공업가(古河市兵衛), 상업가(渋沢栄一)이다.

동양의 루소,
나카에 초민

1. 나카에 초민의 생애

프랑스 유학과 초민

나카에 초민은 1847년 도사번(土佐藩)에서 태어났다. 어렸을 때 이름은 다케마(竹馬)였고, 자라서는 도쿠스케(篤助 또는 篤介)를 사용했다. 초민(兆民)이란 호는 1887년 『평민의 각성(平民の目さまし)』이후 사용하였다. 부친인 모토스케(元助)는 도사번의 하급무사였고, 모친은 같은 번의 하급무사 아오키 긴시치(青木銀七)의 딸이었다. 밑으로 남동생 도라마(虎馬)가 있었다. 줄곧 에도에 단신부임해 있던 부친이 1861년에 병으로 죽자, 초민은 15세의 나이로 가독(家督)을 이었다.

이듬해 1862년 도사번의 번교(藩校) 문무관(文武館)에 입학했다. 여기에서는 『소학(小學)』,『사기(史記)』등 한학과 함께 호소카와 준지로(細川潤次郎)에게 난학을 배웠다. 호소카와는 나가사키에서 난학을 배운 도사번의 선구적 지식인 중 한 명이었다.

1865년에는 도사번 유학생 자격으로 영학(英學)을 배우기 위해 나가사키로 파견되었지만, 주로 히라이 기쥬로(平井義十郎)에게 프랑스어를 배우며 불학(佛學)을 공부했다. 초민과 불학의 인연은 여기에서부터 시작된다. 나가사키에서 알게 된 사카모토 료마(坂本龍馬)는 초민이 평생

동안 존경한 인물이다.

나가사키에서 1년여 간 생활한 초민은 에도 유학을 결심하고, 도사번의 중역 고토 쇼지로(後藤象二郎)에게 25료(兩)를 원조받았다. 에도에서는 프랑스어 학자 무라카미 에이슌(村上英俊)에게 수학했지만, 1년간은 기생집에 다니지 않는다는 규율을 어겨서 파문당한 뒤, 요코하마에서 가톨릭 신부에게 프랑스어를 배웠다. 이때 게이오의숙에 다니고 있던 바바 다쓰이(馬場辰猪)를 알게 되었고, 샤미센(三味線)을 정식으로 배우기 시작했다.

초민이 샤미센을 배우게 된 계기는 아주 우연한 기회였다. 당시 에도는 토막파들의 활동이 활발했기 때문에 야간에는 활동이 금지되었는데, 어느 날 초민이 밤거리를 돌아다니다가 경리(警吏)에게 붙잡히자, 마침 보이는 집을 가리키며 저기에 가던 중이라고 말하고 들어간 집이 게이샤집이었고, 무슨 용건이냐는 물음에 그냥 샤미센을 배우러 왔다고 말한 것이 계기였다고 한다. 이것은 기인(奇人)으로 유명해진 후일에 만들어진 이야기일지도 모르지만, 토막파가 활발히 활동하던 당시의 에도에서 초민이 이에 동참하지 않고 샤미센을 배웠다는 것은 이후의 초민이 걸어가는 삶을 상징하는 것이기도 하다.

1867년 12월 왕정복고 쿠데타와 함께 시작된 보신전쟁이 긴키지역(近畿地域)을 휩쓸고 있었을 때, 초민은 효고를 개항하기 위한 프랑스 공사·영사의 통역담당으로 효고·오사카·교토에 부임하였다. 이때 이토 히로부미, 무쓰 무네미쓰(陸奧宗光), 나카지마 노부유키(中島信行) 등을 알게 되었다. 에도로 돌아 온 뒤에는 미쓰쿠리 린쇼(箕作麟詳)에게 프랑스어를 배웠고, 후쿠치 겐이치로(福地源一郎)의 닛신샤(日新社)와 대학

남교(大學南校)에서 프랑스어를 가르쳤다. 이때 미쓰쿠리 린쇼의 사숙에서 오이 겐타로(大井憲太郞)를 알게 되었다.

1871년 7월 폐번치현을 성공시킨 메이지 정부는 같은 해 11월 조약 개정의 사전준비를 위해 이와쿠라 사절단을 미국으로 파견했다. 여기에는 정부 수뇌부는 물론이고 유학생도 59명이나 포함되어 있었다. 초민은 정부유학생 자격을 관립학교 학생으로만 국한시키는 것에 반대하며 오쿠보 도시미치(大久保利通)를 설득하여 프랑스 유학생이 되었다. 이때 초민의 나이는 25세였다.

초민의 프랑스 유학 기간은 약 2년 5개월이었다. 하지만 미국을 거쳐 프랑스로 향했기 때문에 실제 프랑스 체류 기간은 약 1년 6개월 정도였다.[1] 리옹에서는 프랑스어를 배우기 위해 초등학교에 입학하기도 했다. 파리에서는 사이온지 긴모치(西園寺公望), 고묘지 사부로(光妙寺三郞), 이노우에 쓰요시(井上毅), 오야마 이와오(大山巖) 등과 알고 지냈고, 런던에 유학 중이던 바바 타쓰이(馬場辰猪)를 방문하여 함께 영국을 여행하기도 했다. 사이온지와는 이때 인연으로 훗날 『도요자유신문(東洋自由新聞)』을 함께하기도 한다. 초민이 프랑스에 파견된 목적은 법률학 습득이었지만, 주로 공부한 것은 철학, 역사, 문학이었다.

1874년 메이지 정부는 재정상 이유로 해외유학생을 모두 귀국시키기로 결정했다. 이로 인해 초민도 1874년 5월에 귀국했는데, 10월에는 이미 루소의 저서 『사회계약론(Du Contrat Social)』(『민약역해』)의 번역 초고가 완성되어 있었다. 이를 통해 프랑스에 체재할 때부터 루소의 정

---

1) 초민은 리옹에서 7개월, 파리에서 1년 정도 체류했다.

치사상에 관심을 가지고 번역을 시작한 것은 아닐까 추측도 가능하다. 초민이 유학했던 시기의 프랑스는 보불전쟁에서 나폴레옹 3세가 패배하고 파리코뮌도 붕괴된 제3공화정 성립기였다. 이러한 프랑스의 정치적 분위기가 초민의 학문적 경향에 영향을 끼쳤으리라 짐작하기는 그리 어렵지 않다.

불학숙(佛學塾)과 관직생활

초민은 1874년 10월 불란서학사(佛蘭西學舍, 나중에 불학숙으로 개칭)를 개교하고 프랑스 사상 보급에 힘썼다. 당시 초민의 『민약론』은 아직 출판되지 않았지만, 그 필사본이 상당수 유포되었고, 이를 통해 초민의 이름이 민권운동가들에게 알려지기 시작하면서 불학숙 학생은 매년 증가했다. 당시 도쿄에는 관립학교로 개성학교(開城學校)·의학교(醫學校)·공학교(工學校)[2], 사범학교(1872), 여자사범학교(1874), 도쿄외국어학교(1873)가 있었고, 사학 중에는 후쿠자와 유키치가 세운 게이오의숙이 있었다. 게이오의숙은 후쿠자와의 명성과 함께 영국의 정치론, 법률론, 경제론으로 유명했다. 이에 대해 불학숙은 프랑스의 정치와 사상을 대표했다.[3]

한편 1875년 2월 도쿄외국어학교 교장에 취임한 초민은 서양어 학

---

2) 세 학교는 1877년 도쿄대학으로 통합된다. 가토 히로유키가 초대 총장을 역임했다.

3) 민권운동의 쇠퇴와 더불어 1883년 12월 28일 포고된 징병령 개정 영향으로 불학숙을 그만두는 학생이 속출하자 이 학교는 1886년경 폐교되었다. 개정된 징병령이 병역면제 특전을 관공립학교 학생에게만 주고 사립학교 학생은 제외시켰기 때문이다. 폐교 결정 이후 불학숙을 기념하기 위해 편찬한 것이 『불화사림(佛和辭林)』이다.

습을 목적으로 하는 외국어학교에서 중국고전을 통한 한자 및 한학 교육을 병행함으로써, 문장력 향상을 위한 기초학습만이 아니라 덕성 함양을 위한 도덕교육을 실시하고자 했다. 한학을 중시했던 초민의 교육방침은 중국과 일본의 고전들을 필수과목으로 규정했던 불학숙 교칙에서도 엿볼 수 있다. 하지만 이러한 초민의 교육방침은 문부성 당국과 대립했고, 그 결과 초민은 약 3개월 만에 교장을 그만두었다. 이후 초민은 원로원 권소서기관(權少書記官)이 되었는데, 여기에서 주로 한 일은 정부가 의뢰한 헌법 관련 서적을 번역하는 것이었다. 하지만 이것도 1877년 1월에 그만두었다. 이로써 초민의 인생 중 유일한 관직 생활이 끝났다. 이 시기의 초민은 번역문을 연습하기 위해 한문을 배워야겠다는 생각으로 다카타니 류슈(高谷龍洲) 등에게 한학을 배우기도 했다. 1882년 한문으로 번역되는 『민약역해(民約譯解)』는 그 결과이다.

자유민권운동과 초민

1881년 3월 『도요자유신문』이 창간되었을 때, 사이온지는 사장에 취임하고 초민은 주필을 담당했다. 이것은 '자유'라는 글자를 명기한 일본 최초의 신문이었다. 하지만 화족(華族)인 사이온지가 자유주의를 표방하는 신문사 사장에 취임했다는 사실을 안 이와쿠라 등은 사이온지에게 사장 퇴임을 강요했고, 결국 34호를 끝으로 『도요자유신문』은 폐간되었다. 이후 초민은 자유당(自由黨) 기관지 『자유신문(自由新聞)』에서 바바 타쓰이, 다구치 우키치(田口卯吉) 등과 함께 사설을 담당했다. 하지만 이타가키 다이스케(板垣退助)와 고토 쇼지로의 외유로 자유당 내분이 발생하자 바바 등과 함께 자유신문사를 퇴사했다. 이후 초민은 불학숙에서

『정리총담(政理叢談)』(격주 간행, 나중에 『구미정리총담(歐美政理叢談)』으로 바뀜)을 간행하면서, 프랑스의 정치, 철학, 역사, 사상을 번역하여 보급하는 일에 집중했다. 여기에 발표된 것으로는 『민약역해』, 『이학구현(理學鉤玄)』, 『혁명 전 프랑스 2세기사(革命前法朗西二世紀事)』 등이 있다. 같은 시기에 『유씨미학(維氏美學)』, 『비개화론(非開化論)』, 『이학범역사(理學沿革史)』 등은 문부성에서 출판되었다.

1887년 10월, 호시 도오루(星亨) 등과 함께 전국유지대간친회(全國有志大懇親會)를 개최한 것을 계기로 초민은 현실정치에 참여하기 시작했다. 이것은 옛 자유당 당원이 중심을 이룬 대회였으며 대동단결운동의 출발점이기도 했다. 하지만 같은 해 12월 25일 발포된 보안조례로 도쿄에서 2년간 추방당한 초민은 오사카로 이사했다. 이렇듯 초민이 현실정치에 적극적으로 참여하게 되었을 때 출판된 것이 『삼취인경륜문답(三醉人經綸問答)』이다. 이 시기의 초민은 번역보다 『평민의 각성(平民の目さまし)』, 『국회론(國會論)』, 『사민의각성(四民の目さまし)』 등과 같은 현실정치론을 발표했다. 오사카로 이사한 다음 해인 1888년 1월 초민은 『시노노메신문(東雲新聞)』을 창간하고 주필을 담당했다. 여기에는 일본 최초의 본격적인 부락해방론이라 할 수 있는 「신민세계(新民世界)」 등이 발표되었다. 이 시기부터 고토쿠 슈스이가 초민에게 수학하기 시작했다.

1889년 2월 11일 대일본제국헌법이 발포되었다. 그 '은사'로 초민의 도쿄 추방은 해제되었고, 도쿄로 거처를 옮긴 초민은 자유당 재흥을 목표로 정치활동을 재개했다. 이때 목표는 제1회 제국의회에서 야당 의원을 다수 배출하여 '헌법의 점열(點閱, 국민의 대표자가 모인 국회에서 헌법을 심사하는 것)'을 실현하는 것이었다. 즉 정부가 만든 대일본제국헌법이라는 '은사의 민권'을 '회복의 민권'으로 이행시키고자 했던 것이다. 초민은 오사카 제4구에서 선거인 2,041명 중 1,352표를 획득하여 중의원에 당선됐다. 이것은 이 지역에 사는 부락민들이 초민을 지지한 결과였다.

제1회 제국의회 중의원 선거 결과는 총 300명 중, 대동구락부 55명, 입헌개진당 46명, 애국공당 17명, 보수당 22명, 규슈(九州)동지회 21명, 자유당 17명, 무소속 및 기타 104명이었다. 이와 같은 결과는 반드시 민당(民黨)의 승리라고 할 수 있는 상황이 아니었다. 때문에 정부에 대항한 민당의 통일문제가 시급한 과제로 떠올랐다. 하지만 결론부터 말하면 초민이 의도한 대로 민당의 연합 및 합동은 이뤄지지 않았고, 급기야 당내 우파와 정부가 예산안심의에 타협하자, 초민은 이에 항의하며 1891년 2월 20일 중의원을 사퇴했다. 이로써 초민의 현실정치 참여는 실질적으로 끝을 맺게 된다. 이때 초민의 나이 45세였다.

사업활동과 『일년유반(一年有半)』

의회를 '무혈충의 진열장(無血虫の陣列場)'이라고 통렬히 비판하며 현실정치를 떠난 초민은 홋카이도에서 홋카이도산림조(北海道山林組)를 설립하는 등 사업활동에 전념하기도 했지만, 대부분 실패로 끝났다. 이 시기에 초민은 군마현(群馬縣)에 유곽을 설치하는 운동에 참여하기도 했다. 이 운동에 참여한 초민의 논리는, 게이샤는 공무원이나 부자들에게 서비스를 하기에 필요 없지만, 창기는 서민을 상대로 하는 것이고, 인간 사회의 도덕에서 보더라도 단숨에 창기를 폐지하는 것은 곤란하다는 것이었다. 이것은 초민에게 공창문제를 여성해방 또는 사회문제로 보는 시각이 없었음을 보여주는 일화라 하겠다.

초민이 앞으로 남은 인생이 1년 반 정도라고 선고받은 것은 1901년 봄이었다. 후두암이라는 진단이었다. 딱딱한 음식물을 넘기지 못하는 상황까지 이르렀을 때 초민은 '생전의 유고'인 『일년유반』을 쓰기 시작했다. 이것을 5개월 만에 완성한 초민은 또다시 '무신무영혼(無神無靈魂)'이라는 부제가 달린 『속일년유반(續一年有半)』을 쓰기 시작했다. 여기에서 초민은 자신의 철학적 견해를 논하면서, "훗날 다행히도 사람들에 의해 하나의 나카에니즘이 조직된다면, 이것이야 말로 저자가 소망하는 바이다"라고 글을 맺는다. 1901년 12월 13일 사망 당시, 그의 나이는 55세였다.

2. 나카에 초민에 대한 당시의 평가

메이지 사상사에서 나카에 초민은 '동양의 루소'로 평가된다. 이것은 초민이 몇 안 되는 메이지 초기 프랑스 유학 경험자이자 루소의 『사회계약론』을 번역했기 때문이다. 초민에 대한 이러한 평가는 훗날의 연구자들에 의해서가 아니라 초민과 시대를 같이한 동시대인들에 의해 만들어진 것이 특징이다. 예를 들어 구가 가쓰난(陸羯南)의 『근시정론고(近時正論考)』(1891)는 "나카에 씨 등이 주로 숭봉한 것은 루소의 민약론이고, 『정리총담』은 대부분 루소주의와 혁명주의를 골수"[4]로 삼고 있다고 평가하고 있다. 당시의 정치사론이라 할 수 있는 사시하라 야스조(指原安三)의 『메이지정사(明治政史)』(1892)도 『도요자유신문』 발간, 불학숙과

『정리총담』 등을 언급하면서 "서양의 18세기 말 법이론을 서술하고, 루소의 민약론을 숭배"[5] 했다고 평가하고 있다.

이렇듯 초민은 당시부터 '프랑스 사상가 루소'의 사상을 대표하는 사상가 및 민권사상의 이론적 지도자로 평가되었고, 이러한 평가는 그의 제자 고토쿠 슈스이에 의해서도 강조되었다. 고토쿠는 초민이 죽은 다음 해인 1902년에 『초민선생(兆民先生)』을 발표하면서, "민주공화주의를 숭상·신봉하고, 계급 차별을 뱀과 전갈 보듯 싫어하며, 귀족을 원수 보듯 미워했고, 일찍이 이를 제거함으로써 민권을 보전"하는 "혁명사상의 고취자"[6]로 초민을 부각하고 있다. 이와 같은 고토쿠의 평가는 이후 초민 사상이 "루소의 『민약역해』를 발표하고 자유민권론에 지도적 이론을 부여했던 것은 메이지 정치사에서 빛나는 공적임과 동시에 우리나라(我國) 사회운동 여명기의 선각적 업적이었다"[7]고 평가되는 데 큰 영향을 끼쳤다. 하지만 "고토쿠가 여기에서 초민의 사상이라고 말하는 것은 전부 그의 사상이고 주관이며 문헌에 기초한 것이 없다"[8]고 평가받고 있듯이, 『초민선생』에는 고토쿠의 주관적인 초민관이 강하게 반영되어 있다. 그러나 이러한 약점에도 불구하고 고토쿠의 『초민선생』은 자서전

4) 陸羯南, 『近時政論考』, 明治文化研究會 『明治文化全集』 第3卷 政治編, 日本評論社, 1955, 473쪽.
5) 指原安三, 『明治政史』, 明治文化研究會 『明治文化全集』 第9卷 正史編 上卷, 日本評論社, 1956, 360쪽.
6) 幸德秋水, 『兆民先生』, 伊藤整責任 編集 『日本の名著44 幸德秋水』, 中央公論社, 155~ 1984, 156쪽.
7) 山本三生, 『現代日本文学全集 社会文学集』 第39編, 改造社, 1930, 2쪽.
8) 小島祐馬, 『中江兆民』, 林茂 編輯 『明治文学全集13 中江兆民集』, 筑摩書房, 1967, 431쪽.

이나 일기 등을 남기지 않은 초민을 생전에 가까이서 접했던 자에 의해서 기술된 유일한 전기문이기 때문에 초민 연구에서 중요한 위치를 점하고 있다.

한편 초민은 기인(奇人)으로서도 당시부터 널리 알려졌다. 초민이 사망하자마자 초민의 여러 기행(奇行), 예를 들어 '연단에서 다리를 벌리고 목공 차림'으로 연설했던 초민의 모습이나, '구리하라 료이치(栗原亮一)에게 방귀를 뀐' 일화 등을 모은 『나카에 초민 기행담(中江兆民奇行談)』이 출판된 것이 이를 반증한다. 초민이 사망한 것이 1901년 12월 13일이고, 이 책의 발행일이 같은 달 30일이었으며, 바로 다음 날인 1902년 1월 1일 재판(再版)에 들어갈 정도로 이 책은 인기를 끌었다. 물론 이 책의 성격이 흥미본위라는 점을 배제할 수는 없다. 하지만 "평소의 기행은 범속과 크게 차이가 있기에 실로 초민의 초민다운 특성을 보여주"[9]는 내용들이라 평가할 수 있다.

이상과 같이 초민에 대한 당시의 평가는 프랑스 사상가, 자유민권운동의 선구자, 일탈행동을 일삼는 기인 등 다양했다. 초민이 죽은 뒤 처음으로 그의 글을 모은 『초민문집』[10]의 서문에는 초민에 대한 당시의 평가가 다음과 같이 총망라되어 있다.

---

9) 岩崎徂堂, 『中江兆民奇行談』, 大学館, 1901, 3쪽.

10) 中江兆民, 『兆民文集』, 日高有倫堂, 1909. 여기에는 『삼취인경륜문답』, 『혁명 전 프랑스2세기사』 上·下, 『민약역해』 등 단행본과 함께, 1888년에서 1891년까지 『시노노메신문』, 『입헌자유신문(立憲自由新聞)』 등에 발표한 글들이 '정치론 1, 2', '인물평론', '방언', 부록 '청해일란(淸海一瀾)'으로 분류되어 실려 있다.

1부 국민의 탄생, 신민의 발견

선생은 다각다면한 사람이다. 프랑스학자이자 한학자이고, 철학자이자 혁명가이며 강개한 지사(志士)이다. 또한 풍류에 능하면서 신문기자이자 저술가였고, 중의원 의원이자 상인실업가이었다. 시를 쓰고 술을 좋아하며 기행으로 알려지고 선골(仙骨)이라 불리었으며, 서예와 그림에 능하였고 샤미센마저도 능했다.[11]

3. 나카에 초민에 대한 연구 동향

1945년 이전의 연구

1911년 6월 28일 사카이 도시히코(堺利彦) 등의 발기로 '루소 탄생 200년 기념회'가 조직되었다. 이에 대해 사카이는 "루소 기념회는 동시에 나카에 기념회인 듯했다"[12]고 회상하고 있다. 이렇듯 초민 사상에 주목했던 것은 사카이 도시히코, 고토쿠 슈스이 등 메이지 후기의 사회주의자들이었다. 사카이가 "일본에서 루소의 사상적 계승자는 초민 선생이다. 초민 선생의 사상적 계승자는 고토쿠 슈스이이다. (중략) 하지만 슈스이는 초민 선생의 사상을 그대로 계승하지 않았다. 그는 선생의 사상을 발전시켜 사회주의까지 도달시켰다"[13]고 지적했듯이, 이들은 자신들의 사상적 출발점을 초민에서 찾았다.

---

11) 위의 책, 1쪽.

12) 堺利彦, 「日本社會主義運動史話」, 『堺利彦全集』 第6卷, 中央公論社, 1933, 260쪽.

13) 堺利彦, 「序」, 『兆民文集 筆猶在リ舌猶在リ』, 三德社, 1922, 2쪽. 이것은 『초민문집』에서 부록만 제외한 것이다.

하지만 초민 사상의 본격적인 연구는 마르크스주의가 연구되기 시작한 소와(昭和) 시기부터이다. 마르크스주의 철학자들이 초민의 유물론 철학에 주목하기 시작한 것이다. 여기에서는 초민의 저작 중 『속일년유반』 일명 '무신무영혼(無神無靈魂)'이 주로 분석되었다.[14] 이러한 연구는 초민을 "일본에서 가장 빛나는 부르주아 유물론자"[15]라고 평가하는 한편, 초민의 유물론이 변증법적 유물론에는 아직 도달하지 못한 18세기적 유물론이라 평가하면서, 초민을 "대체적으로 좌파적 자유주의자"[16]라고 결론짓는다.

한편 다이쇼(大正) 데모크라시를 주도한 요시노 사쿠조(吉野作造)는 1924년에 이시이 켄도(石井研堂), 오사타케 다케시(尾佐竹猛), 오노 히데오(小野秀雄), 미야타케 가이코쓰(宮武外骨) 등과 함께 메이지문화연구회(明治文化研究會)를 조직했다. 다이쇼 데모크라시운동의 정당성과 필연성을 논증하기 위해서는 자유민권운동과의 이질성을 논증해야 할 필요성이 있었기 때문이다. 자유민권운동이 '시세(時勢)의 필요'를 앞서간 것이라면, 다이쇼 데모크라시운동이 '시세의 필요'에 의해 촉발되었음을 논증하기 위해서는 메이지 정치사상을 비롯한 메이지 문화사 연구가 필

---

14) 이 시기에 초민의 저작 중 『일년유반』과 『속일년유반』이 처음으로 한 권으로 묶어져 이와나미 문고로 출판되었다. 당시 문고판, 특히 이와나미 문고판은 대중적 보급이 목적이었다. 이는 초민의 저작 중에서 『일년유반』과 『속일년유반』이 대중화되었음을 의미하고, 이러한 배경에는 마르크스주의 철학자들의 초민 연구가 작용하고 있다.

15) 永田広志, 『日本唯物論史』, 白揚社, 1936, 241쪽. 이외에 佐野学, 「明治年代の輝ける唯物論者」, 『唯物論哲学としてのマルクス主義』, 上野書店, 1928 등이 있다.

16) 위의 책, 312쪽.

요했던 것이다.[17] 메이지문화연구회는 메이지시대의 자료를 수집하여 1927년부터 『메이지문화전집(明治文化全集)』을 시리즈로 간행했다. 이 중 정치편에는 초민의 저작 『민약역해』, 『삼취인경륜문답』, 『평민의 각성』이 수록되었으며, 이에 대한 「해제」[18]가 실려 있다. 하지만 이 「해제」는 초민 저작에 대한 간단한 배경 및 내용 설명일 뿐, 초민 연구라 할 만한 것은 아니었다.[19]

1945년 패전 직후부터 1970년대까지의 연구

1945년 패전 이후의 초민 연구는 "'동양의 루소' 혁명적 민주주의자로서, 그 사상의 급진성에 대해 초민만큼 많이 거론되면서도 그 사상 전체에 대한 이해가 이뤄지지 않은 사상가도 드물다"[20]는 지적과 함께 시작되었다. 이는 일본 제국주의의 패전으로 귀결된 근대 일본사에서 민주주의 전통을 찾기 위한 자유민권운동사 연구의 일환이기도 했다. 즉 자유민권운동의 이론적 지도자였던 초민, 자유민권이 이루지 못한 부르주아 민주주의체제의 철저를 도모하며 다이쇼시대로의 가교 역할을 한 고토쿠 슈스이 그리고 다이쇼 데모크라시라는 봉화를 피워 올린 민주주

---

17) 三谷太一郎,「思想家としての吉野作造」, 三谷太一郎責任 編集 『日本の名著48 吉野作造』, 中央公論社, 1972, 47쪽.

18) 林茂,「解題」, 앞의 明治文化研究會, 『明治文化全集』 第3卷, 1955, 45~52쪽.

19) 거의 동일한 시기인 1929년에 출판된 『나카에 초민집(中江兆民集)』에는 『초민문집』, 『사민의 각성(四民の目ざまし)』 등이 개조문고(改造文庫) 한권으로 편집·출판되었고, 1936년에는 초민이 집필한 논설을 모은 『초민선집(兆民選集)』이 이와나미서점(岩波書店)에서 출판되었다.

20) 石田雄, 『明治政治思想史研究』, 未来社, 1954, 294쪽.

의 전도사 요시노 사쿠조라는 구도 속에서 초민이 연구되었다.[21]

한편 이러한 구도 속에서 초민 사상은 메이지 민권론자들에게 종종 보이는 국권적인 경향을 설명하는 재료가 되기도 했는데, 그 근거는 그의 국민동맹회 활동이었다.[22] 초민이 국민동맹회 활동에 열심이었을 당시, 고토쿠가 "국민동맹회는 러시아 토벌을 목적으로 하기 때문에 이른바 제국주의자 단체입니다. 선생이 여기에 관계하는 것은 자유·평등의 대원칙에 어긋나지 않습니까"라고 비판하자, 초민은 웃으면서 "러시아와 싸우길 바란다. 이기면 대륙으로 웅비하여 동양 평화를 유지할 수 있고, 패하면 조야(朝野) 모두 곤궁해져 국민들이 비로소 그 미몽에서 깨어날 것이다. 이 기회를 잘 이용하면 번벌(藩閥)을 소멸하고 내정을 혁신할 수 있다. 이것으로 족하지 않은가?"라고 되물었다 한다.[23] 이에 대해 고토쿠는 1900년에 성립한 번벌세력 중심의 입헌정우회(立憲政友會)를 타파하고 정계 혁신을 이루기 위해 초민이 입헌정우회와 대립관계에 있던 국민동맹회에서 활동했다고 평가했다.[24] 하지만 하야시 시게루(林茂)는 이와 같은 행동이야말로 초민의 내면에 존재하던, 즉 『삼취인경륜문답』에 양학신사와 함께 등장하는 호걸군을 나타내는 것이라고 평가하

---

21) 林茂, 『近代日本の思想家たち―中江兆民·幸德秋水·吉野作造―』, 岩波新書, 1958 참조. 이외에 土方和雄, 『中江兆民』, 東京大学出版会, 1958 ; 山口光朔, 『異端の源流―中江兆民の思想と行動―』, 法律文化社, 1961 등이 있다.

22) 국민동맹회는 고노에 아쓰마로(近衛篤麿)가 의화단사건을 계기로 러시아의 만주 점령 및 조선 진출에 대비하기 위해 1900년에 결성한 조직으로 이른바 대외강경을 주장하는 단체였다.

23) 앞의 幸德秋水(1984), 169쪽.

24) 위의 책.

1부 국민의 탄생, 신민의 발견

면서, 메이지 민권론에 배태되어 있던 국권론적 경향이 초민에게도 드러난 것이라고 지적하고 있다.[25] 이에 대해 마쓰나가 쇼우죠(松永昌三)는 초민이 1897년 국민당(國民黨)을 결성하고 국민동맹회에 가입하기까지의 정치활동과 이 시기에 주필을 담당한『치요다매석(千代田每夕)』을 검토한 결과, 약간의 일탈은 인정되지만 여전히 민권사상이 유지되고 있다는 견해를 보이고 있다.[26]

말년의 초민이 보여준 정치 행보를 어떻게 파악할 것인가를 둘러싼 논의는 자연스럽게『삼취인경륜문답』에 등장하는 양학신사·호걸군·남해선생에 대한 분석으로 이어졌다. 이러한 흐름 속에서 1965년에 구와하라 다케오(桑原武夫)와 시마다 겐지(島田虔次)가『삼취인경륜문답』을 대중적으로 읽기 쉽게 현대어로 번역·출판했다. 여기에서 구와하라는『삼취인경륜문답』의 의의를 다음과 같이 설명하고 있다.

이 문답의 결말이 말해주고 있듯이, 양학신사의 계보를 잇는 바바 타쓰이(馬場辰猪)와 고토쿠 슈스이는 각각 1886년과 1905년에 미국으로 향하고, 호걸군의 정신을 잇는 기타 잇키(北一輝)와 이른바 중국 낭인은 마침내 중국으로 갔다. 그리고 초민은 현실 정계에 대한 절망에 빠지게 된다.『삼취인경륜문답』은 메이지 20년대 일본을 반영하는 것만이 아니라 역사적 통찰을 보여주는 저작이다. 우치무라 간죠(内村鑑三), 야나이하라 다다오(矢内原忠雄) 등 반체제적 자유주의자, 그리고 가와카미 하지메(河上肇)를 비롯한 마르크

---

25) 앞의 林茂(1958), 35~47쪽 참조.

26) 松永昌三,『中江兆民』, 柏書房, 1967, 227~258쪽 참조.

스파가 양학신사의 논리를 계승 및 전개하고, 남해선생이 아직 '서운(瑞雲)'에 불과하다고 봤던 이상은 그들의 노력으로 점차 근대 일본의 지표에 접근하여 제2차 세계대전의 폭풍우 후에 전후(戰後) 평화헌법이 되었다. 하지만 이와 같은 정착을 좋아하지 않는 세력이 엄존하고 있음은 말할 것도 없다. 호걸군의 생각은 자유민권운동의 쇠퇴와 더불어 도쿠토미 소호(德富蘇峰)의 인민 없는 '평민주의'로 사라졌던 것처럼 보였지만, 시가 시게타카(志賀重昻)와 미야케 세쓰레(三宅雪嶺) 등을 매개로 하여 기타 잇키로 이어졌고, 도쿠토미 소호의 변신이 보여주듯이 침략적 군국주의로 변하여 중일전쟁에 돌입했다. (중략) 이렇게 볼 때 현재의 일본은 평화, 자유, 방위, 진보·보수, 민권·국권 등 모든 중요 문제에서 『삼취인경륜문답』이 제시한 틀 안에 있다 해도 틀린 말이 아니다.[27]

이것은 1951년 샌프란시스코평화조약 및 미일안전보장조약의 조인으로 다시 국제사회에 복귀한 일본정부가 1964년 동경올림픽 개최로 상징되는 고도의 경제성장을 배경으로 또다시 전전(戰前)의 군국주의로 회귀하려는 경향에 대한 경계이기도 했다.[28] 예를 들어, 1968년을 전후

---

27) 桑原茂夫,「解説」, 桑原武夫·島田虔次 訳·校注 『三酔人経綸問答』, 岩波文庫, 1965, 265~266쪽.

28) 예를 들어, 1954년 수상에 취임한 하토야마 이치로(鳩山一郎)는 미군정에 의한 점령정책의 시정을 일차적 국정목표로 설정하여 제9조의 개정과 천황의 지위 강화를 포함한 헌법의 전면개정을 추진했다. 이어서 1957년 수상이 된 기시 노부스케(岸信介)도 헌법조사회를 설치하고 학자들로 구성된 헌법문제연구회를 결성했으나, 이것이 개헌으로 직결될 것이라고 판단한 제1야당 사회당의 반발로 국회가 아닌 내각에 두게 되었고, 그 결과도 흐지부지되고 말았다.

로 일본정부는 '메이지 백주년 기념사업'을 준비했는데, 이것은 "대일본 제국 붕괴와 국민주권·평화주의 확립이라는 근대 일본의 가장 엄숙한 역사적 사건과 의의를 고의로 무시하거나 잊어버림으로써, 전후 변혁을 밖으로부터 강제된 역사의 단절 또는 일시적 일탈로 치부하고 '영광의 메이지'를 계승해야 한다"는 메시지를 담고 있었다.[29]

1970년대까지의 초민 연구는 이처럼 정부 주도로 이뤄지는 전전으로의 회기에 대응하기 위한 자유민권운동 연구의 일환으로 이뤄졌다. 다시 말해서 전후 민주주의의 상징인 평화헌법이 미군정에 의해 주어진 것이 아니라, 근대 일본에서 잉태된 민주주의 전통에 의한 것임을 확인하기 위한 연구의 일환이었던 것이다.[30] 그 결과 초민 연구에서는 『삼취인경륜문답』에서 양학신사가 말하는 비무장론이나 공화주의가 주목받게 되었고, 이것이 당시 정부가 주도하던 '대국주의'와 대비되는 '소국주의'로 규정지어졌다.[31] 그리고 이러한 '소국주의'가 초민의 대표적 사상으로 파악되기에 이른 것이다.

이 시기의 주요 연구로는 우선 『나카에 초민 연구』[32]와, 『나카에 초민의 세계-『삼취인경륜문답』을 읽는다』[33]가 있다. 『나카에 초민 연구』는

---

29) 芝原拓自,「『明治百年』論と維新史研究」,『日本近代史の方法』, 校倉書房(초출 1968), 1986, 36~37쪽.

30) 이 시기에는 근대일본사상사의 흐름을 개관하는 시리즈가 다수 출판되었다. 예를 들어, 伊藤整 外編,『近代日本思想史講座』全 8 卷, 筑摩書房, 1959~1961 ; 橋川文三·松本三之介編,『近代日本思想史大系』全8卷, 有斐閣, 1970~1979 등이 있다.

31) 田中彰,『小国主義－日本の近代を読みなおす』, 岩波新書, 1999, 73~95쪽 참조.

32) 桑原武夫,『中江兆民の研究』, 岩波書店, 1966.

33) 木下順二·江藤文夫,『中江兆民の世界-『三酔人経綸問答』を読む』, 筑摩書房, 1977.

초민의 철학사상, 정치사상, 경제사상 및 자유민권기 활동 상황 등 다양한 각도에서 초민을 분석한 최초의 종합적 연구 결과이다. 여기에는 한문으로 번역된 초민의 『민약역해』가 일본어로 읽기 쉽게 해석되어 있다. 그리고 『나카에 초민의 세계-『삼취인경륜문답』을 읽는다』는 제목 그대로 『삼취인경륜문답』을 주요 대상으로 삼아, 그 역사적 배경, 사상적 특질, 문체의 특성 등을 검토한 것이다. 이외에도 초민의 불어학습 과정과 프랑스 유학생활 등을 중심으로 프랑스 학문이 초민에게 끼친 영향에 대해서는 도미타 시노부(富田仁),[34] 이다 신야(井田進也)[35] 등의 연구가 있다.

1980년대부터 현재까지의 연구

1980년대 이후의 특징은 우선 『나카에 초민 전집』[36]이 완성되었다는 점이다. 초민과 동시대를 살아간 사상가 후쿠자와 유키치의 경우, 일찍이 1958년부터 『후쿠자와 유키치 전집』[37]이 발간되었던 것과 비교하면, 초민 전집의 발간이 얼마나 늦은 것이었는지 알 수 있다. 초민 전집 발간을 계기로 저작이나 신문논설 등으로 분산되어 전체상을 잡아내기 어려웠던 점이 극복되었다.

---

34) 富田仁, 『フランスに魅せられた人びと―中江兆民とその時代』, カルチャー出版社, 1976.

35) 井田進也, 『中江兆民のフランス』, 岩波書店, 1987. 출판은 1987년이지만 수록 논문은 주로 1970년대에 발표되었다.

36) 中江兆民, 『中江兆民全集』 1~17권·別권, 岩波書店, 1983~1986.

37) 福澤諭吉, 『福澤諭吉全集』 1~21권·別권, 岩波書店, 1958~1971. 단, 별권은 재판에서 추가되었다.

두 번째 특징은 초민의 전기 연구가 이뤄졌다는 점이다. 요네하라 겐(米原謙)의 『초민과 그 시대』[38], 마쓰나가의 『나카에 초민 평전』[39], 아스카이 마사미치(飛鳥井雅道)의 『나카에 초민』[40]이 그것이다.

한편 이 시기에는 기존 학설에 대한 비판도 제기되었다. 첫 번째는 『민약역해』 평가에 관한 것이다. 이것은 루소의 『사회계약론』을 번역한 『민약역해』가 실제로는 『사회계약론』의 제2권 제7장 「입법자에 대해」를 삭제한 부분번역이었던 것에 대한 평가와 관련된다. 이다 신야는 이에 대해 제6장까지의 '원리론'을 지키기 위해 제7장 이후의 '현실론'을 빼버렸다고 지적하고, 이는 제7장 이후의 논설이 당시 자유민권운동에 불리한 내용이었기 때문이라고 평가했다.[41] 이것은 초민의 내적 요인설을 강조한 것이다. 이에 대해 미야무라 하루오(宮村治雄)는 『민약역해』를 연재하고 있던 잡지 『정리총담』의 발행회사 변경에 따라 편집방침이 프랑스에서 영국으로 바뀐 결과라고 지적하고, 외적 요인에 의한 결과임을 논증하고 있다.[42]

두 번째는 『삼취인경륜문답』에 등장하는 3인에 대한 재해석이다. 종래 연구는 양학신사, 호걸군, 남해선생을 초민의 분신으로 파악하고, 이

---

38) 米原謙, 『日本近代思想と中江兆民』, 新評論, 1986 ; 米原謙, 『兆民とその時代』, 昭和堂, 1989.

39) 松永昌三, 『中江兆民評伝』, 岩波書店, 1993.

40) 飛鳥井雅道, 『中江兆民』, 吉川弘文館, 1999.

41) 「『民約訳解』中断の論理」, 앞의 井田進也(1987) 참조.

42) 宮村治雄, 『開国経験の思想史─兆民と時代精神』, 東京大学出版会, 1996. 미야무라는 초민의 『민약역해』가 당시의 동아시아에 끼친 영향에 대해서도 논하고 있다(宮村治雄, 『「東洋のルソー」索隠─兆民そしてトルコ・朝鮮・中国』, 『思想』 No.932, 岩波書店, 2001.

중에서 누가 초민 사상을 구현하는지에 초점이 맞춰져 있었다. 하지만 여기에서는 3인을 초민의 분신으로 보는 것이 아니라 각각 당시의 인물 중에서 모델이 있었음을 논증하고 있다. 특히 도쿠토미 소호가 1886년에 간행한 『장래의 일본(將來之日本)』과 『삼취인경륜문답』의 관계를 중시하면서, 도쿠토미를 패러디 및 모델로 한 것이 양학신사이고, 이노우에 고와시(井上毅)를 모델로 삼은 것이 호걸군이라고 분석한다.[43]

4. 나카에 초민 연구의 이후 과제

이상, 초민 연구사를 정리했는데, 마지막으로 이후 과제를 한 가지 제시하며 글을 마치고자 한다. 그것은 메이지 전기의 정치사상사에서 중요한 위치를 점하고 있는 후쿠자와 유키치와의 비교분석이다.[44] 1835년에 태어난 후쿠자와 유키치는 정부에 들어가지 않고 줄곧 재야에서 정부의 이데올로그 역할을 하다가 1901년 2월에 죽었는데, 기묘하게도 동일하게 재야에서 반정부 이데올로그 역할을 하던 13세 연하의 나카에 초민도 같은 해 12월에 죽었다. 이러한 사실은 우연에 의한 결과이긴

---

43) 주요 논문에는 山室信一, 『法制官僚の時代－国家の設計と知の歴程』, 木鐸社, 1984 ; 松田道雄, 「『三酔人経綸問答』のなぞ」, 『世界』 No.472, 岩波書店, 1985 ; 米原謙, 「『三酔人経綸問答』を読む－奇人伝説とエクリチュール」, 『下関市立大学論集』 第30巻 第2号(米原謙, 『近代日本のアイデンティティと政治』, ミネルヴァ書房, 2002 수록), 1986 등이 있다.

44) 후쿠자와와 초민에 대한 비교분석은 松永昌三, 『福沢諭吉と中江兆民』, 中公新書, 2001 참조. 하지만 마쓰나가는 주로 서구문명에 대한 후쿠자와와 초민의 태도를 분석하고 있을 뿐이다.

하지만, 결과적으로는 근대사상을 받아들이며 체화시켜온 메이지 사상의 귀착점을 상징한다고도 볼 수 있다. 더군다나 1901년은 청일전쟁에서 승리한 일본이 러시아와 한판을 앞두고 있었기 때문에, 바야흐로 메이지유신 이래의 국가적 과제가 성취되느냐 마느냐하는 중요한 시점이었다. 즉 후쿠자와와 초민이 죽은 1901년이란 시점은 메이지 사상의 귀착점이자 동시에 메이지 사상이 지닌 여러 가능성들이 실험대에 오르는 새로운 출발점이기도 한 것이다. 따라서 후쿠자와와 초민이 서양근대사상을 어떻게 받아들이고, 이에 기반한 근대국가 구상을 어떻게 했는지 비교분석하는 작업은 메이지유신 이래 근대 일본이 받아들인 다양한 서양근대사상이 어떻게 근대 일본국가체제로 체화되었는지 알 수 있는 좋은 실마리를 제공해줄 것이다.

제2부
국민과 신민의 렌즈,
서로 교차하는 초점

제5장

최초의 대외 전쟁과
프로파간다

1874년 타이완침공을 중심으로

1. 들어가며

1874년 타이완침공은 국민국가 단위의 일본국이 해외파병을 처음으로 실행에 옮긴 것이다.[1] 이것의 발단은 1872년 1월 3일[2] 타이완 동남부 지역에 표착한 류큐인(琉球人) 66명 중 54명이 현지인('생번生蕃')에게 살해당하고, 1873년 3월 8일 타이완 서남부 지역에 표착한 오다현(小田縣)[3] 출신 상인 4명도 현지인에게 폭행과 약탈을 당한 사건이다.[4]

---

1) 일본 학계에서는 보통 1874년 당시에 통용된 타이완출병이라는 용어를 그대로 사용한다. 하지만 타이완출병이라는 용어에는 당시 일본의 입장이 반영되어 있을 뿐 그 침략성이 드러나지 않는다. 따라서 본장에서는 타이완출병의 침략성을 드러내기 위해 타이완침공이라는 용어를 사용하고자 한다. 이미 일본 연구자 중에서도 이시이 다카시(石井孝)가 '일본군 타이완침공'이라는 용어를 사용하고 있으며, 최근 한중일 3국의 연구자들이 함께 저술한 결과물에서도 타이완침공이라는 용어를 사용하고 있다. 石井孝, 「第1章 日本軍台湾侵攻をめぐる国際情勢」, 『明治初期の日本と東アジア』, 有隣堂, 1982 ; 한중일3국공동역사편찬위원회, 『한중일이 함께 쓴 동아시아 근현대사』 1, 휴머니스트, 2012, 55쪽 참조.

2) 음력으로는 1871년 11월 23일이다.

3) 1871년 폐번치현 직후 설치된 현으로 현재 오카야마현(岡山県) 서부와 히로시마현(広島県) 동부에 해당하는 지역. 1875년 오카야마현에 통합되었다.

4) 일본 학계에서는 타이완침공의 명분으로 류큐번 인민살해사건만 언급하는 경향이 있다. 이는 타이완침공을 류큐의 일본 영토 편입 과정, 즉 류큐 처분과 관련지어 설명하는 경향이 강하기 때문으로 생각된다.

당시 일본 정부는, 청 정부가 생번은 통치가 미치지 않는 '화외(化外)'[5] 지역에 속한다며 책임을 지지 않으므로 직접 생번을 징벌하기 위해 파병한다는 명분을 내걸었다. 일본정부에 있어 타이완침공은 류큐인과 오다현 상인, 즉 부당하게 피해 입은 일본 국민을 대신하여 일본국이 보복하고, 향후 일본 국민의 안전을 스스로 확보하기 위한 파병이었던 것이다.[6] 이런 의미에서 타이완침공은 막부를 폐지하고 출범한 지 얼마 되지 않는 일본국이 새롭게 구축된 징병제로 불평사족이라는 구체제의 불안 요소를 제어하기 시작하는 과정에서 발생한 최초의 해외파병이자, 일반 서민이 스스로를 일본 국민으로 인식하게 만드는 하나의 계기였다.

이렇게 시작된 타이완침공은 6월 1일부터 3일까지 실시된 대대적인

---

5) '화외' 해석에 관한 중국의 연구는 리시주, 「李鴻章의 대일인식과 외교책략−1870년대를 중심으로」, 『동북아연구논총』 32호, 2011. 일본의 연구는 오카모토 다카시, 「일본의 류큐 병합과 동아시아 질서의 전환」, 『동북아연구논총』 32호, 2011 ; 오비나타 스미오, 「근대 일본 '대륙정책'의 구조−타이완 출병 문제를 중심으로」, 『동북아역사논총』 32호, 2011 참조.

6) 오다현 상인 폭행 및 약탈을 기록한 당시의 중국 측 자료는 타이완의 토번인(土蕃人)이 표착한 일본인 4명을 구해주고 돌봐줬으므로 포상할 만하다는 정반대의 내용을 전하고 있다(白春岩, 「小田県漂流民事件における中国側の史料紹介」, 『社学研論集』 15号, 早稲田大学大学院 社会科学研究科, 2010 참조). 당시의 일본 측 자료 중 오다현 표류민 4명이 귀국 직후인 1873년 8월 8일 외무성에 제출한 진술서에도 태풍 때문에 겨우 목숨만 건진 상태에서 현지인들로부터 의류와 식사를 제공받았다고 중국 측 자료와 동일하게 기록되어 있다(アジア歴史資料センター, 「外務省ヨリ小田県民佐藤利八外三人漂流一件上申並ニ別紙在清井田総領事東來其他四通」, レファレンスコード A03031119100, 4～6쪽). 하지만 국내적으로 타이완침공을 공식화한 태정관달서(太政官達書) 제65호에서는 "오다현 인민 4명이 표착하여 폭행과 약탈을 당했다"고 적고 있고(1874년 5월 19일 「陸軍中将西郷従道ヲ提督ニ任シ台湾人問罪ノ為同島ヘ派遣セシム」, 内閣官報局, 『明治七年 法令全書』 上巻, 内閣官報局, 1876, 323쪽), 타이완침공이 마무리된 직후인 1875년 1월 4일 번지사무국(蕃地事務局)이 작성한 공식 기록도 태정관 달서와

2부 국민과 신민의 렌즈, 서로 교차하는 초점

목단사(牧丹社) 소멸 작전으로 사실상 끝났다. 하지만 청이 류큐왕국[7]의 귀속문제와 일본 측의 '화외' 해석 등을 지적하면서 외교 갈등이 발생했고, 이것이 당시 서양 각국의 동아시아 전략과도 맞물리면서 쉽게 해결책을 찾지 못했다. 그러던 중 같은 해 10월 31일 주청(駐淸) 영국공사 웨이드(Thomas Wade)의 중재로 청정부가 일본정부에 보상금 50만 냥(兩)을 지급하는 것으로 극적인 타결을 보았고,[8] 12월 3일부터 일본군이 철수하기 시작하면서 근대 일본 최초의 해외파병은 일단락되었다(표 1 참조).

동일하게 "번인(藩人)에게 의복과 재물을 약탈당했다"고 적고 있다(アジア歷史資料センター, 『処蕃趣旨書(明治八年一月蕃地事務局編)』正, レファレンスコード A03023016400, 1쪽). 이렇듯 실제로는 타이완 현지인에게 도움을 받은 오다현 상인 표착사건을 당시 일본정부가 폭행 및 약탈당한 것으로 왜곡해야만 했던 이유는 무엇이었을까? 우선 류큐인 살해사건이 발생했을 당시만 해도 류큐왕국이 청과 일본에 양속(兩屬)하면서도 미국·프랑스·네덜란드와 별도의 통상조약을 맺었던 별도의 존재였던 만큼, 류큐인의 피해만으로 일본 국민을 보호하기 위해 출병한다는 명분이 약했기 때문에 실제로는 도움을 받았던 오다현(=본토) 상인들마저 피해를 입은 것으로 왜곡할 수밖에 없었다고 생각된다. 또 다른 이유는 각국의 입장에서 타이완침공에 깊이 관여하던 서양국가에 대한 메시지라 생각된다. 타이완침공 직후 번지사무국이 작성한 공식 기록의 대부분이 청과의 담판 과정에 할애되고 있는 점, 동일한 내용의 영역본도 함께 작성되어 있는 점 등에서도 알 수 있듯이, 당시 일본정부는 서양 각국의 동향에 매우 민감했다.

7) 1609년 사쓰마번은 막부의 허가를 받아 류큐왕국을 군사적으로 제압하고 주종관계를 성립시켰다. 이후 류큐왕국은 명과 사쓰마번 양쪽에 속하는 독특한 상황에 놓이게 되었다.

8) 피해 입은 류큐인에게 보상금 10만 냥, 일본군이 현지에 건설한 도로 등 비용으로 40만 냥을 지급했다.

1872년 1월 3일	류큐인, 타이완 표착사건 발생(66명 중 54명이 살해당함).
7월 12일	류큐인 생존자 나하(那覇) 귀환.
1873년 3월 8일	오다현 주민 4명, 타이완 표착사건 발생.
12일	특명전권대사 소에지마 다네오미 일행, 베이징으로 출발(표면적 이유는 청일수호조규 비준교환과 동치제(同治帝) 친정 축하였지만, 이와 별도로 류큐인 살해사건 담판도 준비함).
4월 30일	소에지마, 톈진에서 직예총독 겸 북양대신 리훙장 등과 조규비준서 교환.
5월 7일	소에지마 일행, 베이징 도착(황제 알현 예의를 둘러싼 의견 대립).
6월 21일	소에지마, 부사(副使) 야나기와라 사키미쓰(柳原前光) 등을 청의 총리아문으로 보내서 류큐인 살해사건 언급(청 측, 타이완 생번은 '화외'라고 발언).
29일	특명전권대사 소에지마 삼읍(三揖)의 예로 청국 황제 알현, 국서 제출.
7월 3일	소에지마 일행, 베이징 출발(25일 일본 귀국).
8월 8일	오다현 주민 4명, 무사 귀환 뒤 외무성에 진술서 제출.
1874년 2월 6일	참의 겸 내무경 오쿠보, 참의 겸 대장경 오쿠마, 『타이완번지처분요략』 제출(타이완침공 결정).
4월 4일	일본 정부, 타이완번지사무국 설치(도독에 사이고 쓰구미치(西郷従道) 임명).
7일	『도쿄니치니치신문(東京日日新聞)』, 처음으로 사이고 쓰구미치 타이완 파견 관련 보도.
9일	사이고 쓰구미치, 출항 준비를 위해 나가사키로 출발.
13일	기시다 긴코(岸田吟香), 『도쿄니치니치신문』에 「타이완신보」 제1호 게재 시작.
19일	타이완침공 유예 결정. 나가사키에 머물고 있던 사이고 쓰구미치가 강력히 반발.
27일	사이고 쓰구미치, 독단적으로 선발대 200여 명을 타이완으로 출항시킴.
5월 2일	사이고 쓰구미치, 본진 함대(병사 1천여 명)와 함께 출항.
4일	나가사키에서 오쿠보, 오쿠마, 사이고 쓰구미치 3자회담 결과 타이완침공 다시 결정.
6일	타이완침공 선발대, 타이완 서남부의 사료항(社寮港) 도착.
10일	타이완침공 본진, 타이완 서남부의 사료항 도착.
17일	사이고 쓰구미치, 다카사고마루(高砂丸)로 나가사키 출발(기시다 긴코 동승).
	일본군과 목단인(牧丹人)의 충돌 결과, 일본군 척후병 1명 살해당함.
19일	정부, 타이완침공 공식 발표(太政官達書 第65号).

	주청(駐淸)공사 야나기와라 사키미쓰, 중국으로 출발.
21일	일본군 척후병 10명이 출동하여 목단인 1명 살해하고 3명 부상당함.
22일	일본군 2소대, 석문에서 목단인과 교전(목단인 추장 살해, 3명 전사)
	사이고 쓰구미치(병사 1,800명), 타이완 서남부의 사료항 도착.
28일	주청 공사 야나기와라 사키미쓰, 상하이 도착(31일 청 관리와 타이완 문제 관련 회견).
6월 1일	사이고 쓰구미치, 목단사 소멸 작전 실시 및 제압(3일 완료).
4일	청의 총리아문, 일본 외무성에 영토침범이라고 통보(5월 11일 작성).
20일	기시다 긴코, 발병으로 타이완 출발(7월 24일 일본 도착).
21일	청의 군함 2척이 타이완에 도착했으나 일본군 철수만 요청하고 물러남.
22일	타이완 현지에서 일본 측과 중국 측 회담(6월 25일, 26일).
7월 9일	일본 정부, 교섭 여하에 따라 청과 개전도 불사할 것을 결정.
8월 1일	전권변리대신 오쿠보 도시미치가 타이완 문제 교섭을 위해 청으로 파견 결정.
5일	기시다 긴코, 『도쿄니치니치신문』에 「타이완수고」 제1호 게재 시작(10월 5일까지 총 9회).
6일	전권변리대신 오쿠보 도시미치, 도쿄 출발(9월 10일 베이징 도착).
9월 14일	오쿠보, 총리아문에서 공친왕(恭親王)과 타이완 문제 교섭 개시.
10월 24일	오쿠보, 총리아문에게 최후통첩 통보.
	영국의 주청공사 웨이드, 일본과 중국 양측에 배상금 등 조정안 제시.
31일	타이완 문제 교섭 타결(피해자 보상금 10만 냥, 일본군이 타이완에 건설한 도로 비용 등 40만 냥).
11월 1일	오쿠보, 베이징 출발(16일 타이완에서 사이고와 회견, 18일 일본으로 출발).
8일	정부, 타이완 문제 타결을 공식적으로 발표(太政官達書 第145호).
27일	오쿠보 도시미치 귀국.
12월 3일	일본군, 타이완 철수 시작.
27일	사이고 쓰구미치 일행, 요코하마 도착.

표1 | 타이완침공 관련 연표(양력)

타이완침공에 대한 정치사나 외교사의 평가는 당시의 일본 정부가 "안에서 난(亂)을 생각하는 울굴(鬱屈)한 사족의 예기를 밖으로 돌리기 위해 타이완침공을 계획"[9]했다는 것, 그리고 "대청제국(大淸帝國)에 대한 대항이나 화이질서에 대한 도전 등과 같은 발상이 의도되었던 것"은 아니지만, 결과적으로 "19세기 동아시아 세계의 복잡한 국제정치의 자장을 배경으로 실천되었기 때문에 화이질서 붕괴와 대청제국 몰락이라는 장대한 세계사적 드라마가 시작됨을 세상에 알리는 데 중요한 역할을 수행"[10]했다는 것이다.

이러한 평가는 불평사족 대책이라는 국내 요인을 공유하는 한편, 대외적으로는 타이완 문제를 정한론정변 이전에 주도했던 외무경 소에지마 다네오미와 정한론정변 이후에 주도한 내무경 오쿠보 도시미치의 외교노선을 연속적으로 볼 것인지 단절적으로 볼 것인지의 관점 차이가 존재한다. 즉 소에지마의 경우에는 타이완침공의 본래 목적이 타이완 영유(식민지화)에 있다고 평가하지만, 오쿠보의 경우는 반드시 그렇지 않았다는 것이다.[11] 이외에도 타이완침공을 류큐 처분과 관련지어 국민

---

9) 앞의 石井孝(1982), 191쪽.

10) 毛利敏彦,『台湾出兵』, 中公新書, 1996, 187~188쪽.

11) 연속을 주장하는 대표적인 입장은 이시이 다카시의 연구이다. 이와 달리 단절을 주장하는 대표적 연구는 家近良樹,「『台湾出兵』方針の転換と長州派の反対運動」,『史学雑誌』第92編 第11号, 公益財団法人史学会, 1983 ; 앞의 毛利敏彦(1996) 등을 들 수 있다. 한편 단절이나 연속을 구체적으로 제시하지는 않지만, 소에지마가 타이완 영유 구상을 가지고 있었고 이것이 근대 일본의 대륙정책과 깊은 관련이 있다는 張虎,「副島対清外交の検討」, 明治維新史学会 編,『明治維新とアジア』, 吉川弘文館, 2001, 후기식민주의의 관점에서 타이완침공에는 타이완을 식민지화하려는 의도, 즉 근대 일본의 '제국' 흉내 내기가 시도되었음을 강조하는 ロバート・エスキルドセン,「明治七年台湾出兵の植民地的側面」, 明治維新史学会 編,『明治維新とアジア』, 吉川弘文館, 2001 ; 고모리 요이치, 송태욱 옮김,『포스트콜로니얼』, 삼인, 2002 등이 있다.

국가 형성이라는 또 다른 국내 요인으로 분석하는 연구도 있다.[12]

이상과 같은 종래 연구들은 일본정부 측의 주장 및 청과의 회담 내용을 대상으로 하고 있는 만큼, 일본정부 내부의 의견서나 개인의 일기와 편지 등 당시에는 공개되지 않았던 공식 기록들을 분석하고 있다. 그 결과 현재 타이완침공의 정치과정 또는 협상과정은 거의 밝혀졌다고 할 수 있다. 하지만 타이완침공의 공식 기록과는 별도로 이제 막 설립되기 시작한 신문사들이 특집 보도한 타이완침공 기사들도 존재한다. 그중에서도 『도쿄니치니치신문』(1872.2.21. 창간)은 기시다 긴코를 종군기자로 파견하여 1~2일 간격으로 현지 취재 내용을 보도할 정도로 타이완침공 보도에 적극적이었다.

국민국가를 단위로 하는 전쟁에서 미디어는 적국의 동향을 파악하는 정보전의 수단일 뿐만 아니라 국민을 동원하는 선전(프로파간다)의 역할을 수행했다. 이런 의미에서 1874년 타이완침공 관련 기사들은 공식 기록과 달리 이제 막 형성되기 시작한 일본 국민이, 동일하게 이제 막 형성되기 시작한 일본국을 어떻게 인식하도록 만들고 동원되게 만들었는지 알 수 있는 최적의 자료라 할 수 있다.

---

12) 栗原純, 「台湾事件(1871~1874)-琉球政策の転機としての台湾出兵」, 『史学雑誌』 第87編 第9号, 公益財団法人史学会, 1978 ; 張啓雄, 「日清互換條約において琉球の帰属は決定されたか-一八七四年の台湾事件に関する日清交渉の再検討」, 『沖縄文化研究』 第19号, 法政大学, 1992 ; 小林隆夫, 「台湾事件と琉球処分1-ルジャンドルの役割再考」, 『政治経済史学』 第340号, 日本政治経済史学研究所, 1994 ; 小林隆夫 「台湾事件と琉球処分2-ルジャンドルの役割再考」, 『政治経済史学』 第341号, 日本政治経済史学研究所, 1994 ; 後藤新, 「台湾出兵と琉球処分-琉球藩の内務省移管を中心として」, 『法学政治学論究』 第72号, 慶應義塾大学大学院法学研究科, 2007 등이 있다.

근대 일본에 등장한 신문 중에는 자유민권운동과 관련된 정치평론을 중심으로 하는 대신문(大新聞), 정치문제보다도 일상의 사회적 사건을 쉬운 문장으로 보도하는 소신문(小新聞)과 함께,[13] 에도시대 이래 다색판 우키요에(浮世繪)를 가리키는 니시키에(錦繪)와 막부 말기에 서양으로부터 도입된 뉴스라는 개념이 결합된 니시키에신문(錦繪新聞)이 존재한다.[14] 이것은 "근세와 근대를 이어주는 중요한 위치를 점하는 일본의 시각적 뉴스미디어"이고,[15] 그 시작은 일간지 『도쿄니치니치신문』의 기사를 토대로 1874년 8월부터 발행된 니시키에판 『도쿄니치니치신문』이다.[16]

본장에서는 타이완침공 관련 기사를 근대 일본 최초의 전쟁 보도로 규정하는 언론사 관련 연구들을 참고로 하면서도,[17] 이러한 연구들이 주목하지 않았던 기사, 즉 문자만이 아니라 삽화 또는 니시키에라는 이미지와 결합된 기사들에 주목하고자 한다. 구체적으로는 기시다 긴코의 타이완침공 기사가 삽화나 니시키에판 『도쿄니치니치신문』을 통해서

---

13) 山本文雄,『日本マス・コミュニケーション史』, 東海大学出版会, 1970, 26~29쪽 참조.

14) 니시키에신문에 대해서는 土屋礼子,『大阪の錦絵新聞』, 三元社, 1995 ; 木下直之・吉見俊哉,『東京大学コレクション ニュースの誕生-かわら版と新聞錦絵の情報世界』, 東京大学総合研究博物館, 1999 등 참조.

15) 위의 土屋礼子(1995), 12쪽.

16) 千葉市美術館,『文明開化の錦絵新聞－東京日日新聞・郵便報知新聞全作品』, 国書刊行会, 2008, 5쪽.

17) 岡部三智雄,「岸田吟香と台湾」,『台湾史研究』第13号, 台湾史研究会, 1997 ; 草野美智子・山口守人,「明治初期における日本人の「台湾」理解」,『熊本大学総合科目研究報告』4号, 熊本大学, 2001 ; 土屋礼子,「明治七年台湾出兵の報道について」, 明治維新史学会編,『明治維新と文化』, 吉川弘文館, 2005 등이 있다.

2부 국민과 신민의 렌즈, 서로 교차하는 초점

어떻게 시각화되고, 이후 이것이 어떻게 재생산되어 일본 국민의 일본국 인식에 어떤 영향을 끼쳤는지 알아보고자 한다.

2. 시각적으로 보도되는 타이완침공

기시다 긴코의 타이완침공 기사

일본정부 내부에서는 1874년 2월 6일에 타이완침공이 결정되었다.[18] 하지만 서양 각국의 동향을 주시하던 정부가 보도를 규제했기 때문에, 타이완침공 관련 기사는 한동안 보도되지 않았다. 그러던 중 요코하마에서 외국인이 발행하는 영자신문『재팬 가제트(Japan Gazette)』가 3월 30일자로 타이완에 대한 일본의 선전포고를 처음 보도하고,[19] 일본 신문 중에서도『요코하마마이니치신문(横浜毎日新聞)』이 3월 31일자로 타이완침공의 가능성을 보도했다.[20] 하지만 4월 10일 영국의 전권공사 파크스(Harry Smith Parkes) 등이 타이완침공에 이의를 제기하자 정부는 같은 달 19일 일단 중지를 결정했고, 이후 타이완침공 관련 기사는 또다시 보도되지 않았다.

---

18) 이날 참의 겸 내무경 오쿠보 도시미치와 참의 겸 대장경 오쿠마 시게노부(大隈重信)가 타이완 문제 처리의 기본방침을 결정한『타이완번지처분요략(台湾蕃地分処要略)』을 정부에 제출했다. 芝原拓自·猪飼隆明·池田正博,『日本近代思想大系12 対外観』, 岩波書店, 1988, 38~39쪽 수록.

19)『재팬 데일리 헤럴드(The Japan Daily Herald)』도 타이완침공의 가능성을 4월 6일자로 보도했다. 앞의 土屋礼子(2005), 214~215쪽 참조.

20) 앞의 草野美智子·山口守人(2001), 16쪽.

하지만 앞의 『요코하마마이니치신문』 기사를 인용한 독자의 투서를 4월 6일자로 게재했던 『도쿄니치니치신문』의 경우는 달랐다. 다음 날 4월 7일 "사이고(西鄉) 육군대보(陸軍大輔)를 생번사무도독(生番事務都督)으로 삼고, 다니 다테키(谷干城) 육군소위와 아카마쓰 노리요시(赤松則良) 육군대승이 수행하여 이번 달 12일 타이완으로 발함(發艦), 같은 달 22일쯤 타이완에 도착한다"[21]고 타이완침공 계획과 관련된 직책과 인명 및 일정을 상세히 보도했으며, 정부가 중지를 결정한 직후인 20일에도 "지난 17일 오쿠마 대장경이 나가사키로 출발한 것은 나가사키항에 생번사무국을 설치하기 위함"[22]이라고 보도하는 등 타이완침공 관련 기사를 계속해서 게재하고 있다.

이처럼 다른 신문들과 달리 『도쿄니치니치신문』에서 타이완침공 관련 기사가 계속 보도된 이유는 주필 기시다 긴코 때문이었다. 기시다는 정부의 불허에도 불구하고 물자조달을 위해 타이완에 동행하는 오쿠라 기하치로(大倉喜八郎)에게 부탁하여 사이고 쓰구미치의 종군 허가를 받을 정도로 타이완침공 보도에 적극적이었다.[23]

『도쿄니치니치신문』의 타이완침공 관련 기사는 타이완 번지사무국(蕃地事務局) 소식을 전하는 「생번사무국기사(生蕃事務局記事)」, 국내 뉴스를 전하는 「강호총담(江湖叢談)」과 「논설」 및 「투서」, 해외의 뉴스나

---

21) 1874.4.7, 「江湖叢談」, 『東京日日新聞』 第654호.

22) 1874.4.20, 「江湖叢談」, 『東京日日新聞』 第666호.

23) 1874.5.13, 「台湾新報」 第6호, 『東京日日新聞』 第686호. 기시다는 1864년에 일본계 미국인 조셉 헤코(Joseph Heco)와 함께 최초의 일본어 신문 『가이가이신문(海外新聞)』을 발행하기도 했다.

台湾信報 第1号(1874.4.13) 第659号	台湾新聞(1874.6.15) 第716号	台湾信報 第28号(1874.8.6) 第763号
台湾信報 第2号(1874.5.6) 第680号	台湾信報 第16号(1874.6.25) 第725号 續台湾信報(같은 날 2쪽)	台湾手藁(1874.8.9) 第766号
台湾信報 第3号(1874.5.9) 第683号	台湾信報 第17号(1874.6.26) 第726号 續台湾信報(같은 날 2쪽)	台湾手藁前号續(1874.8.10) 第767号
台湾信報 第4号(1874.5.10) 第684号	台湾信報 第18号(1874.6.27) 第727号	台湾手藁前号續(1874.8.12) 第768号
台湾信報 第5号(1874.5.12) 第685号	台湾信報 前後續 (1874.6.28) 第728号 台湾信報 第19号(같은 날 2쪽)	台湾手藁前号續(1874.8.14) 第770号
台湾信報 第6号(1874.5.13) 第686号	台湾信報(1874.6.29) 第729号	台湾手稿(1874.8.16) 第772号
台湾信報 第9号(1874.5.17) 第690号	台湾信報 第23号(1874.7.10) 第739号	台湾報信(1874.9.16) 第800号
台湾信報 第10号(1874.5.18) 第691号	台湾信報 第24号(1874.7.24) 第751号	台湾手稿(1874.9.22) 第804号
台湾信報 第11号(1874.5.23) 第695号	台湾信報 第25号(1874.7.25) 第752号	台湾手稿前号續(1874.9.27) 第809号
台湾信報 第12号(1874.6.2) 第704号	台湾信報 第26号(1874.7.27) 第754号	台湾信報(1874.9.29) 第811号
台湾信報 第13号(1874.6.10) 第712号	台湾報信 第27号(1874.7.30) 第757号	台湾手稿(1874.10.5) 第816号
台湾信報 第14号(1874.6.12) 第713号	台湾手藁(1874.8.5) 第762号	台湾信報(1874.10.7) 第818号

표2 | 타이완침공 관련『도쿄니치니치신문』특집 기사

신문을 번역하여 게재하는 「해외신보(海外新報)」와 「지나소식(支那消息)」 등과 같은 일반기사와 「타이완신보(台湾信報)」, 「타이완수고(台湾手

藁)」,「타이완지(台湾誌)」와 같은 특집기사로 구분된다(표2 참조).

이 중 「타이완신보」는 기시다의 종군보도를 1874년 4월 13일~10월 7일까지 총 33회 연재한 것이고, 「타이완수고」는 7월 24일 기시다가 귀국한 뒤 타이완 현지에서 보고 들은 것을 8월 5일~10월 5일까지 총 9회 연재한 것이며, 「타이완지」는 1715년 프랑스 선교사가 타이완에 대해 기록한 것을 번역하여 9월 18일~10월 29일까지 총 9회 연재한 것이다.

그렇다면 왜 기시다는 종군까지 하면서 타이완침공을 적극적으로 보도했던 것일까?

기시다는 타이완침공을 "우리나라 번창의 시작"이자 "점차 일본국의 판도를 넓히고 교역과 상법을 성대하게 만들어 황국의 명예를 만국에 빛나도록 하는 계기"[24]라고 인식했다. 물론 여기에는 대외전쟁을 소재로 삼아 독자들의 흥미를 이끌어내려는 상업신문으로서의 마케팅도 분명히 존재한다.[25] 하지만 이후에도 반복적으로 타이완침공과 황국(일본국)의 영토 확대를 관련지어 설명하는 것으로 보건데, 타이완침공에 대한 기시다의 인식은 "토번(土蕃)지역을 주인이 없는 지역으로 간주"하고 "토번무민(討蕃撫民)"하여 영유까지도 고려했던 당시 일본정부의 인식과 다르지 않았다.[26] 이런 의미에서 기시다에게 토번(討蕃, 타이완침공)은 "번야(蕃野)의 땅에서 생활하는 인민과, 우리처럼 개화문명의 나라에 거주하며 자유를 누리는 자"[27]의 구분을 눈으로 직접 확인하는 계기이자 "앞

---

24) 위의 1874.5.13,「台湾信報」第6号.
25) 앞의 草野美智子·山口守人(2001), 18쪽.
26) 『台湾蕃地処分要略』, 앞의 芝原拓自·猪飼隆明·池田正博(1988), 38쪽.
27) 1874.7.7,「台湾信報」第22号, 『東京日日新聞』第736号.

으로 이 섬이 개화하게 되는 첫 단계"[28]로 인식되었던 것이다. 그리고 이러한 기시다의 타이완침공 인식은 현지성이 강조되는 종군기사로 구체화되고, 이것이 호를 거듭하면서 독자 획득이라는 결과로 이어져 1874년도 『도쿄니치니치신문』의 발행부수가 1만 4,000~1만 5,000부로 급증하는 상업적 성공을 거두었다.[29] 요컨대 영토 확장이라는 인식이 반영된 기시다의 타이완침공 관련 기사는 독자, 즉 이제 막 형성되기 시작한 일본 국민이 스스로를 타이완 토번(土蕃)과 구별되는 문명개화로 인식하고, 나아가 자신과 자신이 속한 일본국을 미개를 개화시키는 주체로 인식하게 만드는 계기였던 것이다. 그렇다면 이러한 성격의 타이완 관련 기사와 함께 실린 삽화들은 어떠한 것들이 있었을까?

타이완침공 관련 기사와 삽화

『도쿄니치니치신문』은 다음과 같이 기시다의 종군을 보도하고 있다.

오늘(4월 13일―인용자) 기자 기시다 긴코가 기선(汽船) 요크샤호를 타고 시나가와를 출발하여 타이완으로 향했다. 본래 타이완 중 생번지역은 풍교(風敎)가 실시되지 않기 때문에 (중략) 여러 이문(異聞)과 기사(奇事)가 반드시 있을 것이므로, 폐사(弊社)는 기시다 파견을 일부러 신청했다. 며칠 안으로 그 지역에 도착하면 풍속사정은 물론이고 견문이 미치지 않는 곳도 성실히 수색하고 탐토하여 호(号)를 이어서 보도할 것이다. 따라서 이번 호를 「타

---

28) 1874.8.6, 「台湾信報」 第28号, 『東京日日新聞』 第763号.
29) 앞의 岡部三智雄(1997), 94쪽.

이완신보」의 제1호로 삼는다. 폐사는 점차 호를 거듭하면서 간관(看官, 독자를 의미함 — 인용자)들이 발함(發艦)의 이유를 알게 되고, 앉아서 저 섬을 두루두루 돌아보는 것처럼 느끼길 진심으로 바란다. 모쪼록 이러한 뜻을 무사히 마칠 수 있길 바라며 글을 마친다.[30]

이에 따르면 기시다의 종군 목적은 독자들이 타이완침공의 이유를 알고, 나아가 타이완 현지를 직접 둘러보는 것처럼 느끼도록 풍속사정을 성실히 수색하고 탐토한 견문록을 제공하는 것이다. 이런 이유로 기시다의 타이완침공 관련 기사들에서는 다른 신문들에 비해 현장성이 강조되었는데, 삽화는 그 중요한 수단 중 하나였다.

기시다의 타이완침공 관련 기사 중 삽화가 실린 것은 「타이완신보」와 「타이완수고」와 같은 특집기사이다. 이 중 「타이완신보」에 실린 삽화는 모두 5개다.

그중 그림1은 '목단생번(牧丹生蕃)'으로 향하는 길목에 위치한 석문산(石門山)과 '죽사(竹社)' 또는 '이내사(爾乃社)'와 같은 '토민(土民)'들의 거주지를 간단히 스케치한 것으로, 6월 1일~3일까지 실시된 '목단사(牧丹社) 소멸작전'을 보도하는 기사의 내용을 이해하는 데 도움이 된다. 하지만 이것은 너무 간략하여 독자들이 토민들의 거주지를 정확히 파악할 수 있을 정도는 아니었다. 기시다도 이를 우려했는지 본문에서 "지리는 별호(別号)에 게재하도록 한다"고 적고 있고, 며칠 뒤에는 생번 18사(社)

---

30) 1874.4.13, 「台湾信報」 第1号, 『東京日日新聞』 第659号. 실제로 기시다가 시나가와를 출발한 것은 4월 16일이다(1874.4.25, 「江湖叢談」, 『東京日日新聞』 第670号 참조).

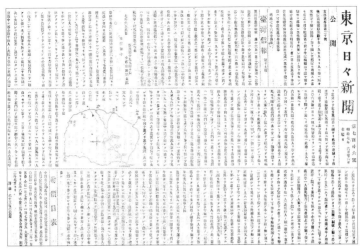

그림1 | 「台信報」第 17, 『東京日日新聞』第726, 1874.6.26.
그림2 | 『東京日日新聞』第730, 1874.6.30.

그림3 | 「台信報」, 『東京日日新聞』 第729, 1874.6.29.

들의 거주지를 세밀하게 작성한 지도를 1면에 게재한다(그림2). 그 결과
타이완침공 관련 기사를 읽는 독자들에게 그림2는 타이완 생번의 거주
지를 공간적으로 인식하는 데 유용한 시각자료로 기능한다.

　또한 목단사 소멸작전 이후 보호조치된 '13세 이내사(爾乃社) 소녀'를
그린 삽화도 "둥글고 검은 얼굴에 눈은 작고 움푹 파였으며 미간은 매우
짧고 낮은 코에 입은 보통"[31]이라는 기사의 내용을 시각적으로 구체화
한 것이다(그림3).[32]

---

31) 1874.6.25, 「続台湾信報」, 『東京日日新聞』 第725号.
32) 이외에도 '숙번(熟蕃)'의 '정병(精兵)'을 설명하면서 '정병'을 그린 삽화를 게재하고 있다
　　(1874.9.29, 「台湾信報」, 『東京日日新聞』 第811号).

이렇듯 「타이완신보」의 삽화들은 아직 사진보도가 없었던 시기에 기사 내용의 이해를 돕거나 보완하기 위한 시각적 장치였다.

이러한 삽화의 성격은 「타이완수고」에서 더 명확히 드러난다. 「타이완수고」는 기시다가 귀국한 이후 '타이완 섬'의 "산천을 두루 돌아다니며 풍토를 고찰하고 견문"[33]한 내용을 정리한 것이다. 여기에서는 총 9회의 연재기사 중 8월 16일자 6회분을 제외하고 모두 삽화가 실릴 정도다. 예를 들어, 타이완 원주민들의 일상생활에 대해 "토민은 농사를 짓지 않고 목축과 사냥을 하기 때문에 논밭이 적고 물산도 많지 않다"고 설명하고, 바로 옆에는 "오른쪽은 생번의 촌장이 사냥하는 그림이다. 그 내용은 다음 호에 이어진다"는 보충설명을 하며 삽화를 싣고 있다(그림4).

생번의 얼굴 생김새와 장신구 등의 특징을 설명할 때도 그들의 외모를 구체적인 이미지로 제시하고(그림5), 생번에 비해 개화(開化)되어 농공상에 종사하는 숙번(熟蕃)을 설명할 때에도 그들이 거주하는 차성(車城)의 거리 모습을 시각적으로 보여주고 있다(그림6). 타이완침공의 전투지역으로 자주 등장하는 석문(石門)의 위치를 설명할 때에도 석문의 풍경을 삽화로 제시하고 있다(그림7).[34]

이와 같이 「타이완신보」와 「타이완수고」는 기시다가 현장에서 직접 보고 들었다는 점을 강조하기 위한 장치로 삽화를 사용하고 있다. 삽화야말로 타이완의 풍속사정을 성실히 수색하고 탐토하는 생생한 견문록을

---

33) 1874.8.5, 「台湾手藁」, 『東京日日新聞』 第762号.
34) '생번'의 언어 등과 같이 시각화하기 어려운 내용일 때만 삽화가 없다(1874.8.16, 「台湾手藁」, 『東京日日新聞』 第772号).

그림4 | 「台手藁」, 『東京日日新聞』第762, 1874.8.5.
그림5 | 「台手藁」, 『東京日日新聞』第766, 1874.8.9.

2부 국민과 신민의 렌즈, 서로 교차하는 초점

그림6 | 「台手藁」, 『東京日日新聞』 第767, 1874.8.10.
그림7 | 「台手藁」, 『東京日日新聞』 第809, 1874.9.27.

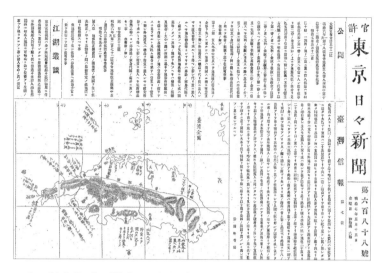

그림8 | 「台信報」第7, 『東京日日新聞』第688, 1874.5.15.

제공하겠다던 기시다의 종군 목적에 부합하는 최적의 장치였던 것이다.

그렇다면 타이완침공 관련 기사와 함께 실린 삽화들은 기사 내용을 보완하고 현장성을 전달한다는 성격에만 머물렀을까? 결론부터 말하자면, 기시다가 의도했든 의도하지 않았든 그렇지만은 않았다.

기시다의 타이완침공 관련 보도 중 삽화가 처음 실린 것은 5월 15일자 「타이완신보」 제7호이다(그림8). 여기에는 타이완 전체지도가 1면의 3단 중 2단의 3분의 2를 차지하며 왼쪽에 배치되어 있고, 이에 비해 기사 내용은 상대적으로 작게 오른쪽 3분의 1을 차지하고 있다. 이 삽화의 특징은 북쪽을 위쪽으로 위치 짓는 지도 작성의 일반적 규칙을 사용하지 않고(그림9), 중앙에 고산(高山)('지나국(支那國) 영국지(領國地)')을 기준으로 아래쪽에 토번을 배치하고 있다는 점이다. 때문에 시선을 전체로 분산

시키는 그림9와 달리 그림8의 타
이완 전체지도를 바라보는 독자
의 시선은 토번지역에 고정된다.
이를 고려한 듯 지도를 설명하는
문자도 토번을 중심으로 배열되
어 있다. 그 결과 지도의 오른쪽
에 배치된 "이번에 우리 정부가
병사를 보내어 우선 지나령(支那
領)의 경계로부터 남쪽지역을 약
취(略取)하여 식민지로 삼고, 이후
북쪽 지나령 경계의 남쪽지역에
병사를 두어 점차 개척하고 (중략)
토번을 교도하여 우리 황국의 판

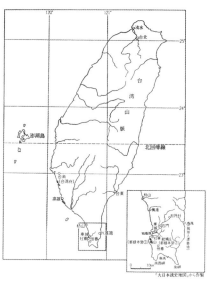

그림9 | 石井孝, 『明治初期の日本と東ア
ジア』, 有隣堂, 1982, 2쪽에서 인용

도를 넓히고자 한다"는 기사 내용을 독자들에게 시각적으로 명확히 전
달할 뿐만 아니라, 기사 내용에서는 전달할 수 없었던 넓어지는 황국의
판도를 독자들이 구체적으로 인식하게 만든다.

이외에도 「타이완신보」에는 삽화가 한 장 더 있다(그림10). 이것은 전
체 지면 중 '타이완신보 제13호'라는 제목과 함께 1단 왼쪽에 배치되어
있다. 삽화의 오른쪽 끝에는 "사료(社寮) 랑교(琅崎) 차성(車城) 근처 인
종은 마라이(マライ)와 지나(支那)의 혼혈이다"라고 적혀 있고, 육지 쪽에
'이곳에서 남쪽은 도키도쿠(トキトク) 지배'[35], '사료(社寮) 촌가(村家)',

---

35) '도키도쿠'는 타이완 남부의 산에 거주하는 생번(生蕃) 18사(社)의 촌장 이름.

그림10 | 「台信報」 第13, 『東京日日新聞』 第712, 1874.6.10.

'도독부', '진영(陣營)', '랑교', '강이 있다', '차성(車城) 촌가', '이 근처가 목단 인종'의 순서로 적혀 있다. 바다 쪽에는 선박 6척이 그려져 있고 손가락 표시와 함께 '서(西) 아모이(廈門)'라 적혀 있다. 이처럼 그림10의 삽화는 바다 쪽에서 지형 전체를 조망하는 시선을 취함으로써 일본군이 주둔하고 있는 타이완 서남부 해안지역을 한눈에 파악할 수 있도록 되어 있다. 그 결과 2단부터 3단까지 이어지는 기사 내용, 즉 '기자 긴코'가 '타이완 신문 탐방'을 위해 5월 17일 12시 나가사키를 출발하여 같은 달 22일 아침 7시 타이완 서남부 해안 차성에 도착한 경위, 도착 당시 '당국(唐國) 군함 2척'과 '영국 군함 1척'이 정박해 있던 상황, 그리고 '목단 인종의 동정'[36] 등을 이해하는 데 도움을 준다.

그렇다면 독자들은 그림10의 삽화에 그려진 선박 6척 중 어느 것을 일본국의 전함으로 인식했을까? 이에 대한 해답을 찾기 위해 다음 글을 참고하고자 한다.

개력(改曆)한 이후 오절구(五節句) [37]나 봉(盆)과 같은 중요한 날을 없애고 천장절(天長節) [38]과 기원절(紀元節) 등 이유도 모르는 날을 축하한다. (중략) 이렇듯 세상의 인심에도 없는 날을 축하하기 위해 정부가 강제로 아카마루 (赤丸, 히노마루 모양을 의미함 — 인용자)를 파는 간판 같은 깃발이나 조칭(提灯) 을 들고 나오라는 것은 더더욱 듣도 보도 못한 도리이다. [39]

이것은 1872년 태양력을 채택한 일본정부가 태음력에 기초한 전통 명절들을 폐지하고 천장절이나 기원절과 같이 근대 천황제와 관련된 경축일을 새롭게 제정했지만, 이에 대한 인민의 저항이 있었음을 확인하기 위해 종종 인용되는 사료이다. 하지만 여기에서 중요한 것은 정부가 이제 막 형성되기 시작한 국민들에게 천황과 관련된 새로운 경축일에 일본국을 상징하는 '아카마루를 파는 간판과 같은 깃발이나 조칭'을 들

---

36) '목단 인종의 동정'으로는 5월 17일 척후병 2명과 목단인이 충돌한 결과, 척후병 1명이 부상당한 것, 같은 달 21일 일본군 10명이 충돌하여 목단인 1명을 살해하고 3명이 부상당한 것, 같은 달 22일 일본군 2소대가 석문에서 목단인과 교전하여 목단인 추장을 살해하고 3명이 전사한 것을 전하고 있다. 참고로 22일 석문전투는 『도쿄니치니치신문』 제720호에 이미지화되어 실렸다. 이에 대해서는 니시키에를 검토하면서 함께 언급하고자 한다.

37) 음력에 따른 다섯 명절. 인일(人日, 1월 7일), 상사(上巳, 3월 3일), 단오(端午, 5월 5일), 칠석 (七夕, 7월 7일), 중양(重陽, 9월 9일).

38) 천황의 탄생을 경축하는 휴일.

39) 小川為治, 『開化問答』 2編卷上, 丸屋善七等, 1875, 55쪽

고 나오도록 강제했다는 점이고, 그 결과 좋든 싫든 '히노마루'가 이제 막 형성되기 시작한 일본국의 상징으로 받아들여지기 시작했다는 점이다. 그리고 이러한 상황을 고려했을 때, 당시의 독자(국민)들은 아마도 그림10의 삽화에서 히노마루를 연상시키는 원이 그려진 깃발을 단 왼쪽 선박 3척을 일본국의 전함이라고 인식했을 것이다. 그리고 그렇지 않은 오른쪽의 선박 3척은 기사 내용에 따라 당연히 '당국(唐國) 군함 2척'과 '영국 군함 1척'으로 인식했을 것이다. 이렇듯 그림10의 삽화는 히노마루라는 국가적 상징 장치를 시각적으로 제시함으로써 정박한 선박 중 어느 쪽이 일본군의 전함인지 독자들이 인식할 수 있게 만들 뿐만 아니라, 히노마루를 매개로 피아를 구분하는 스스로를 일본 국민이라고 자각하게 만들고 있는 것이다.[40]

이상과 같이 타이완침공 관련 특집기사였던 「타이완신보」와 「타이완수고」에 실린 삽화들은 주로 현지 취재한 기사의 내용을 시각적으로 보완해주는 성격이 강했다. 하지만 문자로는 전달하기 까다롭거나 어려운 내용들을 시각적으로 보여주는 삽화의 특징이 타이완침공이라는 대외전쟁과 결합된 결과, 타이완침공 관련 기사와 함께 실린 삽화는 이제 막 형성되기 시작한 일본 국민이 일본국을 인식하고 확인하는 계기가 되기도 했다. 그리고 이렇게 시각화된 타이완침공의 이미지는 니시키에판 『도쿄니치니치신문』을 통해서 독자(국민)들에게 더 구체적으로 유포되기 시작했다.

---

40) 기시다는 이후에도 "일장(日章)의 국기(国旗)"라는 표현을 반복적으로 사용하고 있다 (1874.7.25, 「台湾信報」 第25号, 『東京日日新聞』 第752号).

2부 국민과 신민의 렌즈, 서로 교차하는 초점

3. 니시키에판『도쿄니치니치신문』과 타이완침공

니시키에 신문의 효시로 알려진 니시키에판『도쿄니치니치신문』은 1874년 8월에 처음 발행되었다.『도쿄니치니치신문』의 기사 중 국내 뉴스를 다루는「강호총담(江湖叢談)」에서 이미 보도되었던 진기한 사건을 골라서 니시키에로 시각화하고 난해한 문장을 평이하게 바꾸어 문자를 모르는 사람도 쉽게 이해할 수 있도록 제작되었다.

이렇게 시작된 니시키에판『도쿄니치니치신문』은 1876년 12월까지 총 114점 발행되었다.[41] 이 중 타이완침공 관련 니시키에는 총 8장으로 전체의 약 7퍼센트를 차지하고, 단일 소재로는 가장 많다.

그중 첫 번째가 1874년 9월자로 발행된 그림11이다.[42] 여기에는 다음과 같은 설명이 적혀 있다.

기시다 긴코는 신문 탐방을 위해 육군과 함께 타이완에 2개월 머무르는 동안, 여러 번(蕃, 원주민을 의미함 — 인용자)들이 항복한 뒤 종종 목단 생번지역을 유보(遊步)했다. 그중 돌아오는 길에 신발을 벗고 석문(石門)의 하천을 건너려고 할 때, 토인(土人)이 다가와 업어서 건네주겠다고 말했다. 긴코는 거절했지만 거듭 건네주겠다고 해서 그에게 업혔지만, 힘이 약해서 일어나지

---

41) 앞의 千葉市美術館(2008), 6쪽. 쓰치야 레이코(土屋礼子)는 총 10점이라고 하지만(앞의 土屋礼子(2005), 224쪽), 니시키에판『도쿄니치니치신문』 전체를 수록한 千葉市美術館(2008)에 따르면 총 8점이다. 참고로 쓰치야 레이코는 니시키에판『도쿄니치니치신문』의 총수도 113점이라고 하지만, 千葉市美術館(2008)에는 114점이 실려 있다.

42) 위의 책, 19쪽.

제5장 최초의 대외 전쟁과 프로파간다

181

도 못했다. 살이 찐 긴코의 체중은 약 23관목(貫目, 약 87킬로그램)이다.

여기에서는 타이완침공 관련 내용이라기보다 기시다 긴코가 육군과 함께 타이완에 있었을 당시의 일화가 서술되고 있다. 물론 여기에도 기시다 긴코의 얼굴색과 확연히 구분되는 짙은 갈색의 타이완 토인을 그림으로써 타이완 토인(원주민)과 기시다 긴코(일본인)를 구분하려는 의도가 엿보인다. 그렇다 하더라도 그 뒤로 보이는 생번부인(生蕃婦人)의 얼굴색이 타이완 토인보다 기시다에 가깝게 그려진 것으로 보아, 타이완 토인과 기시다의 얼굴색 차이는 타이완 토인보다 오히려 기시다를 부각하기 위해서라고 생각된다. 따라서 이것의 주안점은 타이완침공이 아니라 기시다 긴코가 신문 탐방을 위해 육군과 함께 타이완에 2개월 동안 머물렀다는 사실(fact)을 강조하기 위한 것으로 생각된다. 더군다나 이것이 발행된 9월은 이미 기시다도 귀국하고 「타이완신보」와 「타이완수고」의 연재도 거의 마무리되는 단계였다. 따라서 니시키에판을 발행하기 시작한 도쿄니치니치 신문사로서는 영업적인 측면에서 기시다의 타이완침공 종군(현장 취재)이

그림11 | 『東京日日新聞』 第736, 一蕙芳幾, 1874.9(본래 기사 1874.7.6.)

라는 세일즈포인트를 다시 한 번 선전할 필요가 있었고, 그림11은 이러한 신문사의 의도를 충실히 반영한 결과라 생각된다.

그렇다면 이후에 발행된 타이완침공 관련 니시키에는 어떠한 내용들을 시각화했을까? 우선 니시키에의 주제는 일본군과 생번의 전투장면(그림12, 13), 청과 협상하는 장면(그림18), 타이완 소녀(그림17), 항복하는 생번(그림16), 오쿠보의 귀국(그림19), 기타(그림15) 등으로 구분된다. 이 중에서 일본군과 생번의 전투장면은 5월 22일 일본군 2소대가 석문에서 생번과 교전을 벌여 추장을 살해한 사건을 시각화한 것이고, 다른 주제와 달리 모두 연속 세 장으로 이루어져 있다. 그림12의 왼쪽 상단에는 다음과 같은 내용이 적혀 있다.

때는 메이지 7년. 일본국의 군사들이 타이완 생번의 포악을 징벌하고자 타이완 섬에 박래(舶來)했다. 그런데 부교(不敎, 교화되지 못함을 의미함 — 인용자)의 오랑캐[夷]들이 인리(人理)를 모르고 저항하니, 마침내 5월 황국의 병위(兵威)로 이를 제압하고자 동국(同國) 차성(車城)의 동쪽으로 3리 정도 들어가 목단인종의 소굴을 습격했다. (중략) 기세에 압도된 번인들이 항복하고 사죄하여 일본의 천위(天威, 천황의 위광을 의미함 — 인용자)를 만국에 빛낸 것이 5월 22일 동틀 무렵 석문의 일전이다.[43]

이 사건에서는 일본군도 3명 전사하는 등 피해가 적지 않았다. 하지만 이에 대한 언급은 전혀 하지 않고, 오히려 '일본국의 군사', '황국의

_____

43) 위의 책, 30~31쪽.

그림12 | 『東京日日新聞』第712, 一蕙芳幾, 1874.10(본래 기사 1874.6.10.)

그림13 | 「日報社台記事石門口勝之」, 『東京日日新聞』, 一蕙芳幾, 1874.10
(본래 기사 없음)

그림14 | 「山口下賊徒追討」, 『東京日日新聞』, 芳邨, 1876.11.22
(본래 기사 없음)

그림15 | 『東京日日新聞』第851, 一蕙芳幾, 발행일자 없음(본래 기사 1874.11.14.)
그림16 | 『東京日日新聞』第752, 一蕙芳幾, 1874.10(본래 기사 1874.7.25.)

병위', '일본의 천위'라는 표현을 사용하면서 일본국의 국력과 군사력을 '만국에 빛낸 것'으로 평가하고 있다. 이러한 평가는 문자로 적어놓은 설명을 보지 않더라도 세 장으로 연결된 화면 중 두 장에 걸쳐 배치된 일본군이 수급한 생번의 머리를 들고 멀리 도망치는 적들을 노려보는 모습과, 화면 아래쪽과 왼쪽에 배치된 왜소한 생번이 겁에 질려 도망가는 모습을 시각적으로 확인하는 것만으로도 독자들에게 충분히 전달된다. 그런데 여기에서 중요한 것은 그러한 일본군의 의상이 사무라이의 전통 복장이 아니라 통일된 서양식 군복이라는 점이다. 물론 당시의 일본군 은 실시된 지 얼마 되지는 않았지만 엄연히 징병제에 의해서 징집 또는

그림17 | 『東京日日新聞』 第726, 一蕙芳幾,
1874.10.

지원한 군인들이었기에, 이들의 의상은 통일된 서양식 군복일 수밖에 없다. 하지만 이러한 일본군의 외양이, 어둡고 통일되지 못한 전통복장의 생번과 시각적으로 대비되는 순간, 일본국이라는 국가권력에 의해서 통일된 서양식 군복이야말로 일본군의 용맹성을 드러내는 핵심적인 시각 장치로 기능하게 된다.

이렇듯 통일된 서양식 군복으로 일본군의 용맹성을 드러내는 방식은 당시의 사족 반란을 소재로 삼은 니시키에서도 나타난다. 그림14는 1876년 10월 27일 마에바라 잇세이(前原一誠)가 야마구치현(山口縣)에서 일으킨 하기(萩)의 난을 그린 것으로, 전투가 시작되기 전 정부군과 사족군이 대치하고 있는 장면이다.[44] 그런데 이를 보는 독자들은 그 결과를 알든 모르든, 이 장면만으로도 사족군과 대비되는 정부군의 용맹성을 인식하게 되는데, 여기에서도 이를 가능하게 만드는 시각적 장치가 왼쪽 상단에 배치된 전통복장의 사족군과 명확히 구분되는 통일된 검은색 서양식 군복을 입은 정부군의 모습이다.

44) 위의 책, 80~81쪽.

그림18 | 「皇支那和議決約之」,『東京日日新聞』第847, 一蕙芳幾, 1874.11
(본래 기사 1874.11.12.)

하지만 타이완침공 당시 일본군은 앞의 그림12와 그림13이 주제로
삼은 5월 22일 전투에서도 3명이 전사했고, 현지의 열대성 질병으로 약
500여 명이 사망하는 등 승승장구 일변도만은 아니었다.[45] 이러한 일본
군의 현실은 타이완침공에서 병사한 '의제(義弟)'가 서양식 군복을 갖춰
입고 꿈에 나타나 "다녀왔습니다"라고 말했다는 애절한 이야기로 표출되
기도 했다(그림15).[46] 당시의 국민들에게 서양식 군복을 입은 일본군의
모습은 그림16과 같이 항복하는 생번에 대한 우월감의 표시이기도 했지
만, 이제 막 실시된 징병제에 대한 막연한 두려움이기도 했던 것이다.

---

45) 앞의 한중일3국공동역사편찬위원회(2012), 55쪽.
46) 그림15와 그림은 동일하지만 타이완침공 관련 내용이 삭제된 니시키에가 존재한다. 아마
도 정부의 검열이 작용한 듯하다. 앞의 千葉市美術館(2008), 99쪽.

그림19 | 『東京日日新聞』第849, 一薫
芳幾, 발행일자 없음(본래 기사
1874.11.12.)

그럼에도 타이완침공을 주제로 삼은 니시키에는 '타이완 소녀'에게 일본의 전통복장을 입혀주는 행위를 그려내는 등 생번에 대한 우월감을 일관되게 시각적으로 표출하고 있고(그림17),[47] 이러한 우월감은 10월 31일 청과의 협상이 일본에 유리하게 타결되자 청을 향해서도 표출되기 시작했다. 그림18은 청과의 협상이 타결된 이후인 11월에 발행된 「황국지나화의결약지도(皇國支那和議決約之図)」이다.[48] 여기에서는 오른쪽의 집단이 일본 측이라는 것을 히노마루와 검은색 서양식 복장 또는 군복으로 나타낸 반면, 왼쪽의 집단이 청 측이라는 것은 전통적인 머리모양과 복장으로 나타내고 있다. 그런데 여기에서 주목해야 할 것은 칼을 거의 지니고 있지 않은 청 측에 비해 일본 측 대부분은 칼을 지니고 있다는 점, 그리고 아래쪽 설명문이 "대신(大臣) 오쿠보 공의 영단으로 공법통의(公法通義, 만국공법을 의미함 ― 인용자)에 따라 이 미거(美擧, 협상 타결을 의미함 ― 인용자)를 이루어낸 것은 국가의 행복으로 후

---

47) 위의 책, 33쪽.
48) 위의 책, 42~43쪽.

세의 역사에 기록함에 부족하지 않다. 어찌 경하하지 않으리오"라고 글을 맺고 있다는 점이다. 이것은 독자들에게 만국공법이 어디까지나 칼(군사력)에 기초한 약육강식의 논리이고, 이를 근거로 실행한 타이완침공에서 청에게 50만 냥의 배상금을 받아낸 것이야말로 '국가의 행복'이라는 점을 시각적으로 인식하게 만들고 있다. 그리고 이러한 국가의 행복은 "히노마루 국기를 실내에 장식하고 친척과 친구들을 초대하여 연회"를 벌인 '사쿠라(佐倉)의 구시도(串度) 씨'의 경우처럼 어느새 일본 국민의 행복으로 치환되고 있다(그림19).[49] 다시 말해서 타이완침공을 그린 니시키에는 독자들로 하여금 자신의 행복과 일본국의 행복이 일치될 수도 있음을 시각적으로 보여줌으로써 스스로를 일본 국민으로 인식하게 만드는 역할을 수행했던 것이다.[50]

4. 나오며: 재생산되는 타이완침공의 이미지

그렇다면 이러한 타이완침공의 이미지는 이후 어떻게 재생산되어 유포되었을까? 그 사례로 타이완침공이 마무리된 직후에 간행된 『메이지태평기(明治太平記)』의 삽화들을 검토하면서 이 글을 마치고자 한다.

『메이지태평기』는 총 13편으로 구성되어 있고, 1868년 왕정복고 쿠

---

49) 위의 책, 97쪽.
50) 근대 일본에서 국민의 행복이 탄생하는 과정, 그리고 이것이 신민의 행복으로 변화되는 과정은 본서 제1부 제3장 참조.

데타 이후 발생한 주요 사건들을 다루고 있다. 이 중에서 타이완침공은 '8편 하', '11편 상'에서 다뤄지고 있다.

『메이지태평기』의 삽화는 타이완 전체 지도를 그린 그림20이 「타이완신보」에 실린 타이완 전체 지도 그림8과 동일한 구도로 되어 있는 것에서도 알 수 있듯이, 기시다가 보도한 「타이완신보」나 「타이완수고」의 기사 내용뿐만 아니라 삽화도 많이 참고했음을 알 수 있다.

「타이완신보」나 「타이완수고」는 보도기사였던 만큼 사실성을 견지하고 있었고, 적어도 미디어의 성격을 지니는 니시키에판『도쿄니치니치신문』의 경우도 기시다의 기사를 토대로 작성되었던 만큼 사실성은 견지되어 있었다. 따라서 타이완 '생번'에 대한 기사 중 기시다가 직접 보고 들은 것이 아닌 경우는 삽화로 시각화되지 않았다. 예를 들어, 아직 나가사키에 머물면서 타이완으로의 출항을 기다리며 작성한 기사에서는 류큐인을 살해한 타이완 원주민(생번)에 대해 "성품이 포악하여 인류라 할 수 없고, 싸움을 좋아하며 패자의 육신을 먹는다"[51]고 설명했지만, 현지에 도착한 이후에는 '식인'풍습에 대한 언급이 전혀 없을 뿐만 아니라 생번 여성의 외모에 대해서도 "입술에 연지를 바르는 등 일본 여성의 입술과 조금도 다르지 않다"[52]고 설명하고 그들의 얼굴 생김새를 왜곡 없이 그대로 보여주고 있다(그림5 참조). 식인풍습은 기시다가 현지에서 직접 확인한 것이 아니었던 만큼 시각화되지 않았던 것이다.

하지만 『메이지태평기』와 같이 일본국의 영광을 그리는 이야기에서

---

51) 1874.5.15, 「台湾信報」第7号, 『東京日日新聞』第688号.
52) 1874.8.9, 「台湾手藁」, 『東京日日新聞』第766号.

그림20 | 村井馬, 『明治太平記』 8編 下, 東京書林, 1875~1877, 12~13쪽

그림21 | 村井馬, 『明治太平記』 8編 下, 東京書林, 1875~1877, 4~5쪽

그림22 | 村井馬, 『明治太平記』9編 上, 東京書林, 1875~1877, 19쪽
그림23 | 村井馬, 『明治太平記』11編 上, 東京書林, 1875~1877, 4~5쪽

2부 국민과 신민의 렌즈, 서로 교차하는 초점

는 타이완 생번이 그림21과 같이 식인하는 장면을 상상하여 시각화하고, 그 결과 타이완 생번의 야만성이 강조되는 만큼 일본 국민의 문명성은 상대적으로 높아진다. 다시 말해서 기시다의 보도기사와 함께 실린 삽화와 니시키에를 통해서 만들어진 타이완침공의 표상은 청의 배상금이라는 일본국의 행복과 함께 점차 확대 재생산되어 야만의 타이완 생번과 문명의 일본 국민을 기정사실화하는 재료로 기능하기 시작한 것이다. 그리고 이러한 일본국의 행복을 위해서는 "승려나 평민에 이르기까지 국가를 위해 목숨을 새털처럼 가볍게 여기는"[53] 일본군의 존재가 강조된다. 예를 들어, 6월 1일부터 3일까지 실시된 대대적인 목단사 소멸작전을 서술하면서 히노마루를 들고 선봉에 서서 동료들을 챙기며 험준한 산을 올라가는 일본군을 제시함으로써, 이들을 통해 일본국의 행복이 만들어졌다는 메시지가 반복적으로 독자(일본 국민)들에게 전달되는 것이다(그림22).

이런 의미에서 타이완침공이, 막부 말기부터 논의만 무성할 뿐 정작 실행에 옮겨지지 못했던 정한(征韓)을 그다음 해에 바로 실행할 수 있도록 만든 국가적 차원의 경험이었다면, 기시다의 종군보도와 삽화 및 니시키에를 통해서 유포된 타이완침공의 이미지는 정한을 구체적으로 이미지화할 수 있도록 만든 국민적 차원의 경험이었던 것이다. 타이완침공에 이은 강화도사건의 서술이 히노마루를 들고 밝은 표정으로 '한도(韓島)의 영종성(永宗城)'을 습격하는 '운양함(雲楊艦)의 병사'들을 시각화한 니시키에로 시작되는 것은 이를 상징적으로 보여준다고 할 수 있다(그림23).

---

53) 村井静馬, 『明治太平記』10編 下, 東京書林, 1875~1877, 16쪽.

제6장

책봉·조공에서 만국공법으로

1870년대 메이지 건백서를 중심으로

1. 들어가며

1840~1842년 아편전쟁에서 패배한 청이 서양 각국과 불평등한 조약관계를 맺은 이후, 일본과 류큐왕국도 서양 각국과의 조약관계에 편입되고,[1] 청이 병인양요(1866)와 신미양요(1871)에서 조선에 대한 불간섭정책을 펼침으로써 동아시아 지역질서였던 책봉·조공관계[2]는 그 기능을 상실해갔다.[3]

이런 의미에서 1871년 체결되고 1873년 비준을 거친 청일수호조규는 아편전쟁 못지않은 중요한 의미를 지닌다. 동아시아 지역에 위치한 국가 사이에 처음으로 평등한 조약관계를 맺음으로써, 앞으로 동아시아

---

1) 류큐왕국은 미일화친조약 체결에 성공한 페리(Matthew C. Perry)와 1854년 7월 통상조약을 맺었다. 이후에도 1855년에 프랑스, 1859년에 네덜란드와 통상조약을 체결했다. 따라서 1872년 일본정부가 류큐왕국을 류큐번으로 설치하기까지 류큐왕국은 적어도 서양 각국으로부터 국가로 인정받고 있었다. 紙屋敦之, 『日本史リブレット43 琉球と日本·中国』, 山川出版社, 2003 참조.

2) 책봉·조공관계의 개념은 한중일3국공동역사편찬위원회, 『한중일이 함께 쓴 동아시아 근현대사』 1, 휴머니스트, 2012, 33~34쪽 참조.

3) 병인양요와 신미양요 당시 청의 조선정책에 대해서는 권혁수, 『근대 한중관계사의 재조명』, 혜안, 2007 참조.

의 지역질서가 기존의 책봉·조공관계와는 다르게 전개될 것임을 가시적으로 드러냈기 때문이다.

이후 1873년 일본정부 내부의 정한(征韓)논쟁에 이은 강화도사건과 1876년 조일수호조규 체결, 1871년 류큐문제 대두와 1874년 일본의 타이완침공 및 1879년 일본의 류큐병합 등 동아시아 지역질서의 변동을 야기한 일련의 사건들이 1870년대에 집중적으로 발생했다(표1 참조). 그 결과 청일전쟁 이후, 청일 간에 체결된 시모노세키조약(1895)과 한청 양국 간에 맺어진 한청통상조약(1899)으로 한중일 3국 간에 새로운 관계 설정이 시도될 때까지, 동아시아 지역에서는 만국공법에 기초한 청·일, 조·일의 조약관계와, 중화질서에 기초한 조·청의 책봉·조공관계가 공존했다.[4]

이처럼 1871년 청일수호조규 체결로 시작하여 1876년 조일수호조규 체결을 거쳐 1879년 일본의 류큐병합으로 이어진 1870년대는 동아

---

4) 최근 한국 학계와 일본 학계 일각에서는 청일수호조규와 조일수호조규 모두 조약이 아니라 조규라는 용어를 사용하고 있다는 점에 주목하여, 1870년대 동아시아 지역질서를 조공과 조약에 의한 이분법적 도식으로만 설명하지 않고 과도기적 형태인 조규체제라 규정하며 근대전환기 동아시아의 국제질서를 재검토하려는 움직임이 있다. 한국 학계의 연구 성과로는 김민규, 「근대 동아시아 국제질서의 변용과 청일수호조규(1871년)-'조규체제'의 생성」, 『대동문화연구』 제41집, 성균관대학교 대동문화연구원, 2002 ; 김민규, 「근대 동아시아 국제질서의 변용과 조선-'조규체제'의 성립과 와해」, 한국사연구회 편 『한국사의 국제환경과 민족문화』, 경인문화사, 2002 ; 김민규, 「조규? 조약!」, 『역사비평』 75, 역사비평사, 2006 등이 있다. 일본 학계의 최근 연구로는 川島真·服部龍二, 『東アジア国際政治史』, 名古屋大学出版会, 2007 ; 三谷博·並木頼寿·月脚達彦, 『大人のための近現代史 19世紀編』, 東京大学出版会, 2009 ; 和田春樹·後藤乾一·木畑洋一·山室信一·趙景達·中野聡·川島真, 『岩波講座 東アジア近現代通史1 東アジア世界の近代』, 岩波書店, 2010 등이 있다.

　　　　　　　　　　　2부 국민과 신민의 렌즈, 서로 교차하는 초점

1868년 12월 19일	사쓰마번(對馬藩) 가로(家老) 히구치 데쓰지로(樋口鐵四郎)가 부산에 도착하여 신정부 성립 통고서 제출, 조선은 접수 거부(서계논쟁 시작).
1869년 3월 7일	도쿄(東京)에 공의소(公議所) 설치.
12일	도쿄성(東京城)에 대조국(待詔局) 설치.
5월 18일	보신전쟁(戊辰戰爭) 종결.
6월 17일	판적봉환.
24일	러시아가 가라후토(樺太, 사할린)의 하코도마리(函泊)를 점령하고 병영과 진지 구축.
12월 3일	기도 다카요시(木戸孝允)를 청·조 전권대사로 임명.
24일	외무대승(外務大丞) 마루야마 사쿠라(丸山作樂), 가라후토 하코도마리에서 러일관계 조정 교섭.
1870년 2월 13일	가라후토 개척사 설치.
14일	외무경 사와 노부요시(澤宣嘉), 미 공사 데롱에게 라후토 국경문제 알선 요청.
22일	외무성 출사 사다 하쿠보(佐田白芽) 부산 초량공관 도착(국서 접수 교섭. 조선 응하지 않음).
5월 28일	공의소 대신 집의원(集議院) 설치.
6월 29일	외무권대승(外務省權大丞) 야나기와라 사키미츠(柳原前光)에게 수교교섭을 위한 청국 파견 명령.
8월 9일	야나기와라 사절단 상해로 출발, 9월 4일 천진 도착.
9월 18일	요시오카 고키(吉岡弘毅)의 조선 파견(11월 3일, 부산 초량왜관 도착).
1871년 3월 22일	외무권대승(外務省權大丞) 마루야마 사쿠라(丸山作樂) 정한(征韓) 음모로 구금.
4월 27일	대장경 다테 무네나리(伊達宗城)를 흠차전권대사로 조약교섭을 위해 청으로 파견 결정(5월 17일 출발, 6월 7일 텐진 도착).
5월 10일	외무성, 청일공수동맹 체결 소문은 사실무근이라는 성명 발표.
7월 14일	폐번치현.
29일	이즈하라 번지사 소 시게마사(宗重正)를 외무대승에 임명.
	텐진(天津)에서 청일수호조규·통상장정·해관세칙 조인. 조규 제2조 문제화(1873년 4월 30일 비준서 교환).
10월 18일	타이완(台湾)에서 류큐인(琉球人) 조난사건 발생.
1872년 5월 23일	메이지 천황 서국순행(西國巡幸)(7월 12일 귀경).
28일	조선 초량 공관사무를 소(宗) 씨로부터 이관하여 외무성의 소관으로 삼음.
30일	대장대보(大藏大輔) 이노우에 가오루(井上馨)의 '류큐처분(琉球處分)' 건의서.

	6월 7일	류큐인 생존자 나하(那覇) 귀환.
	7월 28일	가고시마현(鹿兒島縣) 현참사(縣參事) 오야마 쓰나요시(大山綱良) 정대(征台) 주장.
	8월 3일	학제 발포.
	18일	외무대승 하나부사 요시토모(花房義質) 일행 조선 파견(森山茂·廣津弘信).
	9월 14일	류큐사신 도쿄 도착, 류큐번왕(琉球藩王)을 화족(華族)에 임명.
	16일	하나부사 일행 왜관 도착, 왜관 불법 점거(22일 철수).
	28일	류큐번(琉球藩)의 '각국과의 교제사무'를 외무성으로 이관.
	11월 9일	태양력 채용.
	28일	징병령 발포.
1873년	3월 13일	특명전권대사 소에지마 다네오미(副島種臣)가 청일수호조규 비준교환과 동치제(同治帝) 친정을 경하하기 위해 북경으로 출발(7월 26일 소에지마 귀국).
	4월 30일	톈진에서 리훙장 등 청 측 대표와 조규비준서 교환(5월 7일 베이징 도착, 황제 알현 예의를 둘러싼 의견 대립).
	5월	구로다 기요타카(黑田清隆)의 가라후토(樺太) 포기 건의.
	6월 21일	청의 총리아문에서 타이완(台湾)·류큐(琉球) 문제 거론.
	29일	특명전권대사 소에지마 삼읍(三揖)의 예로 청국 황제 알현, 국서 제출.
	7월 28일	지조개정 조례 포고.
	8월 3일	참의(參議) 사이고 다카모리(西鄕隆盛) 각의에서 정한을 결정하라는 의견서 제출.
	17일	각의에서 사이고의 조선 파견 결정.
	10월 15일	각의에서 다시 사이고의 조선 파견 결정.
	17일	기도, 오쿠보, 오쿠마, 오키 등 사이고 파견을 반대하며 사표 제출.
	24일	조선 파견 무기 연기, 사이고 사직.
	25일	소에지마, 고토 쇼지로, 이타가키, 에토 심페이(江藤新平) 등 사직.
	10월 28일	외무경 데라지마 무네노리(寺島宗則)(~1879년 9월 10일) 취임.
	12월 3일	러시아 임시대리공사 하나부사 취임(12월 9일 출발).
1874년	1월 12일	에노모토 다케아키(榎本武揚) 해군 중장 및 러시아 전권공사 임명(결정은 10일).
	14일	정한파 고치현(高知縣) 사족(士族) 다케이치 구마키치(武市熊吉) 등이 이와쿠라(岩倉)를 피격.
	17일	민선의원설립건백서 제출.
	21일	러시아 임시대리공사 우라로스키가 지시마(千島)·가라후토(樺太) 교환을 외무경 데라지마에게 제의.

2월 4일	에토 심페이 등 사가(佐賀)에서 반란(3월 1일 반란 진압).
6일	타이완침공 각의 결정.
4월 4일	타이완번지사무도독(台湾番地事務都督) 설치.
9일	사이고 쓰구미치(西郷從道)를 타이완번지사무도독에 임명, 타이완으로 출발.
19일	타이완침공 중지 결정. 나가사키(長崎)에서 사이고 쓰구미치가 강력 반발.
5월 4일	타이완침공 다시 결정(5월 17일 나가사키 출발. 22일 타이완 상륙).
6월 4일	청의 총리아문으로부터 영토 침범이라는 통보를 받음.
10일	에노모토 다케아키 페테르부르크 도착.
7월 9일	태정관, 타이완 문제와 관련하여 청과의 개전도 불사할 것을 결정.
12일	류큐번의 관할을 외무성에서 내무성으로 이관.
8월 1일	타이완 문제 교섭을 위해 전권변리대신 오쿠보 도시미치(大久保利通)를 청으로 파견 결정(8월 6일 도쿄 출발, 9월 10일 베이징 도착).
9월 14일	오쿠보가 공친왕(恭親王)과 타이완 문제 교섭 개시.
10월 31일	타이완 문제 타결(일청양국간교환조관급호환풍장(日清兩國間交換條款及互換馮章) 조인).
11월 13일	타이완 파견 군대 철수 명령.
14일	주러공사 에노모토의 러일국경 획정교섭 시작(~1875년 3월 24일).
26일	오쿠보 도시미치 등 청에서 귀국.
1875년 2월 11일	오사카회의.
22일	입지사(立志社), 각지의 자유민권 정사(政社)에 호소, 애국당 결성.
4월 14일	점차입헌정체를 수립한다는 조서 발표.
5월 7일	지시마·가라후토교환조약및부속문서(樺太千島交換條約及び付屬文書) 조인(8월 22일 비준서 교환).
25일	군함 운요호(雲揚号) 부산에 입항(조선 방문 중인 모리야마 시게루(森山茂)의 교섭 원조와 조선 위협을 위해).
6월 28일	참방률·신문지조례 제정.
9월 20일	강화도사건 발생.
12월 9일	개척장관 쿠로다 키요타카(黑田清隆)를 특명전권변리대신에 임명하여 조선에 파견.
27일	이노우에 가오루(井上馨) 조선 파견 결정(1876년 1월 6일 도쿄 출발).
1876년 2월 26일	조일수호조규 조인(3월 22일 비준서 교환).
5월 17일	류큐번의 재판권·경찰권을 내무성 소속으로 함.
10월 24일	신풍련(神風連)의난 발생.

28일	오기(荻)의 난 발생.
12월 19일	미에현(三重縣) 이세폭동(伊勢暴動).
	*1875년부터 76년에 걸쳐 사족 민권파의 급진적인 정치평론 잡지 다수 발행됨.
1877년 1월 4일	지조감면조서 발표.
30일	서남전쟁 발발(~9월 24일 서남전쟁 종결).
6월 12일	정부, 입지사(立志社) 총대 가타오카 겐키치(片岡健吉)의 국회 개설 건백서 각하.
1879년 3월 11일	류큐번 왕에게 폐번치현 통보, 번왕의 도쿄 거주 명령.
4월 4일	류큐번(琉球藩)을 폐하고 오키나와현(沖繩縣)을 설치.
5월 20일	청국 공사, 류큐의 폐번치현은 승인하기 어렵다며 항의.
27일	외무경 데라지마는 내정 간섭이라며 거부.
7월 3일	류큐 귀속문제에 대한 청일 간 조정을 위해 전 미 대통령 그랜트 일본 방문.
	*전국적으로 정담(政談) 연설회가 활발하게 개최됨.
1880년 3월 15일	애국사 제4회 대회 개최(3월 17일 국회기성동맹 결성, 국회개설청원서 제출).
10월 21일	주청공사(駐淸公使) 시시도(宍戶) 청과 류큐 분할·최혜국대우에 관한 조약안 의정(議定).
11월 11일	리훙장, 조약 반대를 청 황제에게 상주(上奏).

표1 | 1870년대 주요 사건 연표(1872년까지는 음력 표기)

시아의 지역질서가 내부적으로 동요하기 시작한 시기였고, 여기에는 일본이 모든 사안에 공통분모로 등장한다.

본장에서는 일본정부가 청·조선·류큐왕국에 새로운 관계 설정을 밀어붙인 결과, 책봉·조공관계와 조약관계가 공존하기 시작한 1870년대 동아시아 지역질서 속에서 일본 국민의 동아시아 인식이 국가 차원의 외교·군사 정책과 서로 어떻게 관계를 맺으며 변화했는지 알아보고자 한다. 구체적인 분석 대상은 동아시아 지역질서의 변동을 야기한 일련의 사건들이 집중적으로 발생한 1870년대의 건백서이다.

근대 국민국가는 자국과 타국의 경계를 명확히 구분하는 국경과 함께, 그 속에서 생활을 영위하며 국가적 과제를 자발적으로 떠안는 국민을 필요로 한다. 이런 의미에서 건백서는 종래의 연구들이 주로 분석한 신문·잡지의 기사 및 논설이나 개별 사상가·정치가의 논저들과는 그 성격을 달리한다.[5] 물론 건백서이든 신문·잡지의 기사이든 아직 국회가 개설되지 않았던 시대적 상황을 배경으로 하기 때문에, 일차적으로는 양쪽 모두 국가정책에 대한 국민의 의견 개진이라는 점에서 비슷한 성격을 보인다. 하지만 신문·잡지의 기사 및 논설 등이 국민의 이름으로 국가정책에 대한 비판 행위에 머무는 것이라면, 상대적으로 건백서는 국민의 이름으로 국가정책에 조언 및 제언하는 것이다. 따라서 신문·잡지의 논설 및 기사와 달리 건백서는 국가정책에 적극적으로 발언하고 개입하려 했던, 이제 막 형성되기 시작한 국민의 움직임을 파악할 수 있는 좋은 재료이다. 더군다나 1870년대에는 건백서가 『일신진사지(日新眞事誌)』나 『신문잡지(新聞雜誌)』 등 당시의 유력 신문에 게재되는

---

5) 근대 일본의 대외인식 연구는 너무도 많다. 그중 芝原拓自, 「対外観とナショナリズム」, 芝原拓自·猪飼隆明·池田正博 編 『日本近代思想大系12 対外観』, 岩波書店, 1988은 근대 일본의 대외인식을 알 수 있는 기초 사료와 그 해제를 겸한 해설로서, 반드시 참고해야 하는 문헌이다. 한편 근대 일본의 서양 인식은 주로 서양과 일본의 양자 구도 속에서 근대 일본의 만국공법 수용 과정이 주로 분석되고 있다. 일본 학계의 주요 연구로는 大久保利謙, 「解説」, 『西周全集』 第二巻, 宗高書房, 1962 ; 田岡良一, 「西周助『万国公法』」, 『国際法外交雑誌』 71巻1号, 国際法学会, 1972 ; 井上勝生, 「解題『万国公法』」, 田中彰 編 『日本近代思想大系1 開国』, 岩波書店, 1991 ; 田中彰, 「第8章『万国公法』と世界」, 『日本の歴史15 開国と倒幕』, 集英社, 1992 ; 丸山真男·加藤周一, 『翻訳と日本の近代』, 岩波書店, 1998(임성모 역, 『번역과 일본의 근대』, 이산, 2000) ; 安岡昭男, 「日本における万国公法の受容と運用」, 『東アジア近代史』 第2号, 東アジア近代史学会, 1999 등이 있다.

경우도 많았기 때문에, 정부에 의견을 개진하는 것만이 아니라 여론을 조성하는 수단으로도 유효하여, 하나의 건백서가 또 다른 건백서를 만들어내는 상황이 만들어지기도 했다.

건백서에 대한 연구는 시바타 카즈오(柴田和夫)의 서지적 특성 분석과 마키하라 노리오(牧原憲夫)의 내용 분석이 전부라 해도 틀린 말이 아니다.[6] 이 중에서, 건백서가 가장 많이 제출된 1874년을 중심으로 국민 형성이라는 관점에서 건백서의 다양한 내용들을 분석한 마키하라의 연구는 많은 참고가 되었다. 그중에서도 특히 1870년 조일국교교섭을 담당했던 요시오카 고키(吉岡弘毅)가 1874년 2월에 '정한(征韓) 불가' 등을 주장하며 제출한 건백서를 분석한 부분은 많은 참고가 되었다.[7] 단지 마키하라가, 강도국(强盜國, 국권주의)을 비판하며 '정한 불가'라는 소국주의를 제시한 요시오카의 조선 인식에 주목했다면, 본장은 이 시기에 발생한 일련의 사건들을 계기로 제기되는 정대론(征臺論)과 정한론(征韓論)의 상호연관 속에서 형성되는 근대 일본 형성기 국민의 동아시아 인식에 주목하고자 한다.

---

6) 柴田和夫,「国立公文書館所蔵明治初期建白書について」,『北の丸』2号, 1974 ; 牧原憲夫, 『明治七年の大論争－建白書から見た近代国家と民衆－』, 日本経済評論社, 1990.

7) 1874년 2월, 北条県平民 吉岡弘毅,「建議(教法自由, 告論処設置, 征韓不可, 民選小議院設置 等ノ議)」, 色川大吉・我部政男, 牧原憲夫 編,『明治建白書集成』第三巻, 筑摩書房, 1986, 126~137쪽. 위의 牧原憲夫(1990),「第6章 天下国家から各箇別箇へ」참조.

2. 근대 일본의 국가체제 성립과 건백서의 역할

1867년 12월 9일[8] 왕정복고 쿠데타에 성공한 신정부는 막부지지파와 보신전쟁을 치르는 한편, 다른 한편으로는 어일신(御一新)을 강령으로 삼아 천황을 정점으로 한 국가체제 만들기를 시작했다. 같은 해 3월 14일에 발포된 '5개조 서문'은 그 방향성을 제시한 것이었다. 그 내용은 "① 널리 회의를 일으켜 만기공론(万機公論)에 따라 결정한다. ② 상하 합심하여 활발하게 경륜을 편다. ③ 문무백관에서부터 서민에 이르기까지 각기 그 뜻을 이루고 불만이 없도록 해야 한다. ④ 구래의 누습을 타파하고 천하의 공도(公道)를 따른다. ⑤ 지식을 세계에 구하고 황국의 기반을 굳건히 다진다"이다.

이것은 막부 말기 이래 입헌정치론의 한 형태로 제기되어온 공의정체론(公議政體論)을 바탕으로 하면서도, 발표 형식은 왕정복고라는 제정일치의 이념에 어울리는 신도식(神道式)으로 거행함으로써 천황의 신권성(神權性)을 강조하는 것이었다.[9] 여기에는 이제 막 시작된 근대 일본의 국가체제가 한편으로는 국가권력의 정통성을 천황의 초월적인 권위로 실현하는 천황 친정(親政)에 두면서도, 다른 한편으로는 그 천황이

---

8) 양력으로는 1868년 1월 3일이다. 일본정부는 양력을 도입한 메이지 5년 11월 9일(양력 1872년 12월 15일)을 기준으로 공식문서의 일자표기를 음력에서 양력으로 바꾸었다. 여기에서도 이에 준하여 일자표기를 한다.

9) 大久保利謙,「五ヶ条の誓文に関する一考察」,『大久保利謙歷史著作集1 明治維新の政治過程』, 吉川弘文館, 1986, 60쪽.

아직 '유충(幼沖)의 천황'[10]에 불과하여 정통성 확보에 불충분함이 있었기 때문에 공의여론(公議輿論)을 강조할 수밖에 없었던 현실이 반영되어 있다.

일단 공론을 제1조로 선언한 신정부는 이를 뒷받침할 만한 제도적 장치를 마련했다. 그중 하나가 1868년 2월부터 신정부의 기관지로 간행되기 시작한 『태정관일지(太政官日誌)』이다.[11] 『태정관일지』는 좌막파(佐幕派) 계열의 신문에 대항하기 위해서 간행되었다. 하지만 보신전쟁이 마무리되면서 "상하귀천의 구별 없이 정도(政道)의 흐름을 받들어 그 뜻이 나아가는 방향을 알고 그 조리(條理)를 천행(踐行)하도록 하는 것"[12]이라는 발행 취지에 맞게, 점차 막부를 대신하는 메이지 정부의 존재만이 아니라 정부가 발포한 법령들도 알리는, 현재의 '관보(官報)'와 같은 성격을 지니게 되었다.[13]

이후 정부는 『태정관일지』 뿐만이 아니라 『문부성일지(文部省日誌)』[14] 등과 같은 각 성(省)의 기관지도 관판(官版)으로 발행했다. 『문부성일

10) 多田好問, 『岩倉公実記』 中巻, 岩倉公旧蹟保存会, 1906, 159쪽.

11) 메이지 초년에 사용된 태정관은 두 가지 의미를 지닌다. 하나는 1867년 12월 9일 왕정복고 대호령에서 그 설치가 선언된 이래 1885년 12월 22일 내각제가 설치되기까지 18년간 존재한 중앙정부기구를 통칭하는 태정관이고, 다른 하나는 1869년 7월 8일 '직원령(職員令)'에서 신기관(神祇官)과 함께 설치된 최고행정기구를 의미하는 태정관이다. 이에 대해서는 박삼헌, 「메이지초년 태정관문서의 역사적 성격」, 동북아역사재단 편 『독도·울릉도 연구−역사·고고·지리학적 고찰』, 동북아역사재단, 2010, 127쪽 참조.

12) 慶應四年戊辰四月, 「太政官日誌出版ノ事」, 『太政官日誌』 第九, 橋本博, 『改訂 維新日誌』 第一巻, 名著刊行会 수록, 1966, 16쪽.

13) 1868년에 정부는 이외에도 『고죠일지(江城日誌)』, 『진타이일지(鎮台日誌)』, 『진쇼부일지(鎮将府日誌)』, 『안자이쇼일지(行在所日誌)』 등과 같은 관판 일지를 간행했다.

2부 국민과 신민의 렌즈, 서로 교차하는 초점

지』는 교육과 관련된 법령은 물론이고 당시의 교육제도가 처한 상황과 이에 대응하는 문부성의 정책 방향을 상세히 설명하는 기사들을 실었다.[15) 이외에도『개척사일지(開拓使日誌)』[16), 『사법성일지(司法省日誌)』[17) 등이 간행되었는데, 이러한 관보들은 대체적으로 1870년대 중반까지 간행되었다.

이처럼『태정관일지』등이 정부가 추진하는 문명개화정책을 상하귀천의 구별 없는 국민에게 전달하려는 목적이었다면, 메야스바코(目安箱) 설치는 정부가 국민의 의견을 수렴하는 방법이었다.[18) 메야스바코는 막부의 최고재판소인 평정소(評定所) 앞에 놓여 있던, 일종의 신문고와 같은 것이었다. 따라서 이것은 피지배신분인 농공상이 지배신분인 사(士)에게 자신의 고충이나 소원(訴願)을 적어서 넣을 수는 있어도, 사(영주)나 장군의 정사(政事)에 대한 의견을 제시할 수는 없었다. 요컨대 메야스바코는 봉건적 신분관계를 기초로 애민(愛民)을 실천하는 장치인 것이다.

---

14) 1871년 7월 14일 폐번치현 이후 설치된 문부성이 1872년 9월에 창간한 '관보'이다. 하지만 1873년 3월말부터 1877년 연말까지『문부성잡지(文部省雜誌)』(나중에『교육잡지(教育雜誌)』로 개칭)와『문부성보고(文部省報告)』가 간행되면서 일시 중지되었다가 1878년 1월부터 다시 간행되어 1882년 말까지 이어졌다.

15) 「一 解題—『文部省日誌』に関する研究」, 佐藤秀夫,『明治前期文部省刊行誌集成 別巻, 解題·総目次·索引·一覧』, 歴史文献, 1981, 10쪽.

16) 홋카이도(北海道) 개척을 위해 설치된 개척사가 1869년 5월부터 1877년 12월까지 발행한 관보이다.

17) 사법성이 1873년 1월부터 1876년 5월까지 발행한 관보이다.

18) 1868년 2월 24일, 太政官布達 第106号, 内閣官報局,『明治元年 法令全書』, 内閣官報局, 1868, 50쪽.

그럼에도 메야스바코는 정부가 국민의 의견을 수렴하는 방법으로 한 동안 유효하게 기능했다. 1869년 3월 7일, 신정부가 각 번의 공론을 수렴하기 위해 도쿄에 설치한 공의소 앞에는 "널리 공의를 취하고, 국법을 세우려는 취의가 있으므로 의견이 있는 자는 서면으로 작성하여 여기(메야스바코)에 넣도록 하라"[19]는 안내문이 세워져 있었다. 메야스바코는 정부가 상하귀천의 구별 없이 국민의 의견을 듣기 위해 우선적으로 생각해낼 수 있었던 방법이었던 것이다.

하지만 적어도 '애민'적 성격을 지니는 메야스바코가 상하귀천의 구별 없는 국민의 의견을 수렴하는 방법으로는 적당하지 않다고 판단했는지, 일본 정부는 2월 28일에 원(願)·사(伺)·계(届) 문서를 변사역소(辨事役所)로 제출하도록 다시 포달한다.[20] 이어서 1869년 3월 12일에는 메이지 천황의 도쿄 행차에 맞춰서 "초망(草莽)·귀천에 이르기까지 그 뜻하는 바를 건언"[21]하고 이를 전문적으로 접수하는 대조국(待詔局)을 설치했다. 여기에서는 건언의 내용에 따라 건언 제출자와 건언 내용과 관련된 관원(官員)이 논의하는 자리도 마련되었다.[22] 이어서 5월 9일에는 건언의 처리 방식을 다음과 같이 정하고 있다.

---

19) 1869년 3월, 『公議所日誌』第一, 明治文化研究會, 『明治文化全集』第1권 憲政編, 日本評論社, 1955 수록, 12쪽. 공의소는 각 번의 대표자 227명이 모여서 국정의 현안을 논의하는 장소로 설치된 의사기관이다.

20) 1868년 2월 28일, 太政官布達 第121号, 앞의 內閣官報局(1868), 53쪽.

21) 1869년 3월 12일, 行政官布達 第273号, 內閣官報局, 『明治二年 法令全書』, 內閣官報局, 1869, 123쪽.

22) 1869년 3월 17일, 辨事布達 第290号, 위의 책, 127쪽.

이번에 대조국을 설치하여 초망과 귀천에 이르기까지 그 뜻하는 바를 헌언(獻言)하도록 했다. 이에 중대한 사안은 상재(上裁)를 거쳐 취사(取捨)를 정한다. 하지만 부현(府縣)에서 가부를 결정할 만한 정도의 사안은 일단 대조국의 검토를 거쳐 대조국의 날인을 받은 뒤, 해당 관이나 부현을 통해서 제출자에게 서면으로 통보한다.[23]

이처럼 정부는 건언을 접수하는 데 그치지 않고, 검토했다는 증거로 날인을 찍어서 제출자에게 서면으로 알려주는 쌍방향적 소통을 시도하고 있음을 알 수 있다.[24]

한편 1869년 6월 17일에 메이지 천황은 사쓰마·조슈·도사·히젠 4개 번주를 포함한 262명의 번주들이 그때까지 제출한 판적봉환의 청원을 받아들였다. 그리고 이를 기초로 7월 8일에 정부조직을 '직원령'으로 개정했다.

이러한 가운데 공의소 대신 집의원이 설치되면서 대조국의 건백서 접수·심사 업무는 집의원으로 이관되었다.[25] 10월에 집의원은 상세한

---

23) 1869년 5월 9일, 行政官布告 第430号, 위의 책, 169쪽.

24) 물론 이것이 제도적으로 얼마나 충실하게 실행되었는지는 불확실하다. 하지만 『메이지건백서집성』 전권에 실려 있는 건백서에는 마지막 부분에 처리된 내용이 적혀 있는 것이 다수 존재하므로, 이 제도가 어느 정도는 실행되었을 것으로 추측된다.

25) 집의원은 공의소와 달리 독자적인 의안 제출권이 없고, 단지 태정관으로부터 일방적으로 내려온 의안을 심의하기만 하는 자문기관이었다. 11월에 개원했다가 불과 3개월 만에 폐쇄되었고, 1870년 6월에 다시 개원했다가 9월 8일 폐원한 이후 두 번 다시 열리지 않았다. 집의원에 대해서는 山崎有恒,「『公議』抽出機構の形成と崩壊」, 伊藤隆編, 『日本近代史の再構築』, 山川出版社, 1993, 70쪽 참조.

'건백서취급규칙'[26]을 제정하고, 이를 정부가 관판으로 발행하는 『집의
원일지(集議院日誌)』에 게재했다. 이것은 건백서 접수·처리 업무가 비로
소 명확한 규정을 가지게 되었음을 의미함과 동시에, 이를 국민들에게
널리 알림으로써 건백서 접수에 대한 정부의 의지를 공식적으로 표명했
음을 말해준다.[27]

하지만 그럼에도 표2를 보면 1868년 119건, 1869년 101건이었던
건백서 제출이 1870년에 57건, 1871년에 46건으로 그 수가 절반 정도
감소했다. 그 이유는 분명하지 않다. 다만 1869년에 발생한 극심한 흉년
을 하나의 이유로 추측해볼 수 있다. 기본적으로 1867년 이후 전국적으
로 흉작이 계속되었지만, 특히 1869년은 홍수와 냉해가 겹치면서 그 정
도가 훨씬 심했기 때문에, 가을 이후부터 연공반감을 요구하는 농민 봉
기가 전국적으로 증가했다.[28] 즉 이 시기에는 "빈민을 8주(州)로 이주시
키고 불모의 땅을 개척하도록 하여 궁세(窮勢)를 구휼하는 방법"[29]과 같
은 건백서보다, 연공반감을 요구하는 직접적인 봉기를 통해서 자신의
의견을 개진할 수밖에 없었던 당시 국민의 절박한 상황이 배경이었던
것이다.

이러한 가운데 1871년 7월 14일에 단행된 폐번치현은 근대 일본의

---

26) 1869년 10월, 『集議院日誌』第四, 앞의 明治文化硏究會(1955), 183~184쪽.

27) 『집의원일지』는 1869년에 5회, 1870년에 5회 간행되었으며, 마지막 기사는 1870년 윤10
월까지이다.

28) 靑木虹二, 『明治農民騷擾の年次的硏究』, 新生社, 1967, 38~41쪽 참조.

29) 1870년 1월, 士族荒木濟三郎, 「貧民ヲ八州ヘ移シ不毛ノ地ヲ開拓シテ窮世ヲ救恤」, 色川
大吉·我部政男, 内田修道 編, 『明治建白書集成』第一巻, 筑摩書房, 2000, 365~365쪽.

연 월		개수	연 월		개수	연 월		개수
1868년 ⑨	1월	1	1869년	1월	3	1870년	1월	2
	2월	2		2월	8		2월	2
	3월	2		3월	12		3월	2
	4월	8		4월	7		4월	8
	5월	24		5월	15		5월	5
	6월	5		6월	14		6월	2
	7월	18		7월	5		7월	7
	8월	11		8월	5		8월	4
	9월	17		9월	6		9월	10
	10월	10		10월	3		10월	2
	11월	11		11월	3		11월	6
	12월	5		12월	6		12월	5
	불명	5		불명	14		불명	2
합 계		119	합 계		101	합 계		57
1871년	1월	5	1872년 ④	1월	7	1873년 ②	1월	30
	2월	2		2월	15		2월	37
	3월	4		3월	14		3월	26
	4월	7		4월	13		4월	30
	5월	0		5월	18		5월	36
	6월	3		6월	20		6월	10
	7월	4		7월	19		7월	12
	8월	5		8월	20		8월	19
	9월	6		9월	26		9월	14
	10월	0		10월	28		10월	33
	11월	4		11월	37		11월	36
	12월	4		12월	0		12월	33
	불명	2		불명	6		불명	16
합 계		46	합 계		223	합 계		332

연 월		개수	연 월		개수	연 월		개수
1874년 ①	1월	42	1875년 ③	1월	11	1876년	1월	4
	2월	33		2월	9		2월	7
	3월	42		3월	14		3월	8
	4월	43		4월	25		4월	4
	5월	31		5월	33		5월	4
	6월	37		6월	46		6월	5
	7월	32		7월	20		7월	3
	8월	59		8월	15		8월	3
	9월	48		9월	29		9월	4
	10월	60		10월	31		10월	8
	11월	47		11월	15		11월	7
	12월	50		12월	4		12월	10
	불명	21		불명	4		불명	1
합계		545	합계		256	합계		68
1877년	1월	8	1878년	1월	0	1879년	1월	2
	2월	2		2월	2		2월	4
	3월	4		3월	0		3월	9
	4월	4		4월	0		4월	4
	5월	2		5월	0		5월	4
	6월	5		6월	0		6월	2
	7월	3		7월	0		7월	4
	8월	2		8월	5		8월	3
	9월	1		9월	1		9월	4
	10월	0		10월	1		10월	2
	11월	2		11월	2		11월	17
	12월	0		12월	2		12월	28
	불명	1		불명	2		불명	3
합계		34	합계		15	합계		86

연 월		개수	연 월		개수	연 월		개수
1880년 ⑤	1월	35	1881년	1월	7	1882년 ⑥	1월	15
	2월	19		2월	5		2월	10
	3월	14		3월	11		3월	15
	4월	18		4월	1		4월	12
	5월	9		5월	7		5월	17
	6월	13		6월	5		6월	13
	7월	17		7월	6		7월	10
	8월	11		8월	5		8월	11
	9월	15		9월	13		9월	18
	10월	19		10월	20		10월	3
	11월	24		11월	9		11월	6
	12월	20		12월	10		12월	14
	불명	3		불명	2		불명	4
합 계		217	합 계		101	합 계		148
1883년 ⑦	1월	9	1884년 ⑧	1월	8	1885년 ⑩	1월	15
	2월	8		2월	14		2월	19
	3월	11		3월	8		3월	8
	4월	12		4월	11		4월	6
	5월	11		5월	8		5월	9
	6월	13		6월	3		6월	20
	7월	6		7월	8		7월	10
	8월	9		8월	14		8월	5
	9월	3		9월	14		9월	6
	10월	9		10월	8		10월	5
	11월	13		11월	10		11월	5
	12월	19		12월	15		12월	2
	불명	4		불명	2		불명	3
합 계		127	합 계		123	합 계		113

연 월		개수	연 월		개수	연 월		개수
1886년	1월	4	1887년	1월	0	1888년	1월	12
	2월	3		2월	3		2월	6
	3월	2		3월	3		3월	4
	4월	3		4월	1		4월	0
	5월	0		5월	1		5월	3
	6월	0		6월	1		6월	1
	7월	0		7월	1		7월	2
	8월	1		8월	3		8월	0
	9월	0		9월	9		9월	0
	10월	0		10월	10		10월	0
	11월	0		11월	23		11월	0
	12월	3		12월	13		12월	1
	불명	3		불명	6		불명	4
합 계		19	합 계		74	합 계		33
1889년	1월	1	1890년	1월	4			
	2월	2		2월	4			
	3월	2		3월	2			
	4월	4		4월	5			
	5월	3		5월	3			
	6월	0		6월	3			
	7월	4		7월	7			
	8월	13		8월	2			
	9월	16		9월	2			
	10월	19		10월	2			
	11월	10		11월	1			
	12월	4		12월	1			
	불명	9		불명	2			
합 계		87	합 계		38			

* 대상은 1890년 제국의회가 개설되기까지이다.

* 제출 수 상위 10
① 1874년
② 1873년
③ 1875년
④ 1872년
⑤ 1880년
⑥ 1882년
⑦ 1883년
⑧ 1884년
⑨ 1868년
⑩1885년

표2 | 1868년부터 1890년까지 연도별 건백서 제출 수

2부 국민과 신민의 렌즈, 서로 교차하는 초점

국가체제 성립에 결정적인 역할을 했다. 각 번과 그들의 무장력이 정부 정책의 실현을 보증했던 폐번치현 이전과 달리, 각 번이 폐지된 이상 이제 지조개정·징병령·학제 등과 같은 중앙집권적 개혁을 수행하기 위해서는 국가정책에 대한 국민의 승인 또는 협조가 무엇보다도 필요하게 된 것이다.

폐번치현 직후 정부는 기존의 좌우대신, 대납언 등을 폐지하고 새롭게 정원(正院)·좌원(左院)·우원(右院)으로 구성된 태정관 3원제로 중앙 정부조직을 개편했다. 이때 집의원이 좌원 소속이 되면서 건백서 접수와 심사 업무는 자연스럽게 좌원으로 이관되었다. 좌원은 "의원이 여러 입법에 관해 논의하는 곳", 즉 입법기관이었다. 하지만 구체적으로는 "의사장정(議事章程) 및 본원(本院) 개폐는 모두 태정관의 특별 재가"에 따라야 하며, "의원의 선거면출(選擧免黜)은 정원의 심판"에 의해 제한받았기 때문에, 순수한 입법기관이라기보다 정원의 입법부라고 볼 수 있다.[30]

그렇다면 좌원은 건백서를 어떻게 접수하고 처리하였을까?

1872년 2월 20일 집의원은 집의소로 명칭을 바꿨다. 이는 집의원이 좌원과 동일한 원(院)의 규모였던 것을 시정하기 위한 조치였다.[31] 이후 좌원은 "건언을 접수하여 중서언어(衆庶言語)의 통개(洞開)"를 보여주기

---

30) 박삼헌, 『근대 일본 형성기의 국가체제-지방관회의·태정관·천황』, 소명출판, 2012, 147 ~167쪽 참조.

31) 1872년 2월 20일, 「集議院ヲ改メ集議所ト称ス」, 日本史籍協会, 『太政官沿革志』四, 東京大学出版会, 1987, 309~310쪽.

위해 두 차례에 걸쳐 건백서 접수규칙을 개정했고,[32] 1873년 6월 24일에는 집의소를 폐지하고 건백서 접수와 심사 업무를 직접 담당했다. 물론 같은 해 11월에 발생한 정한론정변을 전후한 시기에 일시적으로 좌원의 권한이 축소되기도 했다. 하지만 1874년 2월 개정에서는 다시 의정관(議定官)으로서 정원을 보좌하는 것으로 규정되고, 내부조직도 내무과·외무과·재무과·병무과·법제과·제업과 등 6개과로 재편되면서 입법권한을 한층 강화했다.[33] 더군다나 이때 당시 좌원은 하원을 대신하는 지방관회의 개최를 열성적으로 준비하고 있었던 만큼,[34] 좌원이 건백서 접수와 처리 업무를 전담하기 시작했다는 것은 이 시기에 건백서라는 형태로 국민참정을 유도하려는 움직임이 있었음을 말해준다. 당시 좌원의 2등서기관이었던 호소카와 히로세(細川廣世)는 좌원의 역할을 다음과 같이 설명한다.

> 본원은 위로 정부를 보좌하고 아래로 인민을 제기(提起)하는 그 중간에서 공명정대한 중의(衆議)를 펼친다. 정부의 실체(失體)가 있으면 이를 바르게 하고, 인민이 오해하는 바가 있으면 이를 설유(說諭)하여 압제와 속박의 폐해가 없도록 하는 것을 요무(要務)로 삼는다.[35]

---

32) 위의 책, 314쪽, 320~321쪽.

33) 1874년 2월 14일, 太政官布達 番外並無号, 內閣官報局, 『明治七年 法令全書』上卷, 內閣官報局, 1876, 401~403쪽.

34) 앞의 박삼헌(2012), 151~157쪽 참조.

35) 1874년 3월, 左院二等書記官 細川広世, 「匿名投書ヲ禁スルノ議」, 色川大吉·我部政男, 牧原憲夫 編, 『明治建白書集成』第三卷, 筑摩書房, 1986, 232쪽.

여기에는 정한론정변을 계기로 하야한 전 참의 이타가키 타이스케 등이 좌원에 '민선의원설립건백서'[36]를 제출한 지 얼마 되지 않은 상황에서, 정부가 '유사전제(有司專制)'가 아님을 증명해 보이기 위해 좌원이 정부와 인민의 가교 역할을 수행하겠다는 일종의 사명감이 엿보인다. 따라서 각종 건백서의 접수 규칙은 내부규정이므로 공표할 필요가 없다는 정원의 지적이 있었음에도,[37] 좌원은 종종 건백서를 신문에 게재하는 등 건백서를 통한 국민과의 소통을 도모했다.

이처럼 좌원이 언로통개(言路洞開)의 자세를 취했던 만큼, 건백서를 제출하기 위해 가업을 내던지고 도쿄로 올라오는 상하귀천의 구별 없는 국민들도 등장하기 시작했다. 이것은 어일신(御一新) 정부에 대한 기대와, 국가에 도움이 되고 싶다는 국민의 강한 열망이 만들어낸 전국적인 현상이었다.[38]

표2를 보면, 좌원이 건백서를 접수·처리하기 시작한 1872년부터 건백서 제출 수가 급격히 증가하여 1874년에 정점을 이루고, 그 여세가 1875년까지 이어지고 있음을 알 수 있다. 물론 이것은 자유민권운동의 고양과 깊은 관련이 있을 것이다. 하지만 수많은 건백서의 내용을 보면, 대내적으로는 천황의 월급을 제정하라는 것에서부터 참방률(讒謗律)과 신문조례법 등처럼 국내정책에 대한 비판, 대외적으로는 청과의 무역진

---

36) 위의 책, 22~24쪽.

36) 위의 책, 22~24쪽.
37) 1873년 11월, 「諸建白書悉皆本院へ差出へキ旨御布告相成度伺」, 国立公文書館所蔵, 『公文録』, 2A-9-公757-0485.
38) 앞의 牧原憲夫(1990), 4쪽. 마키하라는 나가노현(長野県)의 상인 이치가와 마타조(市川又三)의 경우를 사례로 들고 있다.

홍책을 논하거나 정대론(征灣論)·정한론(征韓論)을 주장하는 것에 이르기까지 그 주제가 매우 다양하다. 이것은 건백서가 경우에 따라서는 개인적인 차원의 소원(訴願)과 탄원(歎願)의 기능을 하기도 하고, 경우에 따라서는 '국민'이 국가정책에 개입할 수 있는 유력한 수단으로 기능하기도 했음을 말해준다. 그리고 이러한 과정에서 "대부분의 투서가 타인을 욕보이거나 죄를 무고하는 등에 그쳐, 그 이익 없음은 물론이고 언로(言路)를 열어 하정(下情)을 듣는다는 취의(趣意)"[39]로부터 멀어진 '메야스바코'는 공식적으로 폐지되었다.[40]

이상과 같이 좌원은 건백서를 통해서 다양한 국민들이 적극적으로 국정에 참여할 수 있게 유도했다. 이러한 과정에서 건백서는 정부의 입장에서도 국민의 입장에서도 국민참정의 유력한 수단으로 기능했다. 이와 같은 메야스바코에서 건백서로의 이행은 국가정책을 둘러싼 상하귀천의 구별없는 국민들의 활동, 즉 적극적으로 국정에 개입하려는 능동적인 국민의 탄생을 보여준다. 메야스바코가 위로부터 애민을 표상하는 장치였다면, 건백서는 아래로부터 애국(愛國)을 표상하는 장치였던 것이다. 하지만 원로원이 설치되면서 건백서의 성격도 변화하기 시작했다.

1875년 4월 14일 '점차입헌정체수립의 조서'가 발포되고, 좌원을 대신하는 입법준비기관으로 원로원이 설치되었다. 따라서 건백서를 접수하고 처리하던 좌원의 업무는 원로원으로 이관되었고, 이것은 1890년

---

39) 1873년 4월 30일, 「目安箱開建ノ建言」에 대한 内務課의 [処理二], 色川大吉·我部政男, 内田修道·牧原憲夫 編, 『明治建白書集成』第二卷, 筑摩書房, 1990, 593쪽.

40) 1873년 6월 10일, 太政官布告 第199号, 内閣官報局, 『明治六年 法令全書』上卷, 内閣官報局, 1873, 219쪽.

10월 30일 제국의회 개설로 원로원이 폐지될 때까지 이어졌다.

그렇다면 원로원의 건백서 정책은 어떠했을까?

우선 1876년 1월 15일 원로원은 '건백서 제출시 유의사항'을 다음과 같이 정했다.

제1조, 건백서는 입법과 관련된 사항이 아니면 원로원에서 접수하지 않는다. 만약 잘못해서 다른 사항을 제출하는 경우에는 이를 폐기처분한다.

제2조, 건백서는 그 본관·신분·성명·연령·직업·주소를 적고, 그 성명 아래에 날인을 하거나 서명을 하며, 그 표지에는 건백서의 대의를 적은 정부(正副) 2통을 반드시 제출할 것.

제3조, 건백서는 외국 문자가 아니라 보통 문자로 작성할 것. 만약 외국어를 사용할 수밖에 없는 때에는 번역할 것.

제4조, 건백서는 국가를 위해 의견을 제출하는 것이지 원서류(願書類)가 아니다. 따라서 원서류의 경우는 그 취하고 버림을 본인에게 전하지 않는다.[41]

이처럼 원로원이 입법과 관련된 건백서 이외에는 받지 않겠다고 결정한 뒤부터 건백서 제출 수는 1876년 68건, 1877년 34건, 1878년 15건, 1879년 86건으로 급격하게 줄었다(표2 참조). 내용도 개별적 성향이 강한 '원서류'는 거의 사라졌으며, 1877년에 발발한 서남전쟁으로 인해 시사평론적 내용들이 증가하고 있다. 하지만 이러한 현상은 그리 오래가

---

41) 1876년 1월 15일, 「建白書差出方心得」, 戸田十畝, 『明治建白沿革史』, 顔玉堂 1887, 수록, 29~30쪽.

지 못했다. 1880년 3월 17일, 2부(府) 22현(縣) 8만 7천여 명의 총대(總代) 114명이 국회기성동맹회(國會期成同盟會)를 결성하고, 4월 12일 '국회개설건언서(國會開設建言書)'[42]를 원로원에 제출한 이후, 국회 개설을 청원하는 건백서가 급증했다(표2 참조). 정치성이 강한 건백서가 제출되기 시작한 것이다. 그러나 이 현상도 일시적이었다. 1881년 10월 정부가 국회 개설에 관한 조서를 발표한 이후 정치성이 강한 건백서는 거의 사라지고, 그 대신 국회 개설을 전제로 한 언론·출판·집회의 자유를 주장하거나, 마쓰카타(松方) 재정이 추진하는 증세정책에 대해 감세 또는 조세제도 검토를 주장하는 등 구체적인 내용의 건백서가 주로 제출되기 시작했다.

이상과 같이 1875년을 전후로 국민들의 국정 참여가 활발하게 권장되고, 이를 기초로 건백서가 적극적으로 제출되던 시기는 앞에서 검토한 바와 같이 동아시아의 내부질서가 본격적으로 동요하기 시작한 시기이기도 했다.

다음은 일본 국민이 1873년 정한론정변, 1874년 타이완침공, 1875년 강화도사건 등 연이어 발생하는 대외문제를 어떻게 인식하였는지, 이 시기에 제출된 건백서를 통해서 알아보도록 하자.

---

42) 色川大吉·我部政男, 茂木陽一·鶴卷孝雄 編, 『明治建白書集成』 第五卷, 筑摩書房, 1996, 805~807쪽.

2부 국민과 신민의 렌즈, 서로 교차하는 초점

3. 1870년대 건백서의 동아시아 인식

　건백서의 내용을 검토하기 전에 제출자들의 특징을 확인해둘 필요가
있다. 『메이지건백서집성』에는 이제 막 탄생한 국민들이 사족과 평민의
구별 없이 당시의 정치·경제·사회·교육·문화·생활과 관련된 모든 사안
에 대해 의견을 개진한 건백서가 수록되어 있다. 그런데 그런 의견을 개진
한 제출자 중에는 정부관원들도 다수 포함되어 있다. 이것은 『메이지건
백서집성』을 편찬하는 과정에서 건백서 접수기관인 집의원·좌원·원로
원으로 제출된 것만이 아니라, 각 도부현청(都府縣廳), 각 현립도서관, 문
서관, 관련 개인소장 등의 건백서도 수집 대상으로 삼았기 때문이다.[43]

　하지만 본장에서는 건백서 중에서 관원이 제출한 것을 제외하고 사
족과 평민이 제출한 것만 분석 대상으로 삼고자 한다. 그 이유는 이것이
'만기공론(万機公論)에 따라 결정한다'는 근대 일본 국가체제의 방침을
국민들이 실천한 기록들이라고 판단했기 때문이고, 이를 충족하는 건
백서는 당연히 관(官)이 아니라 민(民)의 입장에서 제출된 것이기 때문
이다.[44]

---

43) 자료집 구성에 대해서는 각권에 실려 있는 色川大吉·我倍政男,「『明治建白書集成』刊行
　　にあたって」, i쪽 참조.
44) 건백서를 제출한 자들 중 상당수가 '사족'이라는 점을 어떻게 볼 것인가라는 문제가 있다.
　　하지만 이는 '국민'이라는 동일성 안에서 실제로는 분화되어 있는 계층성을 어떻게 볼 것
　　인가라는 별도의 문제이기도 하기 때문에, 본장에서는 언급하지 않기로 한다. 다만 건백
　　서 제출자의 분포도를 살펴보면, 자유민권운동이 초기에는 사족 민권이 중심이었다가 시
　　간이 지나면서 점차 호농 민권으로 변화했듯이, 건백서 제출자도 사족에서 평민(주로 농민)
　　으로 유사한 변화를 보이는 것만은 사실이다.

연 도(비율)	제출일 및 제출자	내 용
1868년 (3/119, 2.5%)	(6) 閏 4월 6일, (対馬侍従)	朝鮮国交際之儀
	(69) 8월, (美濃國十津川住士市圜正蔵)	外夷御交際之儀他十一箇條建言
	(106) 11월, (熊本県) 嘉悦市之進 등 16명	国威発揚に関する建白書
1869년 (1/101, 1%)	(96) 불명, 古賀十郎	攘夷決行ニ付建言
1872년 (2/223, 1.3%)	(109) 8월 3일, 美々津県士族 (東京府寄留) 乾満昭	朝鮮国ノ条奉建言
	(223) 불명, 島恒暁	時務建言書
1873년 (6/332, 1.8%)	(15) 1월, 東京府商 市川農夫也	朝鮮国ノ景況ヲ憂ヒ徴兵令ヲ議ス
	(198) 8월, 佐賀県士族(清国留学生) 福島九成	清国台湾事情ノ議
	(227) 10월 17일, 茨城県大属 大沼渉	露国問罪出兵ノ議
	(237) 10월 29일, 茨城県参事 関新平, 同県 権参事 小関敬直	樺太州ノ儀ニ付建白
	(238) 10월 30일, 長崎県士族 岩崎吉郎, 同 (東京府寄留) 岩崎田実也	韓国処分之議
	(279) 11월, 宮崎県士族神官 乾満昭	朝鮮国ノ条奉建言
1874년 (53/545, 9.7%)	(4) 1월 11일, 外務省七等出仕 森山茂	朝鮮国交通維持之方法ニ付上申候
	(16) 1월 20일, 開拓使五等出仕 西村貞陽	征韓ノ議
	(44) 2월 3일, 宮城県士族(東京府寄留, 文部 省八等出仕) 大槻文彦	樺太島ノ議建言
	(49) 2월 9일, 白川県士族 宮崎真郷, 森川 尚村, 池松豊記	建言(征韓之議)
	(56) 2월, 北条県平民 吉岡弘毅	建議(征韓不可 等ノ議)
	(57) 2월 21일, 福岡県士族同志	佐賀県征韓党ノ衷情ヲ問フヘキノ議
	(69) 2월, 青森県出仕 矢附蘇修	九州鎮撫, 台湾朝鮮出兵ノ議
	(76) 3월 2일, 静岡県士族 伴野盛発	建言書(西陲暴動処置之議)
	(77) 3월 4일, 敦賀県士族 (住職兼中講義) 島 津義禎	建言(暴挙之賊徒処分之議)
	(111) 3월, 〈 長崎県士族 〉岩崎田実也	韓国説論ノ議
	(113) 3월, 外務省七等出仕 森山茂	琉球藩改革之議
	(124) 4월 7일, 青森県士族(東京府寄留) 長 尾義連	建白(廟堂ノ弊害ヲ矯正シ台湾ヲ伐ヘ カラサル等ノ議)
	(126) 4월 8일, 左院三等議官 宮島誠一郎 外 6명	台湾処分之議演舌書

	(132) 4월 13일, 岩手県士族 長沢勇次郎	上[台湾従軍ノ議]
	(141) 4월 22일, 磐前県士族 佐藤政武	建言書(韓国処分之議)
	(147) 4월 25일, 石川県士族 草薙尚志, 陸義猶 등 19명	聞止台湾之挙之説諭其得失議
	(148) 4월, 左院三等議官 宮島誠一郎 외 5명	上(台湾処分之議)
	(150) 4월, 左院五等議官 馬屋原彰	台湾策一道
	(167) 5월, 置賜県士族 宇加地新八	建言書(台湾不可伐並議院ヲ設ル之議)
	(188) 5월, 新川県平民屑商 (東京府寄留) 正村弥市	富強及征韓之議
	(207) 6월 23일, 蕃地事務局 大蔵少丞 岩橋轍輔, 外務少丞 平井希昌	[台湾処分ノ議]
	(233) 7월 5일. 高知県士族(陸軍士官学校生徒) 弘田貫二郎, 広瀬為興	建言一通[兵備を更張する等の議]
	(240) 7월 10일, 高知県士族(東京府寄留) 弘田貫二郎, 広瀬為興	建言[日清ノ和戦ヲ決ス可キ等ノ議]
	(254) 7월 29일, 栃木県(東京府寄留) 正七位 大屋祐義	建白(政体及征韓之再議)
	(267) 8월 9일, 岡山県士族 関新吾, 小松原英太郎' 山脇巍 등 9명	呈左院諸公閲下書[台湾事件兵裁有害ノ議]
	(270) 8월, 置賜県士族 宇賀地新八	建言[議院創立' 支那交際等ノ議]
	(298) 8월 19일, 千葉県農(東京府寄留) 布治帰一郎	(清国和解之議)
	(316) 8월, 敦賀県士族(大坂府寄留) 脇屋至誠	時務鄙見(支那征討之議)
	(324) 9월 9일, 左院御用掛 児玉淳一郎	上啓(支那交際之議)
	(326) 9월 9일, 栃木県士族 星野磋玖磨, 木呂子退蔵(212명 惣代)	建白(支那交戦之議)
	(332) 9월 10일, 白川県 住職 佐田介石	建白(清国不可討之議)
	(335) 9월 13일, 新川県平民(東京府寄留) 正村弥市	(挙士族支那可伐之議)
	(359) 9월, 高知県士族 岡部隼太, 黒田兆亮	[日清開戦及ビ憲法確立ノ議]
	(365) 9월, 佐賀県士族 馬渡作二郎	方今台湾ノ事件ニ付清国ト対接スル方略如何ヲ陳スル略説
	(373) 10월 5일, 兵学寮十五等出仕 宮田仲秀	[官吏ヲ黜陟シ清国ノ状況ヲ周知スヘキノ議]

	(374) 10월 5일, 千葉県平民 小倉和平	建言(外征ヲ緩ニシ国力ヲ養ウ之議)
	(378) 10월 8일, 度会県士族(東京府寄留) 権中教正 浦田長民, 鳥取県士族 (東京府寄留) 権少教正 勝田静男	(清国ノ軍務御親裁之議)
	(384) 10월 10일, 白川県士族 (東京府寄留) 長江剛介	
	(387) 10월 13일, 白川県士族 (東京府寄留) 長江剛介	上書(和戦之議)
	(388) 10월 13일, 茨城県士族 手塚寿雄	上書(清国征討之議)
	(393) 10월, 白川県士族(東京府寄留) 長江剛介	支那一件建白書
	(398) 10월 19일, 千葉県士族 (東京府寄留) 名倉信敦	(和戦之再議) (清国交際上之議)
	(408) 10월, 左院等外一等出仕 三浦成弁, 同十四等出仕 早田勝倫	上(支那処分之議)
	(410) 10월 24일, 千葉県小学校員 依田千柄	建白書(支那和戦之議)
	(424) 10월, 大坂府士族 秋山武安	(支那和戦及軍隊ヲ設クル之議)
	(435) 11월 4일, 開拓使 松尾源太郎, 新田大助 등 31명	[清国従軍ノ議]
	(439) 11월 7일, 千葉県士族 (東京府寄留) 名倉信敦	戦備之略議
	(442) 11월, 広島県平民(陸軍兵学校生徒) 井上頴雄	支那事件ニ付予先建白
	(455) 11월 18일, 東京府平民 横瀬文彦	征台始末ニ付建言
	(525) 불명, 〈石川県士族〉藤寛正 등 54명	[清国従軍ノ議]
	(531) 불명, 秋田県官員 内村	[日清間ノ事情ヲ公告スベキノ議]
	(533) 불명, 浜松県士族 田中安国	[支那事件ニ付献金ノ議]
	(545) 불명, 長沼良之助	[清国従軍ノ議]
1875년 (19/256, 7.4%)	(12) 2월 2일, 栃木県士族 大屋祐義	建白(征台ノ役等ノ議)
	(13) 2월 7일, 陸軍少尉 内山定吾	(朝鮮ノ無礼ヲ責ムルノ議)
	(171) 8월, 長崎県士族 岩崎吉郎 외 5명	建言(朝鮮国処分ノ議)
	(188) 9월 18일, 栃木県士族 大屋祐義	[征韓ノ議建白]
	(205) 10월 3일, 佐賀県権中属 小島正一 외 2명	朝鮮国問罪ノ儀ニ付建議
	(206) 10월 5일, 佐賀県中属 島義之	征韓之儀ニ付建議

	(209) 10월 7일, 栃木県士族 大屋祐義	建白(征韓ノ議)
	(213) 10월 9일, 石川県士族 島田幸一 외 4명	請征韓ノ建議
	(216) 10월 10일, 白川県士族 有馬源内 외 3명	(征韓先鋒ヲ乞フ議)
	(217) 10월 12일, 白川県士族 松浦新吉郎	上書(征韓ノ議)
	(218) 10월 12일, 秋田県士族 遠山角助	全国ヲシテ五州ノ時務ニ奮励セシムヘキ建言
	(225) 10월 28일, 岡山県士族 森沢徳夫	(征韓ノ議)
	(228) 10월, 長崎県士族総代 岩崎田実也 외 30여 명	韓地之事ニ付願書
	(232) 10월, 陸軍大尉 横田棄	同志ニ代リ征韓並従軍ノ議ヲ建言ス
	(240) 11월 13일, 愛知県 小崎吉郎	征韓建言
	(247) 11월 30일, 新川県士族 立石包正	[征韓ノ議]
	(249) 12월 5일, 陸軍少将 谷干城	(朝鮮問罪ニ付建議)
	(253) 불명, 佐賀県士族 稲垣速見	上(征韓ノ議)
	(256) 불명, 栃木県士族 大屋祐義	[征韓ノ議に付板垣退助へ忠告]
1879년 (1/86, 1.2%)	(22) 5월 12일, 長崎県士族 (岡山県寄留) 岩崎吉郎	朝鮮国エ招魂祭場ヲ御設立アランコトヲ建言スル書
1880년 (1/217, 0.5%)	(181) 11월 20일, 在天津領事 竹添進一郎	[琉球処分一件ニ付意見書]

표3 | 1868년부터 1880년까지 제출된 대외문제 관련 건백서

① 『明治建白書集成』第一巻, 第二巻, 第三巻, 第四巻, 第五巻, 第六巻을 참고로 작성함.
② 제출일 및 제출자의 번호 ( )는 『明治建白書集成』의 연도별 사료번호이다.
③ 밑줄은 관원(官員)의 신분으로 제출된 건백서이다. 단, 외무권소승(外務権少丞)을 역임한 요시오카 고키(吉岡弘毅)와 1870년 청일수호조규 예비교섭에 수행했던 나쿠라 노부아쓰(名倉信敦)와 같이 건백서를 제출할 당시 퇴직한 상태일 경우에는 민이 제출한 건백서에 포함했다.

표3은 1871년부터 1880년까지 제출된 건백서 중에서 대외문제와 관련된 내용을 정리한 것이다. 그 첫 번째 특징은 전체 건백서 중에서 대외문제와 관련된 내용의 비중이 매우 적다는 점이다. 제일 많이 제출

된 1874년이 전체 545건 중 53건으로 9.7퍼센트에 불과하고, 그다음으로 많은 1875년도 256건 중 19건으로 7.4퍼센트에 불과하며, 이외에는 1건도 없거나(1876년~1878년), 있다 해도 그 비중이 3퍼센트를 넘지 못한다. 물론 1876년 이후는 앞에서 살펴본 것처럼 좌원 대신 원로원이 설치되면서 건백서의 내용을 입법과 관련된 내용으로 국한시킨 결과라 할 것이다. 그렇다 하더라도 좌원이 건백서 제출을 장려했던 시기, 즉 타이완침공이 실시된 1874년과 강화도사건이 발생한 1875년이 모두 10퍼센트 이하이고, 정부 내부에서 정한론정변이 발생한 1873년조차 그 비중이 2퍼센트도 되지 않을 정도로 대외문제와 관련된 건백서는 매우 적다. 이것은 1871년 폐번치현 이후 학제, 태양력 채용, 징병령, 지조개정 등 근대국가체제 만들기와 관련된 법령들이 연이어 발포되면서 국민의 관심이 대외문제보다 상대적으로 국내문제에 집중된 결과가 아닐까 생각한다.

두 번째 특징은 그럼에도 대외문제와 관련된 대부분의 내용이 동아시아 지역에 집중되어 있다는 점이다. 1868년 8월에 제출된 외이(外夷, 서양과의 교제)에 관한 건백서를 제외하고는 조선·청국·가라후토(樺太, 지금의 사할린)와 관련된 러시아·타이완·류큐왕국 등 모두 동아시아 지역과 관련된 내용들이다. 앞에서 살펴보았듯이 이것은 1870년대 대외문제가 주로 동아시아 지역을 배경으로 발생했기 때문이다.

세 번째 특징은 제출자 중에서 점차 관보다 민의 비율이 증가하고 있다는 점이다. 대외문제는 철저한 보안을 요하는 이른바 국가비밀에 속하는 것이기 때문에, 정보를 입수하기 쉽고 실질적인 정책을 수립하는 위치에 있는 관원의 의견 제출이 많은 것은 당연하다. 하지만 1873년에

3:3이었던 관과 민의 비율은 1874년 16:37로, 1875년 5:14로 민의 비율이 2배 이상 증가하고 있다. 이렇듯 상대적으로 정보 입수와 정책 수립으로부터 거리가 있던 민의 비율이 점차 증가하는 이유는 무엇이었을까? 이에 대해서는 다음과 같은 좌원의 처리 내용이 하나의 실마리를 제공해준다.

시라카와현(白川縣) 사족 나카에 고스케(長江剛介)의 건백서 2통을 심열(審閱)한 결과, 그 논지가 우활망탄(迂闊妄誕)하여 채택할 내용을 찾아볼 수 없지만, 필시 충실·애국의 정으로 작성한 그 뜻을 가상히 여겨 본원(本院, 좌원을 의미함)에 보관해놓고자 한다.[45]

이것은 1874년 10월 13일에 시라카와현 사족 나카에 고스케가 제출한 '상서(청국정토의견淸國征討之議)'에 대한 좌원의 처리 내용이다. 여기에서는 건백서의 내용이 빈약하지만 제출자의 '충실·애국의 정'만은 높이 평가되고 있다. 이것은 이 시기에 제출된 대외문제에 관한 민의 건백서가 실효성이라는 사실(事實, fact)의 측면이 아니라 애국지정(愛國之情)이나 우국지정(憂國之情)[46]이라는 심(心, mental)의 측면에서 높은 평가를 받고 있음을 말해준다. 바꿔 말하면 민의 입장에서는 대외문제에 관한

---

45) 1874년 10월 15일, [処理1], 色川大吉·我部政男, 牧原憲夫·茂木陽一 編, 『明治建白書集成』第四巻, 筑摩書房, 1988, 50쪽. 표3에서 1874년 건백서 번호 (387)이다.

46) 1874년 4월 23일, [処理], 色川大吉·我部政男監修, 牧原憲夫 編, 1986, 앞의 책, 303쪽. 이것은 1874년 4월 22일, 磐前県士族 佐藤政武, 「建言書(韓国処分之議)」에 대한 좌원의 처리 내용이다. 표3에서 1874년 건백서 번호 (141)이다.

건백서야말로 국민으로서의 애국지정이나 우국지정, 즉 애국심을 드러내는 최적의 수단인 것이다.

이상과 같이 1868년부터 1880년까지 제출된 대외문제 관련 건백서의 특징을 알아보았다. 이제부터는 건백서가 가장 많이 제출된 1874년과 1875년을 중심으로, 여기에 나타난 국민의 애국지정·우국지정과 동아시아 인식이 어떤 관계에 있었는지 알아보도록 하자.

1874년 타이완침공과 건백서

1871년 10월 타이완에서 발생한 류큐인 조난사건을 발단으로 시작된 1874년 타이완침공은 일본정부와 일본군이 실시한 최초의 해외파병이다. 따라서 종래 연구에서는 타이완침공을 아시아 각국에 대한 근대일본의 팽창주의적 대륙정책의 출발점으로 평가하고 있다. 그 과정에 대해서도, 일본정부가 일방적으로 류큐왕국을 일본에 귀속시키고 타이완 생번(生蕃)을 '화외(化外)'로 본다는 청정부의 발언을 빌미로 삼아 타이완을 무주지(無主地)로 규정하여 출병한 뒤, 청과의 교섭이 난항을 겪자 청과 전쟁도 불사할 것을 결정하며 청을 압박하다가 결국 영국의 중재로 배상금을 받아내며 마무리되었기 때문에, 국가주권에 기초하는 만국공법을 '힘의 논리'로 해석하고 이를 국제적으로 처음 적용한 사례로 평가받는다.[47]

그렇다면 이와 같은 일본정부의 타이완침공에 대해 당시 국민들은 어떻게 인식하고 있었을까?

───────

47) 타이완침공은 본서 제2부 제5장 참조.

1874년 2월 6일 각의를 통해 타이완침공이 결정된 이후, 4월 9일 타이완번지사무도독에 임명된 사이고 쓰구미치는 타이완으로 출발하기 위해 나가사키로 향했다. 하지만 같은 달 19일 타이완침공이 일시 중지되었다가 5월 4일 다시 침공이 결정되고 나서야 사이고 일행은 5월 17일 나가사키를 출발할 수 있었다. 사이고 일행이 타이완에 상륙한 것은 5월 22일이다.

건백서 중 관의 입장에서 타이완 문제를 언급한 것은 청에 유학 중이던 사가현(佐賀縣) 사족 후쿠시마 큐세이(福島九成)가 1873년 8월 이와쿠라 토모미(岩倉具視)에게 제출한 건백서이다.[48] 이에 비해 민의 입장에서 타이완 문제가 언급되기 시작하는 것은 각의에서 타이완침공이 결정되고, 4월 4일 타이완번지사무도독이 설치된 이후부터이다.

그 첫 번째는 4월 7일에 제출된 아오모리현(靑森縣) 사족 나가오 요시쓰라(長尾義連)의 건백서이다. 여기에서 나가오는 다음과 같이 정부의 타이완침공을 비판하고 있다.[49]

어리석은 신이 시폐(時弊)에 관한 어리석은 건론을 제시하고자 합니다. 타이완 문죄(問罪)의 거사를 듣고 경악을 금치 못하여 이에 대해 논하고자

---

48) 1873년 8월, 佐賀縣士族(清国留学生) 福島九成, 「清国台湾事情ノ議」, 앞의 色川大吉 · 我部政男(1990), 801~803쪽. 표3에서 1873년 건백서 번호 (198)이다. 후쿠시마는 1871년부터 1873년까지 청에서 유학한 뒤, 1874년 타이완침공 당시 타이완번지사무도독 참모와 아모이(厦門) 영사를 겸임했다.

49) 1874년 4월 7일, 靑森縣士族(東京府寄留) 長尾義連, 「建白(廟堂ノ弊害ヲ矯正シ台湾ヲ伐ヘカラサル等之議)」, 앞의 色川大吉 · 我部政男(1986), 271쪽. 표3에서 1874년 건백서 번호 (124)이다.

합니다. 첫째, 안(內)이 아직 일정하지 않으니 거사를 일으켜서는 안 됩니다. 필시 물의를 일으켜 국민이 정부를 믿을 수 없게 만드니 타이완을 정벌하지 말아야 합니다. 둘째, 조선의 죄와 타이완의 죄 중 어느 쪽이 크겠습니까. 우리 국사(國使)를 능멸하고 교만하기 그지없음은 류큐인을 폭살한 것과 동일하게 논할 수 없습니다. 크고 심각함을 뒤로 하고 내외의 구별을 바로하지 않으면 완급과 본말의 적당함을 얻지 못하여 의(義)를 명확히 할 수 없습니다. (중략) 넷째, 고도(孤島) 타이완의 야만 민중은 200만에 불과하여 아직 나라라고 할 수 없습니다. 지금 조선의 크고 강함을 피하고 작고 약한 것에 무(武)를 보이는 것은 졸렬함을 나타내는 것입니다. 다섯째, 무릇 병사를 일으키는 것은 거액을 낭비하고 많은 사람을 다치게 할 수밖에 없는데, 그 이익을 찾을 수 없으니 헛되이 국력을 피폐하게 만드는 가벼운 행동에 대한 비난을 면하지 못할 것입니다. (중략) 단연코 이번 거사를 중지하고 오로지 근래의 우려를 다스려서, 민(民)과 상(上)이 바라는 열국의 인민일치 협합의 기틀을 세우고, 완급과 본말을 바로 하여 우선 죽을힘을 다해야 하는 의무를 조선에 집중하고, 남은 위력을 타이완 징벌에 쓰는 것이 바람직합니다(밑줄은 인용자).

이것은 각의로 타이완침공이 결정되었을 당시, 정한론정변에서 외정(外征)에 반대했던 내각이 이제 와서 출병을 결정하면 '인심의 비난'을 면치 못한다며 반대한 기도 다카요시(木戶孝允)의 의견과 동일한 논리라 할 수 있다.[50] 즉 타이완침공(정대론) 자체를 반대하는 것이 아니라, 황국

---

50) 日本史籍協会, 『木戶孝允日記』 3, 東京大學出版会, 1967, 27쪽.

을 능멸한 조선의 죄가 더 크다는 명분론에 입각하여 정부의 타이완침 공을 졸렬하다고 비판하고, 오히려 타이완이 아니라 조선을 침공해야한 다는 정한론의 변형인 것이다.

이처럼 명분론에 입각하여 정부의 타이완침공을 비판하는 논리는 타 이완침공을 반대하는 다른 건백서에서도 찾아볼 수 있는데,[51] 그 대부분 은 '삼한정벌(三韓征伐)'의 신화를 근거로 조선을 조공국으로 보고 일본 국서의 수리를 거부하는 '무례'한 조선을 응징해야 한다는, 일본형 화이 의식(日本型華夷意識)[52]에 기초한 존왕론이었다. 그 결과 이러한 논리는 정부가 타이완침공을 결행한 만국공법의 논리, 즉 전통적 동아시아 지역 질서 속에서 청과 사쓰마에 양속(兩屬)되어 있던 류큐왕국이 일본의 영 토임을 확인함과 동시에, 타이완 생번을 '화외'로 본다는 청정부의 발언 이 타이완은 무주지(無主地, 청의 영토가 아니라는 것)이고 국제법에서 무 주지는 선점(先占)이 인정된다는 논리와 그 내용을 달리하고 있다는 사 실을 알 수 있다.

---

51) 표3에서 1874년 건백서 번호 (147), (233), (240), (267) 등이 있다. 이외에 외정(外征)이 아 니라 내정(內政)이 급선무라는 입장에서 정부의 타이완침공을 반대하고 의회 건립을 주장 한 건백서도 있다(167, 270).

52) '일본형 화이의식'은 '무위(武威)의 나라를 중핵으로 하는 존대(尊大)의 국제질서관'으로, 16세기 후반에서 17세기 중반에 걸쳐 일본열도의 통일 과정에 따른 질서 재편과 명·청 교체라는 동아시아 지역의 질서 재편이 맞물려 만들어진 개념이다. 하지만 이케다 사토시 (池田敏)에 따르면, '일본형 화이의식'은 17세기 이후 '무위'의 의례화 과정 속에서 그 기능 을 상실했다가 막부 말기의 양이(洋夷)운동을 통해서 다시 기능하기 시작하였고, 1870년 대에 들어서 천황제국가의 통제하에 '민중' 차원에서 그 기능을 완전히 회복했다고 지적 하고 있다. 池内敏,「二. 日本型華夷意識」, 荒野泰典·村井章介·石井正敏 編『日本の対 外関係6 近世的世界の成熟』, 吉川弘文館, 2010, 188~189쪽 참조.

그리고 이처럼 일본형 화이의식에 기초한 존왕론은 청과의 교섭이 난항을 겪는 가운데 7월 9일 정부가 청과 개전도 불사하겠다는 결정을 내린 이후, '황국의 존망'을 눈앞에 두고서 '의용병'으로 자원하거나 헌금을 내겠다는 '우국의 동지(同志)'들의 건백서로 이어졌다.[53]

하지만 이러한 가운데 정부가 타이완침공의 명분으로 삼았던 만국공법을 언급하는 건백서도 등장하고 있다는 점에 주목할 필요가 있다. 예를 들어, 9월 10일 제출된 시라카와현(白川縣) 주직(住職) 사다 가이세키(佐田介石)의 건백서는 정부의 타이완침공에 명분이 없다며 다음과 같이 적고 있다.

> 정만(征灣)은 본래 류큐인 살해에서 시작되었다. 류큐인은 본래 청의 정삭(正朔, 연호)을 받들고 책봉을 받은 지 오래이기 때문에 청의 속국임은 이견의 여지가 없다. 때문에 류큐인 살해의 죄는 우리나라가 물을 것이 아니다. 만약 우리나라가 재작년에 (류큐국왕을) 번왕(藩王)에 책봉한 것을 이유로 청에게 말하면, 청 역시 류큐가 "우리의 책봉을 받은 지 오래되어서 우리 관하에 있다는 것을 귀국(일본)도 아는 바이다. (중략) 현재 베이징에는 류큐에서 파견된 재번인(在番人)이 있다"며 우리나라를 책망할 것이다. 따라서 이것이 (류큐가) 우리의 속지임을 증명할 수 없는 이유이다. 하지만 이것(번왕 책봉)을 증거로 제시하며 류큐인이 귀국(청)에게 거짓을 말하고 맘대로 귀국(청)으로부터 책봉을 받았다고 한들, "(류큐가) 맘대로 그랬다는 것은 만국공법에 비춰보면, 오히려 말이 안 되는 것이 아니냐"고 청이 대응하면 어떻게 대답할

---

53) 표3에서 1874년 건백서 번호 (316), (326), (442), (525), (533), (545) 등이 있다.

2부 국민과 신민의 렌즈, 서로 교차하는 초점

것인가. 그러한 류큐에게 번호(藩号)를 수여한 것은 류큐인이 원해서인지, 아니면 일본이 강제로 한 것인지 청이 엄정히 힐문하였을 때, 만약 청의 추궁에 못 이겨서 일본이 억지로 속여서 그런 것이라고 류큐인이 자수하면, 우리나라가 청의 속지를 강탈한 것이 되어서, 정만(征湾)의 명분이 없어질 뿐만 아니라 청의 속지를 강탈한 죄를 면하기 어렵다(괄호 안 추가 설명은 인용자, 이하 동일).[54]

정부가 만국공법에 근거하여 타이완침공을 정당화했던 명분, 즉 류큐왕국은 일본의 '속지'이므로 류큐인 보호는 자국민 보호라는 논리에 대해, 역사적으로 류큐는 청의 책봉을 받는 '속국'이므로 오히려 청이 만국공법에 근거하여 일본을 추궁하면 어떻게 할 것이냐며 '정만(征湾)'의 명분이 없다고 비판하고 있다.

그런데 여기에서 중요한 것은 청의 '책봉'을 근거로 류큐왕국을 청의 속국, 즉 청의 영토로 판단하고 있다는 점이다. 이것은 동아시아의 전통적 지역질서(책봉·조공관계)를 그대로 만국공법의 영토 개념으로 이해하고 있음을 보여준다. 책봉·조공관계에서는 청과 의례상 상하관계를 맺는다 해도 실제로는 청의 내정간섭을 전혀 받지 않았던 속국에 대해, 만

---

54) 1874년 9월 10일, 白川県 住職 佐田介石, 「建白(清国不可討之議)」, 色川大吉·我部政男 監修, 牧原憲夫編, 1986, 앞의 책, 877쪽. 표3에서 1873년 건백서 번호 (332)이다. 승려인 사다 카이세키는 메이지 전기의 대표적인 국수주의자로서 국산장려와 외래품 배척을 주장했다. 그중 램프 망국론이 유명하며, 이외에도 철도 망국론, 우유 대해론(牛乳大害論), 태양력 배척 등을 주장하며 애국사(愛國社), 보국사(保國社) 등과 같은 국산품 애용결사를 조직했다. 日本歴史学会, 『明治維新人名辞典』, 吉川弘文館, 1981, 453~454쪽 참조.

국공법에 기초한 영토라는 개념을 적용하여 서양 근대의 속국으로 이해하고 있는 것이다. 그리고 이러한 사다의 논리는, 류큐왕국이 사쓰마에 예속되어 있었다는 점을 근거로 일본정부가 1872년 9월 14일 류큐번을 설치하고, 같은 달 28일 류큐번의 '각국과의 교제사무'를 외무성으로 이관하는 등 류큐왕국의 양속(兩屬)을 해소하고 근대적인 속지(자국 영토)로 만들려던 논리와 비교했을 때, 그 주체가 청이라는 것만 다를 뿐 동일한 논리임을 알 수 있다.

실제로 청 또한 일본의 타이완침공 이후 1876년 11월에 류큐번에 진공을 독촉하고,[55] 1879년 4월 일본 정부가 류큐번을 폐하고 오키나와현(沖繩縣)을 설치하자 이를 승인하기 어렵다며 항의하는 등 마지막까지 류큐왕국과의 책봉·조공관계를 유지하려는 입장을 취했다. 또한 오키나와현 설치 이후 일본이 류큐 열도 중 미야코(宮古), 야에야마(八重山)만 청에게 할양하는 대신 쌍무적인 최혜국대우 조항을 요구했을 때, 청이 그 교섭 과정에서 마지막까지 양보하지 않았던 것은 속국 류큐왕국의 부활이었다.[56] 이런 점에서 일본의 타이완침공 이후 류큐에 대한 청

---

55) 1876년 11월 27일, 「清国から琉球藩への進貢督促状」, 松田道之, 『琉球処分』上巻, 横山学責任 編集『琉球所属問題関係資料』第6巻 琉球処分 上·中, 本邦書籍 수록, 1980, 390~393쪽.

56) 吉澤誠一郎, 『シリーズ中国近現代史① 清朝と近代世界 19世紀』, 岩波新書, 2010, 123쪽 참조. 청의 리훙장은 미야코·야에야마에 류큐왕국을 재흥시키려고 생각했다. 하지만 류큐왕에 상정되어 있던 망명한 류큐왕족이 이들 섬만으로는 자립이 불가능하다며 분할안을 받아들이지 않았다. 이외에도 청 내부에서 분할안에 반대하는 의견이 많아서 결국 교섭은 이뤄지지 않았다. 이후에도 청은 일본과의 외교교섭을 하는 자리에서 류큐의 귀속 문제를 계속 언급했다.

2부 국민과 신민의 렌즈, 서로 교차하는 초점

의 입장 또한 단순히 책봉·조공관계에 입각한 속지 개념에 머무는 것은
아니었던 것이다.

　물론 이러한 청의 움직임이 일본과 동일하게 류큐왕국을 속지(자국
영토)로 전환시키려는 것이었는지에 대해 쉽게 판단할 수는 없다. 하지
만 일본의 타이완침공을 계기로 청에게는 영토 확정까지는 아니더라도
영토의 안전문제가 제기되었다고 할 수 있다.[57] 이것은 아편전쟁 이후
서양 열강이 가했던 위협과는 차원이 다른 것이었다. 적어도 청의 입장
에서는 종주국(宗主國)과 속국이라는 책봉·조공관계를 통해 유지되어
오던 영토의 안전이 속국 류큐왕국의 멸망으로 인해 동아시아 내부로부
터 위협받기 시작한 것이다. 이런 의미에서 남쪽으로 연결되어 있는 속
국 베트남과 동쪽으로 연결되어 있는 속국 조선의 존재는 청의 영토 안
전에 중요한 의미를 지니게 되었다. 이전의 청은 1873년 2차 사이공조
약[58]과 1876년 조일수호조규에 별다른 관심을 보이지 않았다. 하지만
1879년에 속국 류큐왕국이 일본의 영토가 된 이후, 1800년대 들어서
청은 베트남에 대해서는 프랑스와 전쟁을 하고 조선에 대해서는 적극적
인 내정·외정 간섭과 함께 일본과 전면 대립하기 시작했다. 베트남과
조선을 속국으로 유지하려는 이유가 근대적 국가개념의 자국 영토 확정

---

57) 岡本隆司, 「属国/保護と自主—琉球·ベトナム·朝鮮」, 앞의 和田春樹·後藤乾一·木畑
　　洋一·山室信一·趙景達·中野聡·川島真(2010), 162쪽 참조.
58) 1862년 1차 사이공조약에 이어서 프랑스와 베트남 사이에 체결된 불평등조약. 이 조약
　　에 따라 프랑스는 베트남의 주권과 독립을 인정하는 대신, 베트남은 통킹만 일대의 세 항
　　구를 개항했으며 프랑스 선박들은 베트남 항구에 자유롭게 정박할 수 있는 허가권을 받았
　　다. 통상을 위해 홍하강을 개방하고 코친차이나의 6성(省)에 대한 프랑스의 주권을 인정
　　해주었다. 유인선, 『새로 쓴 베트남의 역사』, 이산, 2002, 285~287쪽 참조.

까지는 아니더라도 자국 영토의 안전을 확보하기 위한 연장선상에서 인식되기 시작한 것이다.

이런 의미에서 일본의 타이완침공을 비판하면서 청이 책봉·조공관계의 속국을 만국공법에 기초한 자국 영토의 안전 확보로 인식하기 시작했을 때 필연적으로 일본과 대립할 수밖에 없음을 예견한 사다의 논리는 본인이 의도했든 의도하지 않았든 동아시아 지역질서의 근대전환기적 특성을 예리하게 간파한 것이었다.

1875년 강화도사건과 건백서

1875년 9월 20일 일본 군함 운요호는 조선 해안을 탐측 연구하기 위해 왔다는 핑계를 대고 강화도 앞바다에 불법으로 침투했다. 이에 해안 경비를 서던 조선 수군은 방어적 공격을 가했고, 일본군은 이에 대한 보복으로 함포 공격을 가하고 영종진에 상륙하여 조선 수군을 공격하고 퇴각하였다. 이른바 강화도사건이 발발한 것이다. 일본은 이 사건의 책임을 조선에 물으며 수교통상을 강요했고, 그 결과 이듬해 1876년 2월 26일 조일수호조규를 체결하고 조선을 개항시켰다. 22년 전 미국의 페리가 일본을 개국시키기 위해 사용한 함포외교의 방식을 조선에도 동일하게 적용시킨 것이다. 이런 의미에서 결과적으로 강화도사건은 일본이 개국 과정에서 입은 '굴욕'의 기억을 단번에 보상해주는 계기가 되었다.

그렇다면 당시의 일본 국민들은 강화도사건을 어떻게 인식하였을까?

강화도사건이 발생한 이후, 10월 3일 정부는 다음과 같은 태정관 포달(布達)을 공포했다.

이번에 우리 운요함이 조선국 동남해안을 회함(廻艦)한 뒤 서해안에서 지나(支那, 청을 의미함) 우장변(牛莊邊)으로 항해하던 중 9월 20일 조선국 강화도 근처를 통행하다가 조선으로부터 생각지도 못한 포발을 당했다. 이에 상륙하여 그 이유를 물어보려는데 조선국의 포발이 점점 늘어나 어쩔 수 없이 운요함도 발포했다. 다음 날에는 상륙하여 포대를 점령하고 병기를 빼앗았다. 이 과정에서 우리 수부(水夫, 해군을 의미함) 2명이 부상을 당했고, (현재) 나가사키로 회함한다는 전보가 있었으므로, 이를 포달하는 바이다.[59]

이 포달문은 10월 5일 관령(官令)으로 각 신문에 게재되었다.[60] 정부가 강화도사건의 발생을 공식적으로 인정한 것이다.

이를 계기로 각 신문들은 다시 정한론과 비전론(非戰論)으로 나뉘어 논쟁을 시작했다. 『유빈호치신문(郵便報知新聞)』·『도쿄니치니치신문』·『초야신문(朝野新聞)』이 비전론을 주장한데 비해, 『도쿄아케보노신문(東京曙新聞)』·『요코하마마이니치신문』은 정한론을 주장했다.[61] 비전론은 민권론과 내치우선의 입장에서 반(反) 정한론을 주장하였고, 정한론은 불평사족 대책과 자국의 명예 회복을 위해 정한을 실시해야 한다고 주장했다.[62]

신문의 경우에는 정한론과 비전론이 있었지만, 건백서의 경우에는 오

---

59) 1875년 10월 3일, 太政官布達 番外, 内閣官報局, 『明治八年 法令全書』上卷, 内閣官報局, 1875, 864쪽.

60) 1875년 10월 5일, 『読売新聞』朝刊, 1쪽.

61) 앞의 芝原拓自(1988), 321쪽 참조.

62) 위의 책, 510~511쪽 참조.

로지 정한론만 제출되었다.[63] 제출 시기는 정부가 앞의 포달을 공포한 10월 한 달 동안에 집중되어 있었으며, 제출자는 대부분 사족이다. 이것은 건백서 제출자들이 이른바 정한파 장사(壯士)임을 말해준다.

정한파 장사들 대부분은 이미 일본형 화이의식에 기초한 존왕론 관점에서 정부의 타이완침공을 비판하는 건백서를 제출했던 자들과 동일한 인물들이었다. 따라서 이들의 주장은 정대론(征臺論) 대신 제시되었던 정한론과 동일한 논리를 근저에 깔고 있다.[64] 기본적으로 여기에는 "소방(小邦)인 조선이 우리 상국(上國)을 경모(輕侮)"하는 무례를 범하고 있다는 조선멸시관이 근저에 흐르고 있다.[65]

하지만 강화도사건을 계기로 기존의 조선멸시관은 이전에 국서를 거부당했을 때와 그 내용을 약간 달리한다. 예를 들어 다음과 같은 정한의 논리가 제시되고 있다.

조선은 원래 우리의 속국이다. 그런데 근래에는 조공을 끊고 우리 국사(國

---

63) 표3에서 1875년 건백서 번호 (209), (213), (216), (217), (218), (225), (228), (240), (247), (253), (256)이다.

64) 정부의 타이완침공을 비판하면서 직접적으로 정한론을 제시한 건백서는 1874년 4월 22일, 磐前県士族 佐藤政武, 「建言書(韓国処分之議)」, 앞의 色川大吉·我部政男(1986), 301쪽이 있다. 표3에서 1874년 건백서 번호 (141)이다. 여기에서는 "조정의 뜻이 정한을 결정하지 않는 것은 타이완이 우리 류큐인을 살육한 것과 조선이 우리 천사(天使)를 거부한 것 중 어느 쪽의 죄가 무겁고 가벼운지, 그 죄가 가벼운 타이완을 정벌하고 그 죄가 무거운 조선을 정벌하지 않는 것은 사람들이 겁을 먹었다고 말한다"며 정부의 정태론(征台論)을 비판하고 있다. 이외에도 1874년 건백서 번호 (188), (233) 등이 있다.

65) 1875년 10월 9일, 石川県士族 島田幸一 외 4명, 「請征韓ノ建議」, 앞의 色川大吉·我部政男(1988), 931쪽. 표3에서 1875년 건백서 번호 (213)이다.

使)를 여러 차례 능멸하더니 이번에 폭거를 일으켰다. (중략) 조선이 무지몽매하여 천지의 공도(公道)를 알지 못하고 오늘의 실체(失體)에 빠졌다. (중략) 바라건대 묘당(廟堂, 조정을 의미함)은 공의를 존중하여 신속히 사절을 파견하고, 이로써 조선의 폭만(暴慢)과 부정을 규탄하고 건곤(乾坤)의 공도를 실천하여 부디 속국의 명분을 잃지 않도록 한다. (중략) 본래 천지의 공도에 입각하여 조치한다는 것은 만국공법을 적용하는 것이다.[66]

여기에서는 일본형 화이질서에 기초하여 조선을 '원래 우리의 속국'으로 규정하면서도, '이번의 폭거'(강화도사건)에 대해서는 '천지의 공도'(만국공법)를 알지 못하여 일으킨 것이므로 '조선의 폭만과 부정을 규탄하고 건곤의 공도'를 실천하기 위한 정한(征韓)을 주장하고 있다. "우리나라로 하여금 **자주와 자립의 권리**를 잃어버리게 만들고, 천황폐하의 머리 위로 무한의 오욕(汚辱)을 떨어뜨리는 것"[67]이라는 격한 반응에서 알 수 있듯이, '조선으로부터 생각지도 못한 포발(砲發)을 당했다'는 사실은 만국공법에 의거하여 일본 국가의 '자주와 자립의 권리'를 침해하는 불법에 속하는 것이지, 더 이상 일본형 화이질서에 입각한 무례가 아닌 것이다. 실제로 일본정부가 강화도사건을 계기로 만국공법에 기초한 배상문제를 제시하며 조선과 일본의 국교교섭을 진행했다는 점에서, 강화도사건에 대한 민의 건백서는 여전히 일본형 화이질서에 입각한 조선

---

66) 1875년 10월 28일, 岡山県士族 森沢徳夫, 「(征韓ノ議)」, 위의 책, 949~950쪽. 밑줄은 인용자. 표3에서 1875년 건백서 번호 (225)이다.
67) 1875년 10월 10일, 白川県士族 有馬源内 외 3명, 「(征韓先鋒ヲ乞フ議)」, 위의 책, 936쪽. 강조는 인용자. 표3에서 1875년 건백서 번호 (216)이다.

멸시론을 유지하면서도 한일 간 최초의 근대적 조약인 조일수호조규의 방향성 또한 정확하게 제시하고 있었던 것이다.

4. 나오며

이상, 1870년대에 제출된 건백서를 대상으로 하여 근대전환기의 일본 국민이 어떻게 동아시아를 인식하고 있었는지 알아보았다.

우선 근대 일본 국가체제 성립기의 건백서가 지니는 특징은 다음과 같이 정리할 수 있다.

첫째, 건백서는 공의여론을 자신의 정당성 중 하나로 선언한 신정부가 이를 뒷받침할 만한 제도적 장치로 마련한 것이었다. 둘째, 좌원의 건백서 정책은 다양한 국민들의 적극적인 국정 참여를 권장하는 것이었다. 이러한 과정에서 건백서는 적극적으로 국정에 개입하려는 능동적인 국민의 탄생을 보여주는, 아래로부터 애국을 표상하는 장치가 되었다. 그 결과 건백서는 정부의 입장에서도 국민의 입장에서도 국민참정의 유력한 수단으로 기능하면서 1875년까지 전성기를 맞이했다. 셋째, 하지만 좌원 대신 설치된 원로원이 1876년에 입법과 관련된 건백서 이외에는 받지 않겠다는 규정을 제정한 결과, 국회개설청원운동이 전국적으로 발생하는 1880년까지 건백서 제출 수는 격감했다.

한편 1875년을 전후의 시기에는 1873년 정한론정변, 1874년 타이완 침공, 1875년 강화도사건 등이 연쇄적으로 발생했기 때문에, 이러한 사건에 대한 의견을 개진한 민의 건백서가 다수 제출되었다. 이들 건백서에서는 책봉·조공관계에 입각하여 조선의 무례를 지적하던 기존의 논리와는 다른, 근대적인 영토개념의 확립을 정당화하는 만국공법에 입각하여 조선의 불법을 지적하는 논리가 새롭게 제시되었다. 이것은 이제막 형성되기 시작한 일본 국민이, 조선을 포함한 동아시아와 일본의 관계를 전통적 일본형 화이질서가 아니라, 일본 국가의 자주와 자립의 권리를 지키기 위한 애국적 관점에서 새롭게 인식하기 시작했음을 보여주는 것이다.

제7장

국토와 세계 인식

『고등소학독본』(1888~1889)을 중심으로

1. 들어가며

1885년 12월, 왕정복고를 표방하며 설치된 태정관제가 폐지되고 내각제가 설치되었다. 이는 다가오는 대일본제국헌법 발포(1889)와 제국의회 개설(1890) 등 헌정(憲政)에 대비한 중앙정부의 조직 개편이었다. 이와 같은 국가체제 정비의 움직임 속에서 초대 문부대신으로 취임한 모리 아리노리(森有礼) 또한 대대적인 학제개혁에 착수한다. 이듬해 1886년 3월 제국대학교령, 4월 사범학교령·소학교령·중학교령 발포는 그 시작이라고 할 수 있을 것이다. 과거의 학제(學制, 1872)나 교육령(教育令, 1879)이 학교제도 전반에 걸친 포괄적 규정이었다면, 1886년 법령은 학교 종류별 구체적인 규정을 제정한 것으로 이런 의미에서 모리 문부대신의 학제개혁은 근대적인 학교제도의 기틀을 마련하는 계기가 되었다고 평가할 수 있다.

그중 소학교 교육과정은 심상소학교 4년과 고등소학교 4년으로 이원화되었고, 심상소학교 취학은 의무화되었다. 소학교 교과목은 소학교령이 발포된 지 한 달 만에 발포된 '소학교 학과 및 그 정도(小學校ノ學科及其程度)'(1886.5.25)[1]에서 규정되었는데, 이러한 법령의 변화와 동반하여 교과서에 처음으로 검정제도가 도입된다.[2] 이 시기 검정교과서는

1903년 소학교령 개정으로 국정제도가 도입되기까지 그 내용에 따라 세 시기로 구분할 수 있다.[3]

제1기는 1886년 '소학교령' 및 '소학교 학과 및 그 정도'에 의거한 시기이다. 이 시기 "교과용 도서의 검정은 그 도서가 폐해 없음을 증명하는 것이지 그 우열을 묻는 것"[4]이 아니었기 때문에, 1880년대 교과서는 정정판을 내어 '폐해 없음을 증명'하고 검정을 통과하면 문제없이 교육 현장에서 사용되었다. 이것은 검정제도가 소극적 검열 형태로 시작되었음을 말해준다.[5] 제2기는 1890년 소학교 개정과 '소학교교칙대강'에 의거한 시기이다. 이 시기에 이르러 교육의 최고 목적이 교육칙어에 기초한 '덕성 함양'으로 제시되었고, 이후의 검정제도는 "(소학교령과 소학교교칙대강) 취지에 적합한 것을 인정하는 것", 즉 교과서 내용에 대한 적극적 검열로 바뀌었다.[6] 마지막으로 제3기는 1900년 소학교령 개정과 소학교령시행규칙에 의거한 시기로, 이때 제정된 가나·한자 사용 범위 등

---

1) 文部省令 第8号,『明治十九年 法令全書』下卷, 内閣官報局, 1886, 315~318쪽. 이에 따르면 심상소학교 교과목은 수신, 독서, 작문, 습자, 산술, 체조이고, 지역에 따라 도화(圖畵), 창가를 추가로 개설할 수 있었다. 고등소학교 교과목은 심상소학교 교과목에 지리, 역사, 이과, 재봉(남·녀)이 추가되었고, 지역에 따라 영어, 농업, 수공상업을 추가로 개설할 수 있었다.

2) 文部省令 第7号「教科用図書検定条例」(1886.5.10), 위의 책, 255~260쪽.

3) 海後宗臣·寺崎昌男·仲新,『教科書でみる近現代日本の教育』, 東京書籍, 1999, 78쪽.

4) 文部省令 第2号,「教科用図書検定規則」(1887.5.7.),『明治二十年 法令全書』上卷, 内閣官報局, 1887, 45~46쪽.

5) 浪本勝年,「教科用図書検定規則の研究—検定における'消極性'と'積極性'をめぐって—」,『立正大学人文科学研究所年報』第21号, 立正大学, 1983, 67~68쪽 참조.

6) 文部省令 第3号,「教科用図書検定規則一部改正」(1892.3.25), 위의 논문, 69쪽.

은 교과서 내용에도 큰 영향을 끼쳤다.

이상과 같은 검정제도의 시기 구분과 그 특징에 의하면, 본장의 분석 대상 『고등소학독본』(1888~1889)[7]은 제1기에 속하는 검정 교과서이다. 이 책은 「서문」에서 "본성(本省, 문부성)에 특설한 심사위원의 심사를 받고 문부대신의 재정(裁定)을 거쳐 완성된 것"[8]이라 밝히고 있다. 이는 검정제도를 막 도입한 문부성이 "민간 교과서에 하나의 표준을 제시함으로써 교과서의 개선을 도모한 것"[9]이었음을 말해준다. 그 간행 시기를 고려한다면 불과 몇 년 뒤에 '교육칙어'라는 국가주의적 교육방침이 적극적으로 반영되기 이전의 교과서라는 특징도 지적할 수 있다.[10] 다시 말해서 『고등소학독본』이야말로 학제 도입 이후 실시된 교과서 인정제도보다는 국가의 교육방침을 교과서에 반영하고 있으나, 그 반영 정도가 국정제도에는 이르지는 않아 과도기적 형태의 교과서라고 할 수 있는 것이다.

본장에서는 이러한 『고등소학독본』 속의 국토와 세계에 대한 근대 일본의 심상지리가 어떠했는지 검토한다. 물론 이 시기의 심상지리를 알

---

7) 1888년 11월에 재판된 『高等小學讀本』을 텍스트로 사용한다. 인용문에서 ( )는 본문에 표기된 한자이며 [ ]는 한자의 표기와 달리 번역한 경우를 나타낸다. 『고등소학독본』은 문부성에서 직접 편찬에 관여한 독본용 교과서로, 1888년부터 총 8권을 발행할 예정이었으나 1890년 10월 제2차 소학교령 개정으로 인해 1889년 10월 제7권이 간행되는 것을 끝으로 중단되었다.

8) 文部省編輯局, 『高等小學讀本』 一, 大日本圖書會社·全文社, 1888, 5쪽.

9) 앞의 海後宗臣·寺崎昌男·仲新(1999), 79쪽.

10) 이와 같은 성격의 국어과 교과서로는 당시 함께 출간된 『독서입문』(전 1권)과 『심상소학독본』(전 7권)이 있다.

아보기 위해서는 같은 시기에 발행된 지리 교과서를 분석할 필요가 있다. 실제로 1887년 문부성은 소학교교과용 '지리서편찬취의서(地理書編纂趣意書)'를 공시하고 소학교용 지리 교과서를 공모했다. 이때 역사 교과목도 '역사편찬취의서(歷史編纂趣意書)'를 공시했고, 그 결과 가미타니 요시미치(神谷由道)의 저서가 당선되어 1891년에 『고등소학역사』(전 3권)로 간행되었다. 그러나 지리 교과서는 당선작이 없는 관계로 결국 간행되지 못하였다.[11] 그 결과 이 시기 교과서 중 문부성이 직접 관계한 지리 기술은 『고등소학독본』이 유일하다. 따라서 『고등소학독본』의 지리 내용은 문명개화기에 번역을 통해 직수입된 서양 중심의 지리담론을 받아들이는 한편, 그것이 대일본제국헌법 발포와 함께 교육칙어와 국정교과서와 같은 천황주의로 수렴되어가기 직전의 세계관을 보여주는 데[12] 그 의의가 있다.

그러나 이에 대한 연구는 거의 전무에 가깝다고 해도 틀린 말이 아니다. 현재 일본에서는 국정교과서에 대한 연구는 활발히 이루어지고 있는 반면 검정교과서의 연구는 미비한데, 가이고 도키오미(海後宗臣)[13]와 가이 유이치로(甲斐雄一郎)[14]는 국어과 성립의 측면에서 『고등소학독

---

11) 近藤裕幸, 『わが国旧制中学校の地理教育成立過程における地理学研究者の役割—地理教科書の分析を通じて—』, 早稲田大学大学院教育学研究科教育学専攻 博士論文, 2005, 10쪽 참조.

12) 이와 관련된 선행연구로는 메이지 초기의 지리담론을 대상으로 한 윤상인, 「지리담론을 통해 본 근대일본인의 심상지리와 아시아인식」, 『아시아문화연구』 제23집, 가천대학교 아시아문화연구소, 2011 등이 있다.

13) 海後宗臣, 『明治初年の教育 その制度と実体』, 評論社, 1973 등이 있다.

14) 甲斐雄一郎, 『国語科の成立』, 東洋館出版社, 2008.

2부 국민과 신민의 렌즈, 서로 교차하는 초점

본』의 의미를 연구했다. 한국에서는『고등소학독본』의 역사 서술에 관한 권희주의 연구[15]가 있으나, 대부분『국민소학독본』(1895)의 저본[16]으로 연구되는 경우가 많다. 그중 강진호는『고등소학독본』이 조선으로 입수된 경위를 자세히 밝히고 조선의『국민소학독본』과 일본의『고등소학독본』의 내용을 비교 검토하여 80퍼센트 가까이 유사하다는 사실을 밝혔다.[17] 특히 대한제국 최초의 국어 교과서로 평가받는『국민소학독본』의 저본이 되었다는 점에서『고등소학독본』의 연구는 한국에서 중요한 의미를 지닌다.

그러나 이러한 선행연구는 모두 국어과에 속한 독본용 특성을 중심으로 하는 것으로 지리 서술을 기반으로 근대 일본의 세계관을 다룬 선행연구는 없다. 따라서『고등소학독본』의 지리기술 분석을 통해서, 근대 초기의 문명개화주의 교육정책이 교육칙어로 상징되는 천황주의 교육정책으로 귀결되는 과정에서 존재했던 과도기적 성격의 교육정책이 지니는 다면적 의미를 파악함으로써, '문명개화 → 교육칙어'라는 단선 구도로 서술되는 기존의 근대 일본 교육사를 재검토하는 기회로 삼고자 한다.

15) 권희주, 「일본 교과서 검정시기『고등소학독본』의 동아시아관−역사 서술을 중심으로」, 『일본연구』제22집, 고려대학교 일본연구센터, 2014.

16) 김소영, 「甲午改革期(1894-1895) 敎科書 속의 '國民'」, 『한국사학보』제29호, 고려사학회, 2007 ; 강진호, 「'국어'교과서의 탄생과 근대민족주의−『국민소학독본』(1895)을 중심으로」, 『상허학보』36집, 상허학회, 2012 ; 강진호, 「국어과 교과서와 근대적 주체의 형성−『국민소학독본』(1895)을 중심으로」, 『국제어문』58집, 국제어문학회, 2013 ; 박승배, 「갑오개혁기 학부 편찬 교과서 편찬자가 활용한 문헌 고증 2−국민소학독본과 신정심상소학을 중심으로」, 『교육과정연구』131호, 한국교육과정학회, 2013 등 참조.

17) 위의 강진호(2013) 참조.

2. 『고등소학독본』의 편집 방침

『고등소학독본』의 서언 중 지리와 관련된 편집 방침은 다음과 같이
제시된다.

> 하나. 이 책은 본국(本局, 문부성편집국)에서 편찬한 심상소학독본에 이어
> 고등소학과 1학년 초부터 4학년 말까지 아동에게 독서를 가르칠 용도로 제
> 공하기 위해 편찬한 것이며 모두 8권으로 이루어져있다.[18]
>
> 하나. 이 책을 배우는 아동은 지식이 이미 어느 정도 발달함에 따라 그 재
> 료도 고상한 사항을 선택해야만 한다. 또한 언어와 문장을 가르치는 목적은
> 제반의 학술과 공예의 단서를 습득하는 데 있으므로, 그 재료가 점차 복잡해
> 지는 것은 자연스런 순서이다. 때문에 이 책 안에는 수신, 지리, 역사, 이과,
> 농공상의 상식에 필요한 사항 등을 그 주된 내용의 난이도에 따라 서로 교차
> 적으로 제시했다. (중략)
>
> 하나. 지리는 우리나라의 유명한 도부(都府)·경승지 등에 대한 기술을 비
> 롯하여, 우리나라와 친밀한 관계에 있는 중국[支那], 구미 각국 대도시들의
> 정황을 간략하게 설명했다. 이것은 지리서의 부족한 부분을 부연하려는 취
> 지로 낸 것이다. 또한 역사는 우리나라 고금의 저명한 사적을 기술함으로써

---

18) 이 점에 있어 1889년 2월 11일 '대일본제국헌법' 발포식 당일 모리 아리노리가 국수주의
자들의 반발을 사 암살당한 이후, 모토다 나가사네(元田永孚) 등의 주도로 교육칙어가 공
포되었다는 점을 고려할 필요가 있다(梅渓昇, 『教育勅語成立史』, 靑史出版, 2000 참조). 이것
은 만약 모리가 암살당하지 않았더라면, 제2차 소학교령 개정과 교육칙어 발포로 이어진
교육에 대한 국가의 '적극적 개입'의 시기가 변화되었을 가능성을 의미한다.

	1881년	1886년		1890년~1900년				1947년	
입학 연령	소학교 교칙강령	소학교령 [소학교 학과 및 그 정도]		소학교령 개정(2차) [소학교교칙대강(1891)]				학제 개혁	
6세	소학교 초등과	심상 소학교	1학년	심상 소학교		1학년	1학년	소학교	1학년
7세			2학년			2학년	2학년		2학년
8세			3학년			3학년	3학년		3학년
9세	소학교 중등과		4학년				4학년		4학년
10세		고등 소학교	1학년	고등 소학교	1학년	1학년	1학년		5학년
11세			2학년		2학년	2학년	2학년		6학년
12세	소학교 고등과		3학년			3학년	3학년	중학교	1학년
13세			4학년			4학년			2학년

표1 | 『고등소학독본』(1888~1889) 사용 시기의 소학교 제도

아동으로 하여금 황실을 존경하고 국가를 사랑하는 지기(志氣)를 함양하도록 하는 것이 주된 목적이다. (이하 생략)[19]

이곳에 제시된 편집 방침은 크게 두 가지로 정리할 수 있다. 첫째, 학습대상이 심상소학교를 졸업한, 지금으로 치면 초등학교 5학년에 해당하는 소국민(학생)들로 그 재료(학습 내용)도 기초적이라기보다는 '고상한 사항'에 속하는 것을 선택했다는 점이다(표1 참조). 이는 기초적인 사항을 병렬적으로 나열하는 서술방식이 아니라, 반드시 알아야 하는 상식의 내용을 선택하여 난이도에 따라 집중적으로 서술한 순차적 학습이 이루어졌음을 말해준다.

---

19) 앞의 文部省編輯局(1888), 1~3쪽.

둘째, 지리 내용의 경우는 그 출발점 자체가 '지리서의 부족한 부분을 부연하려는 취지'라는 점이다. 앞에서 언급한 바와 같이 당시 문부성은 '지리서편찬취의서'를 공시하고 소학교용 지리 교과서를 공모 중에 있었기 때문에『고등소학독본』의 지리 내용은 지리서의 부족한 부분을 부연하는 데 그 목적을 두고 있다. 그 결과 방위, 지형, 지도독해 등과 같은 지리 교과의 입문에 해당하는 내용이 아닌 '도부 경승지 등에 대한 기술' 및 '중국, 구미 각국 대도시들의 정황'과 같이, 도시를 중심으로 한 인문지리적 내용이 주를 이루고 있다. 이러한 서술은 국어과 독본용 교재로 적합한 구성이라고 할 수 있을 것이다.

이상과 같은 편집 방침에 따라 서술된 지리 내용은 전체의 16퍼센트를 차지한다(표2 참조). 역사 내용이 32퍼센트, 이과 내용이 31퍼센트인 것에 비하면 비중이 결코 많다고는 할 수 없다. 그러나 다른 한편으로는

권	각　　과	비율(지리/전체)
1권	우리나라(吾国), 도시, 도쿄, 교토, 오사카, 요코하마, 나가사키 1·2·3	24%(9/37)
2권	효고 고베, 니가타, 하코다테, 가나자와, 나고야, 센다이	18%(6/34)
3권	히로시마, 와카야마, 가고시마	8%(3/36)
4권	조약국, 베이징, 아메리카 발견1·2, 샌프란시스코, 뉴욕	17%(6/36)
5권	보스턴, 필라델피아, 합중국의 광업	9%(3/35)
6권	런던, 영국의 상업1·2, 파리, 프랑스의 공업, 베를린	16%(6/37)
7권	비엔나, 로마1·2, 상트페테르부르크1·2, 세계의 주항(周航)1·2, 세계의 주항 속(續)1·2	22%(8/36)
합　　계		16%(41/251)

표2 |『고등소학독본』의 지리 내용

2부 국민과 신민의 렌즈, 서로 교차하는 초점

지리 교과의 기초적 내용을 습득한 소국민들이 부가적으로 학습해야 하는 내용이 선별되었고, 그것이 일본 및 세계의 지형 등이 아닌 도시라는 공간을 중심으로 재편되었다는 데 그 특이점이 있다고 할 수 있다. 구체적으로는 1권~3권이 일본의 도시, 4~7권이 세계의 도시이다. 요컨대 『고등소학독본』의 핵심적인 요소는 도시라는 근대성인 것이다.

3. 『고등소학독본』에 나타난 심상지리

국토를 바라보는 시선

제1권의 제1과는 '우리나라'로 시작한다. 그 전문은 다음과 같다.

① 우리 대일본은 아시아주(亞世亞州) 제국(帝國) 중 하나이며 그 형태가 동북에서 서남쪽으로 뻗어 있는 가늘고 긴 섬나라인 탓에 이에 따라 기후는 변화가 심하지만, 대체로 온화하고 그 토지는 비옥하며 산물도 풍부하다.

② 세계 만국 중에서 독립국이라 할 수 있는 나라는 많다. 그러나 만세일계(萬世一系)의 천황[天子]이 이를 잘 다스리셔서 2천 년 남짓 이어져오는 나라는 우리나라밖에 없다. 우리들은 이러한 나라에 태어났으며 게다가 오늘날은 만국과 부강을 견줘야 하는 시기에 직면하고 있다. 따라서 이 제국의 신민인 우리들이 의무를 다하려면 오로지 힘을 다해 학문을 해야 한다.

③ 학문이란 단지 독서, 습자, 산술 등의 과업을 수행하는 것만을 말하는

그림1 | 대일본지도(『高等小學讀本』一, 1888, 2~3쪽)
그림2 | 대일본국연해약도

것이 아니다. 언제나 교사, 부모 그리고 윗사람의 가르침에 따라 언행을 바르
게 하는 것이 가장 중요하다.

　여기에는 ① 일본지리의 개설, ② '만세일계'라는 일본의 국가적 특
징, ③ 일본에서 학문이 지니는 의의가 기술되어 있다. 이 중 ①의 내용
을 살펴보면, '우리 대일본'의 형태를 '동북에서 서남쪽으로 뻗어 있는
가늘고 긴 섬나라'라고 설명하고 있는데, 그 형태는 바로 뒷장에 게재된
'대일본지도'를 통해 시각적으로 확인할 수 있다(그림1). 이것을 1867년
왕정복고 쿠데타 직전에 가쓰 카이슈(勝海舟)가 편찬한 '대일본국연해
약도'[20]와 비교해보도록 한다(그림2).
　첫째로 위의 두 지도는 모두 경위선이라는 서양의 지도제작법을 따
르고 있다.[21] 그러나 그림2가 홋카이도를 영토로 편입하기 이전에 제작

　2부 국민과 신민의 렌즈, 서로 교차하는 초점

된 지도이기 때문에 근세 일본의 심상지리, 즉 일본의 영토가 규슈·시코쿠·혼슈와 그 부속도서로 이루어져 있다는 삼도영토관(三島領土觀)을 나타내고 있는 반면, 그림1은 당연히 홋카이도를 포함한 사도영토관(四島領土觀)을 나타내고 있다.[22] 그런데 한 가지 흥미로운 점은 『고등소학독본』이 간행된 1888년 당시의 지방행정은 부현(府縣)제도였음에도 야마시로(山城)·오우미(近江)·이즈미(和泉) 등과 같이 막부 시기의 지방지배 단위인 구니(國)를 표기하고 있다는 점이다. 부현 설치가 가장 늦은 오키나와도 이미 1879년에는 류큐번을 폐지하고 오키나와현이 설치되었음에도 그림1에는 '오키나와시마(沖繩島)'라고 기입되어 있다. 『고등소학독본』의 어느 곳에도 이에 대한 설명이 없으므로 그 이유를 알 수는 없다. 다만 이미 왕정복고라는 슬로건 아래 고대 천황제를 계승한다는 의미에서 설치되었던 태정관제(중앙정부)가 폐지되고(1885) 내각제가 설치되었음에도 여전히 고대 일본의 천황제 국가(율령제)에서 천황 중심의 세계관(군현제)을 구현하는 방식인 '구니'를 일본열도(국토)에 표기함으로써 천황제 국가임을 시각적으로 드러내려 했던 것으로 파악할 수

---

20) 京都大学附属図書館所蔵古地図コレクション, 지도 비교를 위해 화상을 180도 회전했다. http://edb.kulib.kyoto-u.ac.jp/exhibit/maps/map028/image/index.html(2014년 10월 13일 검색)

21) 경위선을 표기한 최초의 일본지도는 1671년에 제작된 '일본분야도(日本分野図)'이다. 이에 대해서는 海野一隆, 『地図に見る日本—倭国·ジパング·大日本—』, 大修館書店, 1999, 131쪽 참조.

22) '삼도영토관'과 '사도영토관'은 신동규, 「일본의 사찬지도로 본 전근대 '삼도영토관'에 관한 고찰」, 홍성화·송완범·김보한·신동규, 『전근대 일본의 영토인식』, 동북아역사재단, 2102 참조.

있다. 그리고 한 가지 분명한 것은 그림2와 달리 그림1은 '일본해'와 '태평양' 사이에 위치하는 '섬나라' 일본을 중심에 놓고, 왼쪽 구석에 오키나와열도, 오른쪽 구석에 쿠릴열도와 오가사와라제도(小笠原諸島)를 배치하고 있다는 점이다. 여기에는 메이지유신 이후 새롭게 편입된 영토와 함께, 이전에는 명칭이 존재하지 않았던 바다를 이제는 서양의 지리지식을 받아들여 '태평양'이라고 지칭하고 있음을 알 수 있다. 또한 본문에서 언급하는 도쿄, 요코하마, 나고야 등에 대한 설명에는 각 도시가 위치한 구니 명칭이 전혀 언급되지 않고 있다. 이는 그림1을 게재한『고등소학독본』에 구니 명칭으로 대표되는 메이지유신 이전의 국토와 메이지유신 이후의 국토에 대한 심상지리가 혼재되어 있음을 보여준다.

둘째로 그림2와 달리 그림1에서는 왼쪽 상단에 중국 대륙의 일부가 시각적으로 등장하는데, 그 명칭이 '중국[支那]'도 '청(淸)'도 아닌 '만주'라는 것이 눈길을 끈다. 이것은 그림2와 비교해보면 알 수 있듯이, 중국의 '만주'(지금의 동북지역)를 일본열도 쪽으로 끌어당겨 표기한 결과이다. 이것을 근대 일본이 걸어간 대륙 침략의 전조로 보는 것은 지나친 해석이겠지만, 그렇다고 해도 1880년대 들어서 조선을 둘러싸고 청과 대립을 반복하던 당시 일본의 상황을 보건대, 중국대륙 중에서도 조선과 접한 만주는 일본이라는, 국토와 타국을 구체화하려는 심상지리에서 만주가 필수 지역이었다는 점만은 확인할 수 있을 것이다.

다음으로 일본지리의 주된 내용으로 제시된 도시가 어떻게 서술되고 있는지 알아보도록 한다.『고등소학독본』에서는 도시의 개념을 다음과 같이 서술하고 있다.

여기에 있는 학생들 중에는 무라(村)에서 태어난 사람도 있고 또 마치(町)에서 태어난 사람도 있을 것이다. 그렇지만 무라와 마치는 어떤 구별이 있는가. 너희들은 모두 그 구별을 할 줄 아느냐 모르느냐.

무라는 농업에 종사하는 사람이 많이 사는 곳이며, 가구 수도 적고 산재되어 있다. 마치는 사람이 많고 모여 살고 상업, 공업을 하며 부자도 적지 않아 그 가구 수도 적게는 2~3백 호에서부터 많게는 1만 호 이상 또는 10만 호 이상이 되기도 한다. 이를 모두 도회라 칭한다. 그 인구는 원래 가구 수에 준해 많고 적은 것을 추정해 아는 것이다.

도쿄, 오사카, 교토는 가장 번성한 도회라서 전국의 도부(都府)라 칭하고 이를 3부라 칭해왔다. 그중에서도 도쿄는 천황폐하가 계시는 곳, 정부가 소재하는 곳으로 전국의 정사는 모두 이곳에서 시작된다. 따라서 이를 수도라 칭하고 상업, 제조업 또한 번성해 있다. 그리고 예부터 오사카는 오로지 상업, 교토는 제조업으로 그 명성이 높다.

3부에 이어서는 요코하마, 고베, 나가사키, 니가타, 하코다테가 있는데, 이를 우리나라의 5개 항구라 부르고 상업상 거래는 국내외를 불문하고 가장 활발하다. 기타 가구 수 3~4만 호 전후의 도회가 많고 모두 우리나라 안에서 상업과 제조 모두 제법 번창한 곳이다.[23]

여기에서 도회(도시)는 "가구 수도 적게는 2~3백 호에서부터 많게는 1만 호 이상 또는 10만 호 이상", "기타 가구 수 3~4만 호 전후의 도회가 많고"라고 기술되어 있듯이 바로 수치화되는 공간이다. 이후 각 도시

---

23) 앞의 文部省編輯局(1888), 10쪽.

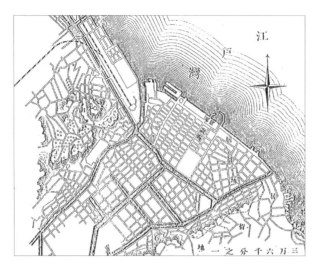

그림3 | 요코하마 시가지(『高等小學讀本』一, 1888, 70쪽)

의 서술은, 예를 들어 요코하마의 경우처럼 "시가지의 전체 수는 약 220 개이며 인구는 대략 5만 9천 명"[24]이라는 수치로 제시하면서 '3만 6천 분의 1'과 같이 반드시 서양식 축적법으로 작성된 시가지 지도가 제시되고 있다(그림3). 그 결과 이를 학습하는 소국민들은 자연스럽게 구체적으로 제시된 수치를 토대로 도시의 공간적 범위와 특성을 시각적으로 인지할 수 있게 된다. 그리고 이러한 방식은 일차적으로는 천황폐하가 계시는 곳과 정부가 소재하는 곳=수도=도쿄를 중심에 놓고, 이외의 도시들을 수치화된 규모에 따라 피라미드식으로 인식하도록 만드는 효과를 낳는다.

24) 위의 책, 71~72쪽.

다음으로 도시에 대한 구체적인
설명 방식을 살펴보겠다. 우선 수부
(首府) 도쿄 다음으로는 3도(都)라는
범주로 묶이는 교토와 오사카 순서
로 설명하고 있다. 구체적으로 인구
를 수치로 나타내는데 교토 인구는
25만, 오사카 인구는 35만이라고 한
다. 그러나 "교토는 간무(桓武) 천황
이 황거를 정한 곳"[25]이라고 설명하
고 있듯이, 여기에서는 수치화된 도
시 규모보다 천황과의 거리가 우선
시되고 있다.

그림4 | 홋카이도의 토인(『高等小學讀
本』 一, 1888, 41쪽)

3도 다음으로는 개항장이 제시된다. 이것은 개항이라는 요소가 3도
다음으로 중요한 지위를 차지하고 있음을 보여준다. 요코하마(1859) →
나가사키(1859) → 고베(1868) → 니가타(1869) → 하코다테(1855/1859)
순서인데, 이는 개항 연도순이다. 다만 하코다테는 역사 기술 중 '야마토
다케루노미코토(日本武尊)의 동이(東夷) 정벌'을 설명하면서 "홋카이도
토인(土人)을 옛날에는 에조(蝦夷) 혹은 동이(東夷)라 불렀다"[26]라고 기
술하고 홋카이도 토인(아이누인)의 삽화(그림4)를 제시한 것처럼 메이지
유신 이후 일본영토로 편입된 홋카이도를 내부의 타자로 인식하던 근대

---

25) 위의 책, 27쪽.
26) 위의 책, 40쪽.

일본의 심상지리를 드러낸다고 볼 수 있을 것이다.

한편 나가사키에 대한 설명은 매우 특징적이다. 다른 도시와 달리 세 개의 과에 걸쳐 많은 양을 차지하는데, 그 내용도 에도시대 교역 과정과 도시 규모 및 특징뿐 아니라 정성공(鄭成功)과 타이완에 관해 하나의 과를 할애하면서까지 상세히 설명하고 있다. 정성공은 청에 저항한 명의 유신 정지룡(鄭芝龍)과 일본인 어머니 사이에 태어난, 이른바 혼혈인이 다. 그의 공적은 다음과 같이 설명된다.

이미 정지룡은 청에 항복했지만 정성공은 이를 떳떳하게 생각하지 않고 샤먼(廈門)이라는 섬에 한 성을 축조하고 스스로 이곳에 거주하며 타이완(臺 灣)도 공격하여 영지로 삼았다. 그렇지만 명조를 재건하려는 마음이 깊어졌 기 때문에 하문의 이름을 고쳐 사명주(思明州)라고 불렀는데 (이는) 명조를 그린다는 의미이다. 또한 타이완의 이름을 고쳐 동녕(東寧)이라 칭한 것도 일본을 축복한다는 뜻에서 유래한 것이다.

정성공은 종종 청나라 군대와 싸워 그 위세를 대단히 떨쳤는데 간에 이(寬永, 1624-1644) 연간에 이르러 결국 동녕에서 병사했다. 그때 나이 서른아홉이었다. 그의 아들 금사(錦舍)는 남겨진 땅을 물려받아 동녕을 통치하고 한층 청조를 따르지 않았다. 그가 죽음에 이르자 그의 아들 주 사(奏舍)는 더더욱 청조를 따르지 않았으나 청조의 권위가 날로 성하니, 이윽고 동녕을 내어주고 청조에 항복하여 동해왕(東海王)에 봉해졌다. 정성공이 처음 뜻을 천명하고 병사를 일으킨 지 대략 3대, 38년 만에 멸 망했다고 한다.[27]

타이완에는 '민족영웅 정성공'이라는 설명이 명시된 동상을 종종 볼 수 있다(그림 5). 이는 현재 타이완에서 정성공이란 인물이 중국 대륙과 거리를 유지한 타이완의 독립을 상징하는 역사적 인물로 해석되는 경향이 있기 때문이다. 그런데 『고등소학독본』에서는 나가사키라는 도시를 설명하는 가운데, 나가사키 출신 어머니의 피가 섞인 정성공을 타이완과 함께 설명함으로써 나가사키(일본)와 타이

그림5 | 타이난(台南)의 정성공 동상

완의 심리적 거리를 가깝게 만들고 있다. 더군다나 정성공에 대한 언급 다음으로 네덜란드 점령을 언급하면서 "네덜란드인이 동양과 교역할 때에는 자바 섬을 근거지로 삼았으며, 타이완에 주인이 없었기 때문에 성을 축조하고 이곳을 근거지로 삼았다"[28]고 설명하고 있다. 즉 서양 제국주의가 영토를 확장하는 가운데 제시했던 이른바 무주지 선점론으로 네덜란드의 타이완 점령을 설명하고 있는 것이다. 그 결과 소국민들은, 당

---

27) 위의 책, 105~106쪽.

28) 위의 책, 106쪽.

시로서는 타이완이 청의 영토이지만 본래 타이완이란 곳은 역사적으로 거슬러 올라가면 절반은 일본인인 정성공이 지배했고, 이후에도 한동안 '주인 없는 곳'이었음을 인식하게 된다. 여기에는 근대 일본의 최초 해외 파병인 타이완침공(1874)으로부터 불과 14년밖에 지나지 않은 1888년 당시, 타이완침공에서 청에게 50만 냥의 배상금을 받아냈던 국가적 차원의 '기억'이 나가사키라는 도시 공간을 통해 소환되면서 근대 일본의 심상지리가 타이완까지 확대되는 효과를 만들어내고 있다.[29]

그리고 이러한 심상지리는 엄연히 일본의 조약국(타국)이었을 조선으로도 향한다. 다음은 진구황후의 '삼한 정복'에 대한 설명이다.

> 고구려, 백제 두 나라 또한 이 사실을 듣고 마침내 우리나라의 속국이 되어 공물을 헌상했다. 이로써 황후는 모든 군을 통솔하여 마침내 돌아온다. 이를 세간에서는 삼한정벌이라 한다. 이렇게 신라, 고구려, 백제를 옛날에는 삼한이라고 했다. 지금의 조선을 말한다.[30]

지금은 신화로 이해되는 진구황후의 기록을 역사적 사실(事實)로 설명함으로써, 소국민들에게 일찍이 조선이 일본의 '속국'이었던 점을 전달해 서양 제국주의의 식민지 개념으로 이해하도록 만들고 있다. 또한 이러한 시각은 문물의 전달면에서도 조선을 배제하고 진구황후를 통해 직접 대륙의 문화를 받아들였을 가능성을 시사함으로써 조선을 동아시

---

29) 본서 제2부 제5장 참고.
30) 앞의 文部省編輯局(1888), 10쪽.

2부 국민과 신민의 렌즈, 서로 교차하는 초점

아의 힘의 구도에서 배제하고 있음을 알 수 있다.[31]

그렇다면 조선 이외의 타국을 향한 시선은 어떠했을까?

타국을 바라보는 시선

『고등소학독본』에서 타국을 바라보는 시선의 출발점은 조약국이다. 제3권 제7과 조약국의 내용은 다음과 같이 시작한다.

① 우리 천황폐하와 외국의 제왕 또는 대통령 사이에 조약서를 교환하고, 국민이 서로 교통하고 무역하는 나라들을 조약국이라 한다. 조약국 사이에는 서로 전권공사라는 높은 관리를 파견하여 외교 사무를 담당하도록 하고, 또한 각국 인민이 거류하는 무역장에는 그 나라의 영사를 두어 무역 사무를 담당하게 한다.

② 우리 조약국은 현재 19개국이 있다. 이들 나라와 우리 천황폐하께서 조약서를 교환하신 것은 그 시기가 앞서거나 뒤서거나 하지만, 지금으로부터 30년 전에 도쿠가와 막부가 아메리카 합중국과 가(假) 조약서를 교환했을 때가 처음이다. 이후 각국이 조약을 요구하는 일이 끊이지 않아 마침내 19개국에 이르게 되었다.

---

31) 1874년 문부성에서 간행한 관판 역사 교과서인 『개정사략(改正史略)』(官版1)의 16대 오진(應神)천황의 항목(현재는 15대)에는 왕인박사가 천자문을 전래했다는 기술이 있으나 1888년의 『고등소학독본』에서는 '천자문'이나 '논어'에 관한 언급 없이 진구황후를 통해 직접 문물이 전달되었음을 나타내, 문물 전달자로서의 조선을 배제하려는 태도를 볼 수 있다. 앞의 권희주(2014) 참조.

③ 조약국을 열거하면 아시아주에서는 중국, 조선, 태국 3개국, 아메리카주에서는 합중국, 페루 2개국, 대양주에서는 하와이 1개국이다. 또한 유럽에서는 영국, 러시아, 네덜란드, 프랑스, 독일, 오스트레일리아, 포르투갈, 스위스, 벨기에, 이탈리아, 덴마크, 스페인, 스웨덴 13개국으로 총 19개국이다.

④ 조약국 중 대도시의 정황을 아는 것은 교통이 빈번한 오늘날 특히 긴요한 일이다. 여기에 중요한 도시를 말하자면, 지나(支那)의 베이징, 합중국의 뉴욕, 보스턴, 필라델피아, 샌프란시스코, 영국의 런던, 프랑스의 파리, 독일의 베를린, 오스트레일리아의 비엔나, 이탈리아의 로마, 러시아의 상트페테르부르크 등이 모두 세계 굴지의 도시이다. 따라서 앞으로 이들 도시의 정황을 차례대로 기술하여 그 일반을 제시하고자 한다.[32]

①에서는 조약을 맺는 이유를 설명하고, ②와 ③에서는 19개 조약국을 열거한 뒤, ④에서는 조약국의 대도시를 알아야 한다는 취지를 설명하고 있다. 이렇듯 조약국을 중심으로 타국을 바라보는 시선은 당시 정치적으로 최대 화두였던 조약개정을 배경으로 한다. 1886년 외무대신 이노우에 가오루(井上馨)의 주도로 각국 공사단과 조약개정회의를 개최하고 관세인하 등의 조건으로 외국인 판사의 임용 등을 허용하는 협의안을 작성했다가 정부 내외의 비판을 받아 이노우에가 사직한 것이『고등소학독본』간행 1년 전의 일이기 때문이다. 따라서『고등소학독본』에서 타국을 바라보는 시선이 조약국에서 시작되는 이유는 1880년대에

---

32) 文部省編輯局,『高等小學讀本』四, 大日本圖書會社·全文社, 1889, 19~20쪽.

일관되게 추진된, 하지만 실패로 돌아간 로쿠메이칸(鹿鳴館) 외교정책의 영향이 여전히 남아 있었기 때문이라 할 수 있을 것이다.

그렇다면 조약국의 '대도시'를 바라보는 시선은 어떠했을까?

『고등소학독본』에서 타국을 향한 시선은 베이징 → 샌프란시스코·뉴욕·보스턴·필라델피아(미국) → 런던(영국) → 파리(프랑스) → 베를린(독일) → 비엔나(오스트리아) → 로마(이탈리아) → 상트페테르부르크(러시아)로 이동하고 있다. 이러한 시선 이동의 특징은 베이징을 제외하고는 이와쿠라 사절단(1871~1873)의 이동경로와 일치한다는 점이다. 주지하다시피 이와쿠라 사절단의 첫 번째 목적은 1872년 7월 2일로 다가온 조약개정 기한을 앞두고 처음 조약을 맺은 미국과 조약개정의 예비교섭을 하는 것이었기 때문에, 이와쿠라 사절단은 태평양을 건너 미국 → 유럽 → 아시아로 이동하는 경로를 취할 수밖에 없었다. 물론『고등소학독본』을 편집한 문부성 편집국과 이와쿠라 사절단의 인적 네트워크를 명확히 관련지을 수 있는 확증은 없다. 다만『고등소학독본』편집 책임자 이사와 슈지(伊澤修二)가 미국으로 유학을 다녀왔다는 점, 이와쿠라 사절단의 공식기록인『특명전권대사 미구회람실기』(전 5권)가 1878년 10월 태정관기록괘장판(太政官記錄掛藏版)으로 출판된 이래 1880년 9월까지 총 3쇄에 걸쳐 인쇄된 점, 당시로서는 정부의 주요 관료 상당수가 세계 각국을 견문하고 기록한 유일무이한 기록이라는 점 등을 고려해보면 [33] 이사와 슈지가『특명전권대사 미구회람실기』를 참

---

33) 박삼헌,「책을 내면서」,『특명전권대사 미구회람실기』제3권 유럽대륙(상), 소명출판. 2011, 9쪽.

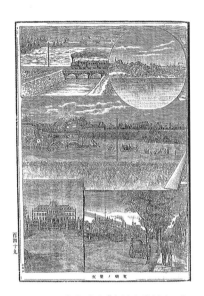

그림6 | 문명의 경황(『高等小學讀本』七, 1889, 149쪽)

고했을 가능성은 매우 높다. 실제 『고등소학독본』에서 타국을 바라보는 시선은 이와쿠라 사절단의 시선과 유사한데, 그것은 '문명'이라는 소실점으로 수렴되는 시선이다.[34]

『고등소학독본』 제7권의 마지막에는 '근대의 문명'이라는 과를 배치하고, "동북은 홋카이도에서 서남은 오키나와현에 이르기까지 항로를 열고"[35] "동서 양경(兩京, 도쿄와 교토) 사이를 왕복하는 철도"[36]를 건설하며, 전신과 우편으로 세계를 잇는 등[37] 풍요로운 문명을 서술하는 한편, 이를 시각화하여 그림6과 같이 제시하고 있다. 여기에서 중요한 것은 철도나 서양식 건물 등과 같은 문명 표상을 위와 아래에 배치하면서 그 가운데에 천황을 상징하는 니주바시(二重橋)를 배치하고 있다는 점이다. 천황을 상징하는 표상을 가운데 배치함으로써 위와 아래(문명)의 연결고리를 천황으로 시각화하는 것이다. 여기에서 천황은 교육칙어로 대표되는 이에(家)제도에 기초한

---

34) 이와쿠라 사절단의 역사적 의미는 본서 제1부 제2장 참조.
35) 文部省編輯局, 『高等小學讀本』 七, 大日本圖書會社·全文社, 1889, 146쪽.
36) 위의 책, 148쪽.
37) 위의 책, 150쪽.

2부 국민과 신민의 렌즈, 서로 교차하는 초점

'일본 민족'의 최대 가부장으로서가 아니라 아직은 문명개화의 상징으로 표상화되고 있다.

4. 나오며

본장에서는 근대 일본의 교과서 검정시기 『고등소학독본』에 나타난 지리 서술을 중심으로 국토와 세계에 대한 근대 일본의 심상지리를 검토했다.

1888년에 간행된 『고등소학독본』은 문부성에서 검정제도를 시행한 뒤 직접 편찬에 관여한 독본용 교재로, 검정제도에서 국정제도로 옮겨가는 과도기적 성격의 교육정책이 지니는 다면적 특성을 지니고 있는 교과서라고 할 수 있다. 또한 이 시기에는 관판 지리 교과서가 출간되지 않았기 때문에 문부성이 직접 관계한 지리 기술은 『고등소학독본』이 유일하다.

지리적인 측면에서 『고등소학독본』의 편집 방침은 크게 두 가지로 정리할 수 있다. 첫째는 문부성의 주도로 소국민(아동)들이 학습해야 할 내용을 취사선택하여 난이도에 따라 집중적으로 서술되었고, 둘째는 지리서의 부족한 부분을 부기하여 도시를 중심으로 한 인문지리적 내용이 주를 이룬다는 점이다. 즉 『고등소학독본』의 심상지리에서 핵심적인 요소는 문명을 상징하는 도시라는 근대성으로 수렴되고 있다는 점이다.

국토를 바라보는 교과서의 시선은 크게 두 가지로 정리할 수 있다. 하나는 메이지유신 이전의 지방지배 단위인 구니(國)를 표기한 것이고, 다른 하나는 메이지유신 이후 영토로 편입된 오키나와열도, 쿠릴열도, 오가사와라제도가 배치되어 있는 것이다. 이것으로 미루어 볼 때, 『고등소학독본』에는 메이지유신 이전과 이후의 국토에 대한 심상지리가 혼재되어 있음을 알 수 있다. 또한 3도 → 개항장 순서로 서술된 내용에서는, 제시된 시가지 지도와 인구 수치가 도시의 공간적 범위와 특성을 시각적으로 인지할 수 있도록 표기되었다. 이러한 방식은 도쿄와 이외의 도시들을 수치화된 규모에 따라 피라미드식으로 인식하도록 만드는 효과를 만들어냈다. 그리고 개항장은 개항한 연도순에 따라 배치되고 있는데, 개항장마다 역사적 기술이 추가로 이루어지고 있다는 점이 특징이다. 예를 들어 하코다테의 경우는 '야마토 다케루노미코토의 동이 정벌'을 설명하면서 '홋카이도 토인'을 제시했고, 나가사키의 경우에는 나가사키 출신 어머니의 피가 섞인 정성공과 타이완에 한 과를 할애하여 일본과 타이완의 심리적 거리를 가깝게 만들고 있다. 또한 무주지 선점론으로 네덜란드의 타이완 점령을 설명함으로써 제국주의적 영토 확장에 정당성을 부여하고 있다.

타국을 바라보는 시선은 '조약국' 순서대로 이동하고 있다. 이것의 특징은 베이징을 제외하고는 이와쿠라 사절단의 이동경로와 일치한다는 점이다. 즉 이와쿠라 사절단의 시선과 동일하게 '문명'이라는 유일한 소실점으로 수렴되는 성격을 지니는 것이다. 그리고 그 시선은 일본 국내로 이동하면서 철도나 서양식 건물 등과 같은 문명의 표상과 천황을 상징하는 니주바시가 함께 배치되고 있다. 이는 『고등소학독본』에서 천황을 바라보는 시선이 아직은 교육칙어로 대표되는 이에제도에 기초한 '일본 민족'의 최대 가부장이 아니라 메이지 초기에 제시되던 문명개화의 상징에 머물러 있음을 보여준다. 이런 의미에서 『고등소학독본』의 지리 서술은 교과서 검정시기의 문명개화적 세계관에서 국정 시기의 천황 중심적 세계관으로의 이행이 어떻게 이뤄졌는지 알 수 있는 과도기적 텍스트라는 점에 그 의의가 있다.

제8장

메이지 일본 풍경의 발견

『내국여행 일본명소도회』(1888~1890)를
중심으로

1. 들어가며: 시가 시게타카의 『일본풍경론』 재고

풍경이란 무엇일까? 한 인터넷 포털사이트 사전에 따르면, 풍경은 "감상의 대상이 되는 자연이나 세상의 모습"이고, 다음과 같은 예문들이 제시되고 있다.[1]

> 시골 개울가에서 촌부가 빨래를 하던 모습은 이제 보기 힘든 풍경이다.
> 아직도 흰 눈이 희끗희끗 보이는 산골의 겨울 끝물 풍경이 정답다.
> 코스모스가 줄을 지어 핀 철로변 풍경은 가을 냄새를 물씬 풍긴다.
> 첫차를 기다리는 사람들로 가득 찬 대합실의 풍경은 을씨년스러웠다.

예문은 시골 개울가, 산골, 철로변, 대합실이라고 적고 있을 뿐, 구체적인 지명을 제시하지 않는다. 그럼에도 '우리'는 각자 어떤 시골의 개울가, 산골, 철로변, 대합실을 떠올리면서 일정한 풍경을 공유할 수 있을 것이다.

---

1) http://dic.daum.net/word/view_example.do?wordid=kkw000280428(최종검색일 2015.6.4.)

그럼 이쯤에서 질문을 해보자. 예문을 보고 일정한 풍경을 공유하는 우리가 '한국인'이 아니라면 공유하는 풍경의 내용은 어떻게 될까? 너무도 당연한 질문이기에 순간 머뭇거릴 수도 있겠지만, 많은 이들이 풍경의 내용은 달라질 것이라 답할 것이다. 왜냐하면 풍경은 감상의 대상 영역에 존재하는 자연이나 세상의 모습이 아니라, 감상하는 인간 영역에 존재하는 이미지 또는 표상이기 때문이다. 이것은 자연이나 세상의 모습(객체)이 아니라 그것을 감상하는 인간의 시선(주체)이 풍경의 내용을 규정한다는 것을 시사한다. 따라서 풍경은 감상하는 인간의 시선에 의해 '발견'되는 것이다.

이상과 같이 풍경은 발견된다는 관점을 가지고 이 글의 주제로 들어가자. 그렇다면 '일본'이라는 풍경은 언제 어떻게 발견되었을까?

일본풍경론의 계보를 논할 때 반드시 그 첫 쪽을 장식하는 것이 시가 시게타카의 『일본풍경론』(1894.10.27.초판)이다.[2] 예를 들어 이효덕은 다음과 같이 『일본풍경론』의 역사적 의미를 정리한다.

---

2) 대표적인 연구로는 勝原文夫, 『日本風景論序説 農の美学』, 論創社, 1979 ; オギュスタン・ベルク, 篠田勝英 訳, 『日本の風景·西欧の景観ーそして造景の時代』, 講談社, 1990 ; 李孝徳, 『表象空間の近代ー明治『日本』のメディア編制ー』, 新曜社, 1996(박성관 옮김, 『표상 공간의 근대』, 소명출판, 2002) ; 加藤典洋, 「武蔵野の消滅」, 『日本風景論』, 講談社, 2000 ; 亀井秀雄, 「日本近代の風景論ー志賀重昂『日本風景論』の場合」, 小森陽一 外 4 人 編集, 『岩波講座 文学7 つくられた自然』, 岩波書店, 2003 ; 大室幹雄, 「第1章 日清戦争 大日本 精神 愛国心」, 『志賀重昂「日本風景論」精読』, 岩波書店, 2003; 前田愛, 「志賀重昂と日露戦争」, 『幻景の明治』, 岩波文庫, 2006 ; 溝尾良隆, 「日本の風景観-18世紀後半~現代」, 『観光学と景観』, 古今書院, 2011 등이 있다.

시가의 『일본풍경론』은 옛날부터 내려오던 우타마쿠라(歌枕)·우타나도 코로(歌名所)[3]적인 지리의식과 풍토의식을 일소하고, 누구든 자신의 시점으로 어디에서라도 발견할 수 있는 풍경미를 제시했다. 그뿐만 아니라, 단일체(單一體)로서의 '일본'을 제시함으로써 최초로 거둔 대외전쟁(청일전쟁을 의미함 — 인용자)의 승리에 열광하던 당시의 민중에게 '국가'라는 단일체를, 그리고 국민개병 상황이므로 자신들이 동등하게 쟁취해낸 승리라고 믿을 수 있게 된 민중에게 '국민' 공동체를 의식시키고 내면화하는 단서를 열어주기도 했다. 결국 시가의 『일본풍경론』 출판은 '국민(nation)'이라는 '상상의 공동체'의 풍경이 탄생했다는 포고, 바로 그것이었다.[4]

여기에서 시가의 『일본풍경론』은 청일전쟁과 같은 적대적 타자와의 대립을 배경으로 일본인의 자기 정체성과 '국토'를 연결시킨, 따라서 '국민(nation)'이라는 '상상의 공동체'의 풍경을 처음으로 발견한 것으로 평가받는다.[5]

근대 국민국가는 영토 확정을 토대로 성립한다. 확정된 영토는 국토라 불리며 국어, 국사와 함께 한 국가의 주권이 미치는 범위이자 국민을 하나로 묶는 장치로 기능한다. 이 과정에서 국토는 해당 국민이 공유하

---

3) 박성관의 번역본에는 '우타메이쇼우'라고 되어 있다. 하지만 와카(和歌)에 등장하는 지명을 의미할 때에는 '우타나도코로'라 읽기 때문에 인용하면서 수정했다.

4) 앞의 李孝德(1996), 인용은 박성관 옮김(2002), 291쪽.

5) 주2)에서 언급한 대부분의 연구들은 시가의 『일본풍경론』에서 발견된 내이션의 성격을 청일전쟁과 관련지어 침략주의적 애국주의로 평가하고 있으며, 가메이 히데오(亀井秀雄)만이 메이지시대의 '건전한 내셔널리즘' 지문학(地文學)으로 평가하고 있다.

그림1 | 아름다운 국토(志賀重昴, 『新裝版 日本風景論』, 講談社, 2014, 18쪽)

는 '국민적 풍경'으로 이미지화된다. 이런 의미에서 "일본에는 다양한 기후와 해류가 수시로 변하고 수증기가 많으며, 특히 화산암이 많고 해류 침식이 격렬"한 국토의 특징을 과학적으로 제시하여 "우리나라 풍광의 아름다움"을 명확히 정리한 시가의 『일본풍경론』이야말로 지금까지도 받아들여지는 일본의 국민적 풍경을 '발견'했다고 평가받고 있는 것이다.[6]

한편 『일본풍경론』에는 풍경을 그린 삽화가 총 41장 실려 있다. 대부분은 산을 배경으로 한 풍경인데, 그림1은 그중 하나이다.[7]

이것은 누가 봐도 후지산을 배경으로 하고 있다. 하지만 삽화에는 '이상상의 일본'이라는 제목과 '아름다운 국토'라는 부제만 제시되고 있다. 후지산을 그리면서도 후지산이라는 고유명이 아니라 아름다운 국토라는 설명을 제시함으로써, 후지산의 아름다움은 일본열도의 어떤 산이

---

6) 小島烏水, 「解説」, 志賀重昴 『日本風景論』, 岩波書店, 1937, 3~6쪽.

7) 시가는 초판에서 증정14판까지 매번 표지 삽화를 교체했다가, 증정15판(1903)부터는 삽화를 사용하지 않고 '일본풍경론'이라는 표제만 사용했다. 참고로 그림1은 증정3판(1895)의 표지 삽화이고, 이후 본문에 삽입되었다.

라도 지니게 되는 아름다움이 된다. 고유명이 사라지고 익명으로 처리된 후지산 풍경(그림1)이야말로 '후지산을 중심으로 하는 풍경 질서로 일본열도를 재편'하려던 『일본풍경론』의 의도를 단적으로 보여주는 것이라 할 수 있다.[8]

그런데 한 가지 흥미로운 것은 그림1이나 '히다(飛驒)의 산중'[9]과 같이 고유명 또는 특정 장소를 제시하지 않고 익명으로 처리한 풍경이 있는 반면, 오노(小野) 폭포와 같이 고유명을 제시한 삽화도 있

그림2 | 오노(小野) 폭포(志賀重昂, 『新装版 日本風景論』, 講談社, 2014, 39쪽)

다는 점이다(그림2). 현재 나가노현 (長野縣)에 있는 오노 폭포는 나카센도(中山道)의 기소(木曽) 8경 중 하나로, 아키사토 리토(秋里籬島)가 편찬한 『기소지명소도회(木曽路名所図會)』(1805)에도 소개된 장소이다.[10] 이것의 의미를 파악하기 위해 잠시

---

8) 앞의 加藤典洋(2000), 192~194쪽 참조. 후지산과 근대 일본의 내셔널리즘의 관계는 上垣外憲一, 「富士山の文化史」, 『現代思想』 vol.41-14, 2013 ; 川村邦光, 「富士山の近代とディスクール」, 『現代思想』 vol.41-14, 2013 참조. 쇼와시대의 후지산 내셔널리즘에 관한 한국의 연구로는 이경희, 「'일본의 상징'으로서의 후지산-그 표상을 둘러싼 또 하나의 시좌」, 『동아시아문화연구』 제54집, 한양대학교 동아시아문화연구소, 2013 등 참조.

9) 志賀重昂, 『新装版 日本風景論』, 講談社, 2014, 255쪽.

에도시대에 다수 출판된 '~명소도회'의 특징을 알아보도록 하자.

주(3)에서 언급한 바와 같이 명소(名所)를 '나도코로'로 읽으면, 와카에 나오는 지명이 된다. 와카에 나오지 않으면 아무리 이름난 곳이라 해도 나도코로(名所)가 아닌 고적(古跡)이 된다. 나도코로는 어디까지나 와카 속에 등장하는 말로, 실제 그곳에 가서 와카를 읊은 것이 아니라, 와카의 내용이나 이미지에 맞춰서 읊어지는 지명에 불과한 관념적 세계다. 그러던 것이 에도시대에 들어 실제로 나도코로를 방문하게 되면서 명소는 점차 와카의 관념적 세계의 산물인 나도코로에서 실제로 찾아가서 즐기는 행락지가 되었다. 이때부터 명소는 '메이쇼'라 불리기 시작했다.[11] 『미야코명소도회(都名所図會)』(1780)는 나도코로가 아닌 메이쇼를 찾는 사람들을 위해 출판된 최초의 '~명소도회'이다. 이것이 4천 부 정도 팔릴 정도로 대성공을 거두자, 주요 가도의 메이쇼를 안내하는 '~명소도회' 시리즈가 연이어 출판되었다.[12] 그 인기의 비결은 사실성이 풍부하고 묘사가 세밀한 삽화 때문이었다. 이런 의미에서 '~명소도회'는 메이쇼라는 사실적 풍경을 사람들에게 인식시키는 하나의 중요한 계기

---

10) 原田幹, 『木曽路名所圖会』, 大日本名所圖会刊行会, 1919, 268쪽. 이외에도 게이사이 에이센(渓斎英泉)과 우타가와 히로시게(歌川広重)가 그린 우키요에 「기소카이도 69차(木曽街道六十九次)」(1835~1837)에도 소개되고 있다.

11) 山本光正, 『江戸見物と東京観光』, 臨川書店, 2005, 12쪽.

12) 本渡章, 『京都名所むかし案内』, 創元社, 2008, 11~12쪽. 구체적으로는 『야마토(大和) 명소도회』(1791), 『이즈미(和泉) 명소도회』(1796), 『셋쓰(摂津) 명소도회』(1796), 『도카이도(東海道) 명소도회』(1797), 『이세참궁(伊勢参宮) 명소도회』(1797), 『가와치(河内) 명소도회』(1801), 『기지로(木曽路) 명소도회』(1805), 『에도(江戸) 명소도회』(1836), 『오와리(尾張) 명소도회』(1844), 『젠코지도(善光寺道) 명소도회』(1849) 등이 있다.

　　　　　　　　　　　　　　2부 국민과 신민의 렌즈, 서로 교차하는 초점

가 되었다고 할 수 있다.[13]

　이상과 같은 '~명소도회'의 이해를 전제로 한다면, 앞에서 이효덕이 정리한 내용, 즉 '우타마쿠라·우타나도코로적인 지리의식과 풍토의식'이 가보지도 않고 상상하는 관념적 세계의 풍경을 의미하는 것은 맞지만, 이것의 부정이 곧 시가의 『일본풍경론』에서 발견된다고 간주되는 '누구든 자신의 시점으로 어디에서라도 발견할 수 있는 (익명의) 풍경미'로 이어지는 것은 아니다. 오히려 우타나도코로적 풍경은 사실적 묘사가 풍부한 메이쇼적 풍경에 의해서 이미 부정되었으므로, 적어도 시가의 『일본풍경론』이 부정하는 대상은 우타나도코로적 풍경이 아니게 된다. 이것이 시가의 『일본풍경론』에 그림1과 같은 익명적 풍경과 그림2와 같은 메이쇼적 풍경이 공존하는 이유다. 물론 그림2에는 메이쇼적 풍경에 적혀 있던 와카는 사라지고 "후에쓰산(風越山)으로부터 흐르는 물이 화강암을 뚫고 낭떠러지를 휘감아 폭포를 이룬다"는 과학적 설명이 달려 있다. 따라서 시가의 『일본풍경론』이 과학적 방법을 도입하여 메이지시대의 일본인 다수가 떠올리는 국토를, 즉 익명성의 후지산을 정점으로 하는 국민적 풍경을 '발견'했다는 점은 인정된다. 하지만 후지산을 제외하고는 그림2와 같이 메이쇼적 풍경의 특성을 반영한 삽화가 다수 존재한다는 사실은, 시가의 『일본풍경론』이 발견한 국민적 풍경이 메이쇼적 풍경으로부터 완전히 자유롭지 못한 것이었음을 보여준다.

　본장에서는 시가의 『일본풍경론』보다 6년 먼저 출판된 여행안내서

---

13) 西野由紀, 「先達はあらまほしき-『名所図会』と旅人」, 『国文学論叢』, 龍谷大学国文学会, 2007, 89쪽.

『내국여행 일본명소도회(日本名所図會)』(이하『일본명소』)를 기본 텍스트로 삼아 메이지시대에 '발견'되는 일본 풍경이 어떤 성격인지, 그리고 시가의『일본풍경론』이 발견한 일본 풍경과 어떤 관련이 있는지 알아보고자 한다. 이는 청일전쟁을 시가『일본풍경론』의 종속변수로 이해하는 기존의 연구를 비판적으로 재고하는 작업이기도 하다.

2. 1880년대 메이지와『내국여행 일본명소도회』의 등장

시간적 전제: 새로운 내셔널리즘의 계절

1880년대에는 서남전쟁(1877)을 끝으로 불평사족의 반정부 움직임이 일단락되고, 메이지14년 정변(1881)으로 대일본제국헌법 발포(1889)와 제1회 중의원 총선거(1890)가 예정되면서 제한적이나마 참정권이 확보되었다.[14] 자유민권운동이 일정한 성과를 거두면서 국민이라는 자기 인식이 보편화되고 그에 걸맞는 제도적 장치가 예고된 시기였다. 대외적으로는 타이완침공(1874)과 강화도사건(1875)을 거치면서 만국공법에 따른 일본국의 '자주와 자립의 권리'를 지키기 위한 '애국'적 관점이 유포되기 시작했다.[15] 이것이 임오군란(1882), 갑신정변(1884) 등 조선을

---

14) 대일본제국헌법에서 선거인은 직접국세 15엔 이상을 납부한 25세 이상의 남자, 피선거인은 동일한 조건의 30세 이상 남자에게만 주어졌다. 이 기준을 충족하는 인구는 제1회 중의원 총선거에서 약 45만 3천 명으로, 총인구 약 4천만 명 중 1.1퍼센트에 불과하다. 鳥海靖,『日本近代史講義－明治立憲制の形成とその理念－』, 東京大学出版会, 1988, 255쪽 참조.

둘러싼 청과의 대립을 거치면서 문명개화한 '일본'이 상대적으로 우월하다는 국가의식으로 구체화되었다.[16] 요컨대 1880년대는 참정권이라는 국민(nation) 권리(민권)와 아시아를 벗어난 문명국 건설이라는 국가(nation) 목표(국권)가 공존하는 시기였다. 이런 가운데 1880년대 후반에 조약개정이라는 정치적 과제가 등장하자 메이지 초기의 내셔널리즘과 차별화된, 민권과 국권이 유기적 조합을 이루는 새로운 형태의 내셔널리즘이 등장했다. 그 양상을 당시의 사상적 흐름으로 거칠게 정리하면, 도쿠토미 소호(德富蘇峰)의 평민주의는 전자를 중시하는 입장이고, 미야케 세쓰레이(三宅雪嶺)의 국수주의와 구가 가쓰난(陸羯南)의 국민주의는 후자를 중시하는 입장이다.[17] 이들의 공통점은 로쿠메이칸(鹿鳴館)이 상징하는 정부의 서양화 정책에 반대하고 '일본'을 자각하자는 것이었다.

이상과 같이 1880년대는 새로운 형태의 내셔널리즘이 등장한 시기였고, 이를 배경으로 『일본명소』가 출판되었다. 그렇다면 『일본명소』를 단순한 여행안내서가 아니라, 1880년대의 내셔널리즘이 자각하려는 '일본'을 시각적으로 구체화하고, 이를 독자들이 공유함으로써 자신을

---

15) 본서 제2부 제5장, 제6장 참조.

16) 박삼헌, 「메이지초기 대외팽창론의 한 유형-아라이 쇼고(新井章吾)와 오사카사건을 중심으로」, 『문화사학』 26호, 한국문화사학회, 2006 참조.

17) 岩崎允胤, 『日本近代思想史序説』[明治期後編] 上, 新日本出版社, 2004, 19~39쪽 참조. 도쿠토미는 1887년 민유샤(民友社)를 설립하고 『국민의 벗(国民之友)』을 발행하기 시작했으며, 1890년부터는 『국민신문』을 간행했다. 미야케는 1888년 세이쿄샤(正教社) 결성에 동참하고 평론잡지 『일본인』 간행에 관여했다. 구가는 1888년 신문 『도쿄전보』를 발행하고, 1889년부터는 『일본』으로 제호를 변경하여 발행했다. 참고로 시가는 세이쿄샤에서 활동한다.

시기	서지 사항
1870년대 (2.4%)	① 岡部啓五郎, 大沢南谷 画, 『東京名勝図会』上·下, 丸屋善七, 1877
1880년대 (48.8%)	① 岡田啓·野口道直, 『尾張名所図会』後編6巻, 片野東四郎, 1880 ② 橋本澄月, 『京都名勝一覧図会』, 風月堂, 1880 ③ 谷壮太郎, 『掌中東京名所図絵』, 旭登堂, 1881 ④ 遠藤茂平, 『京都名所案内図会』乾·坤, 正宝堂, 1881 ⑤ 中沢祚能, 『銅板袖珍日光名所図会』上·下, 文敬堂, 1882 ⑥ 馬場文英, 『三府名所独案内図会』1~4, 細川清助, 1883 ⑦ 兒玉爾七, 『開化東京名勝図会』, 大橋堂, 1884 ⑧ 青木恒三郎, 『世界旅行 万国名所図絵』全7巻, 嵩山堂, 1886 ⑨ 石田旭山, 『京都名所案内図会』上·下, 正宝堂, 1887 ⑩ 市岡正一, 『日光山名勝図会』, 博聞社, 1888 ⑪ 豊島海城, 『熱海温泉図会』, 亀谷竹二, 1888 ⑫ 上田維暁, 『内國旅行 日本名所圖繪』全7巻, 青木嵩山堂, 1888~1890
1890년대 (29.3%)	① 中野了随, 『東京名所図絵』, 小川尚栄堂, 1890 ② 原田真一, 『東京名所図絵』, 双々館, 1890 ③ 上田維暁, 『伊勢参宮名所図絵: 一名·東海道鉄道名所案内』, 青木嵩山堂, 1890 ④ 米津鎌治郎, 『三重県名所図絵』, 伊勢新聞社, 1890 ⑤ 尾関トヨ, 『万国名所図会』, 豊栄堂, 1890 ⑥ 榊原英吉, 『市内漫遊大阪名所図絵』, 藜光堂, 1890 ⑦ 樋口正三郎, 『大日本海陸名処図会』, 赤志忠雅堂, 1890 ⑧ 木戸篤敬, 『大日本汽車旅行名所図会』, 杉本甚助, 1890 ⑨ 山陽鉄道会社運輪課, 『山陽鉄道旅客案内: 一名·山陽道名所図絵』, 図書出版会社, 1891 ⑩ 片岡賢三, 『帝国京都名所図絵』, 風月堂, 1891 ⑪ 北村長太郎, 『岡山名所図会』, 細謹舎, 1892 ⑫ 浅井広信, 『京都名所図会』上·下, 鳥居又七, 1893 ⑬ 牧金之助, 『東京近傍遊覧図絵』, 牧金之助, 1893 ⑭ 小林元之助, 『新撰京都名所図絵』, 寺田熊次郎, 1893 ⑮ 斎藤長秋, 長谷川雪旦 画, 『江戸名所図会』, 博文館, 1893 ◆ ⑯ 青木恒三郎, 『清国名所図絵: 内地旅行』, 青木嵩山堂, 1894 ⑰ 三輪文次郎, 『名古屋名所図会』, 三輪文次郎, 1895

	⑱ 志水鳩峰,『京都名勝図絵』上・下, 風月堂, 1895
	⑲ 『沖縄風俗図絵』, 東陽堂, 1896
	⑳ 西村寅次郎,『東京名所図絵』, 西村寅次郎, 1898
1900년대	① 石倉重継,『眞宗名所図会』, 尾呂志屋書店, 1900
(19.5%)	② 秋里舜福, 竹原信繁 画,『都名所図会』, 西東書房, 1901 ◆
	③ 吾妻健三郎,『東海道名所図会』, 東陽堂, 1902 ◆
	④ 川村博, 谷文晁 画,『日本名山図会』天・地・人, 東陽堂, 1903
	⑤ 石倉重継,『成田山名所図会』, 博文館, 1903
	⑥ 石倉重継,『高野山名所図会』, 博文館, 1904
	⑦ 清水新兵衛,『新撰近江名所図会』, 文泉堂, 1909
	⑧ 秋里籬島,『東海道名所図会』上・下, 吉川弘文館, 1910

표1 | 메이지시기(1868~1912)에 출판된 '~명소도회' 관련 서적

① 일본 국립국회도서관 근대라이브러리(近代デジタルライブラリー- http://kindai.ndl.go.jp/)에서 図会와 図絵를 검색한 결과를 토대로 작성했다(최종 검색일 2015.6.4.).

② ◆ 표시는 에도시대의 명소도회가 복각된 것을 의미한다.

'일본인'으로 인식하도록 만든, 1880년대의 그 어떤 사상서에 못지않은 사상서로도 볼 수 있지 않을까? 이에 대한 평가는 3절에서 다루기로 하고, 다음은 1880년대의 '~명소도회' 출판 붐을 알아보자.

물질적 토대: '~명소도회' 출판 붐

표1은 메이지시기에 출판된 '~명소도회'를 정리한 것이다. 이에 따르면 전체 41권 중 절반에 가까운 48.8퍼센트가 1880년대에 출판되었고, 그중 45퍼센트는 1890년 한 해에 출판되었다. 1894년 6월 청일전쟁 발발 이전의 출판은 68.3퍼센트이다. 이것은 1880년대에 들어서 '~명소도회' 출판이 본격화되고, 1890년에 그 정점을 찍은 이후 점차 줄어들었음을 나타낸다.

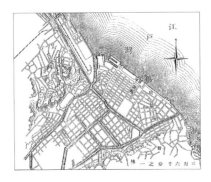

그림3 | 요코하마 시가지(『高等小學讀本』 一, 1888, 70쪽)

그렇다면 1880년대 들어서 '~명소도회' 출판이 많아진 이유는 무엇일까?

가장 큰 이유는 1880년대에 본격화된 철도 건설에 있다. 1881년 니혼철도(日本鐵道)를 필두로 각 지역에 사철(私鐵)이 설립되고, 1889년 도카이도(東海道) 전 노선이 개통되면서 지역

간 이동이 수월해진 것이다. 이동의 수월함은 우선 도쿄, 교토, 닛코(日光), 이세신궁 등과 같이 인지도가 높은 명소도회 출판을 자극한 것으로 보인다. 그런 가운데 『아타미온천(熱海溫泉) 명소도회』(1880년대 ⑪), 『오카야마(岡山) 명소도회(1890년대 ⑪), 『진종(眞宗) 명소도회』(1900년대 ①) 등과 같이 이전에 없던 명소도회의 출판도 철도의 발달로 다양한 지역에 접근이 가능해진 결과일 것이다.

한편 철도 발달에 따라 이동이 수월해지면서, 이어지는 노선을 매개로 일본이 시각적으로 구체화된다(그림3). 필자가 아는 한, 적어도 『일본명소』는 메이지시기의 '~명소도회' 중 내국이나 일본이라는 명칭을 처음 사용한 경우다. 내국이라는 경계 인식을 일본으로 규정하고, 그 일본 안의 메이쇼를 이미지로 시각화하여 독자들에게 제시한 최초의 경우이다. 『일본명소』는 전 7권이 완결된 1890년에 제3권이 1년도 안 돼서 증보 출판되고, 제1권도 증보 재판될 정도로 대중적 성공을 거두었다(표2).

그렇다면 다른 '~명소도회'에 비해 『일본명소』가 성공을 거둔 이유는

권	내용	발행연월
제1권	五畿内	1888.10.03
제2권	東海道	1889.01.27
제3권	東海道統 一名東京 及 近傍名所独案内	1889.05.09
제4권	東山道	1889.08.27
제5권	陸前 陸中 陸奥 北海道 北陸道	1889.11.29
제6권	山陽道 山陰道	1890.04.12
제7권	南海道 西海道	1890.08.21

표2 | 각 권 내용과 발행연월

무엇일까? 다음은 『일본명소』 제3권이 출판된 직후의 신문 광고이다.

바야흐로 도카이도 철로가 완성되면 도쿄의 메이쇼를 찾는 제군이 많아질 것이다. 이에 본권은 특히 도쿄 및 근교의 안내를 명기하여 안내자 없이 메이쇼를 방문할 수 있다. 가나자와 8승(勝)은 물론 요코스카(橫須賀), 가마쿠라(鎌倉), 에노시마(江之島), 하코네(箱根), 아타미(熱海)의 나나유(七湯) 등에 대한 길 안내가 상세하므로, 도쿄로 놀러 온 제군자는 반드시 한 권 구입하여 편리하게 정확한 내용을 알기 바란다. 유람하지 않는 제군은 독좌만유(獨座漫遊)의 간편법을 알도록 하라. 전국 철도 시각표 증정.[18]

여기에서는 '도쿄 메이쇼를 찾는 제군'만이 아니라 '유람하지 않는 제군'도 독자로 상정하고 있다. 이후의 광고에서도 반복되는 광고문안은 "앉아서 내지를 만유하다"[19]이다. 『일본명소』는 실사한 듯 세밀하게 그

---

18) 『朝日新聞』, 1889.5.15, 4면.

린 동판 삽화가 주를 이룬다. 그 결과 독자는 동판 삽화의 시선으로 홋카이도부터 오키나와까지 내국의 메이쇼를 실제 본 것처럼 '상상'할 수 있고, 실제 여행에서는 그 상상의 실체를 확인하는 경험을 하게 된다. 더군다나 증정된 '전국 철도 시각표'의 수치화된 시간은, 기차 이용객에게는 수치화된 거리를 체험하도록, '앉아서 내지를 만유'하는 독자에게는 그 수치화된 거리를 상상할 수 있도록 도와준다. 그 결과『일본명소』의 독자들은 제공된 메이쇼의 목록과 삽화를 매개로 내국을 경험하고 상상하며 그 거리감을 계산하게 된다. 이런 의미에서『일본명소』는 여행안내서만이 아니라 독자가 내국의 메이쇼를 경험하고 상상함으로써 일본을 인식하게 하는 심상지리서이기도 하다.『일본명소』의 이러한 성격이 다른 어떤 '~명소도회'보다도 1880년대의 새로운 내셔널리즘과 조응한 결과가 성공으로 이어진 것은 아닐까? 이제『일본명소』가 발견하고 독자들이 공유한 내용이 구체적으로 무엇인지 살펴보자.

3.『내국여행 일본명소도회』가 발견한 메이지 일본의 풍경

편집의 특징

『일본명소』의 저자는 우에다 분사이(上田文齋)이고, 교정자는 아오키 고사부로(靑木恒三郎)이다. 우에다 집안은 대대로 오사카의 유의(儒醫)이고, 본인은 난학을 공부했다. 본업과 관련된 저술로는『소학인체문답

---

19)『朝日新聞』, 1891.9.26, 6면.

2부 국민과 신민의 렌즈, 서로 교차하는 초점

京都之記

京都ハ本州の愛宕郡ヱ地を占めて市坊の其廣さ東西ハ壹里餘南北の其長さ壹里半余なり備て全市ハ三條通を區限とし上下の二區ヱ大別し加茂川ヱは三條四條五條と三大橋を架設せり街衢ハ端正櫛密ヱ軒を並べて建築し家室の製ハ九て閑雅なれども職工作業の家多く貿易專門の地ヱあらぞ其地の男女風俗ハ節儉の稱あれども服飾の美を好み人情ハ温雅ヱして言語静穏優美なり古來數多の沿革を經て舊跡の遺蹟處々ヱ存し祠廟寺院の壯麗なる山河清美幽邃ヱして風光限りなき景致あり

THE HOT SPRINGS OF HAKONE.

There are seven hot springs in Hakone; but altough, some are more powelful then others, the nature of all is about the some. Formerly the road to this place was very difficult, but since the rail-roads have been built it is only a few hours distant from both Tokyo and Kioto. The telegraph station is named Miyanoshita. There are many fine hotels built in foreign style. There are pure and tranquil, and the views are picturesque ground. Each season has its special attractions. The spring is the charming with the lark's song of wellcome in the morning, followed by the anther of meny birds, until the hototogisu sings his good night song to the moon-night. The pleasant walks and small but beautiful water-falls make forget the heat of summer; and there are neither flies nor mosquitoes. The river offers fish, and the pleasure seeker finds many delightful rides upon Ashi no Lake. But autumn is the gayest and brightest, with its brilliant foliage of red and gold. In the winter the hot springs are a constant source of comfort against the cold, while the distant snow covered mountains give rare beauty to the scenery. The number of visitors to this beautiful place is constantly increasing as it offers such unusual adventages to the summer tourists and health seekers.

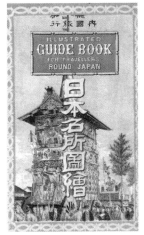

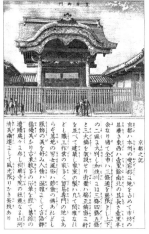

그림4 | 외국인을 독자로 상정하고 영문을 병기하고 있는 예(『일본명소』 제1권 표지)
그림5 | 외국인을 독자로 상정하고 영문 지명을 병기하고 있는 예(『일본명소』 제1권, 2~3쪽)
그림6 | 외국인을 독자로 상정한 영문 소개글(『일본명소』 제3권, 4쪽)

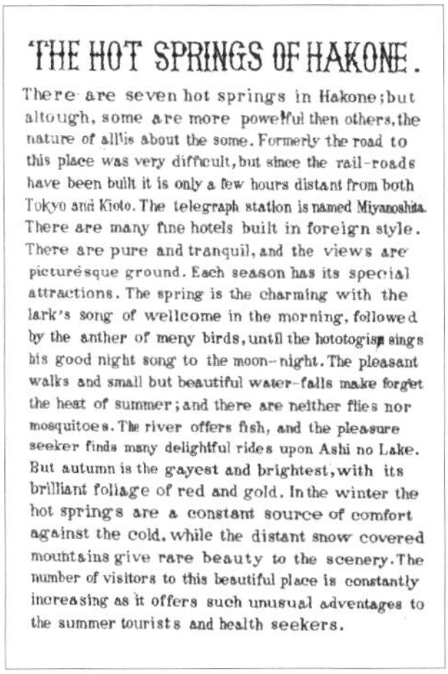

(小學人体問答)』(1878)이 있다. 이외에도 『이세신궁명소도회(伊勢神宮名所図會)』, · 『도카이도철도명소안내(東海道鐵道名所案内)』(표1 1890년대 ③)가 있다.

아오키는 오사카의 인쇄업자로, 『세계여행 만국명소도회』(1885~1886)와 『내지여행 청국명소도회』(1894)를 출판한, 지금으로 말하자면 집필과 기획력을 갖춘 유능한 편집자이다(표1 1880년대 ⑧, 1890년대 ⑯).

『일본명소』의 표지에는 "Illustrated Guide Book for Travellers round Japan"이라는 영어 제목이 함께 제시되어 있다(그림4). 본문은 일본어로 기술되어 있지만, 예를 들어 삽화는 '황거어문(皇居御門)'이라는 제목과 함께 반드시 'The gate of Mikado's place Kyoto'를 병기하고 있다(그림5).[20] 하코네 온천을 설명하는 영문도 있고(그림6), 본문 중에서 호텔명은 반드시 영어를 병기하고 있는 것으로 보아도 외국인도 독자로 상정하고 있음을 알 수 있다. 메이지 초기 기차표에 일본어 이외에 영어, 독어, 불어가 병기되었고, 1876년부터는 영어만 병기되고 있었으므로,[21] 외국인을 독자로 상정한 영어 병기 편집은 충분히 현실성을 지닌다. 다만 1899년에 이르러서야 외국인이 '내국'을 완전히 자유롭게 다닐 수 있게 되므로, 실효성은 그다지 높지 않다고 봐야 할 것이다. 오히려 당시 영어가 서양문명을 상징하는 기호였음을 고려한다면, 영어를 병기한 표지 및 본문 삽화는 다른 '~명소도회'에 비해『일본명소』가 문명적·과학적이라는 이미지를 만드는 디자인 장치로서의 성격이 강하다.

『일본명소』의 서술은 홋카이도부터 오키나와까지 내국 전체를 대상으로 한다. 하지만 간행 순서는 긴키(近畿) → 도카이도(東海道) → 도산도(東山道) → 홋카이도(北海道) → 호쿠리쿠도(北陸道) → 산요도(山陽道) → 산인도(山陰道) → 난카이도(南海道) → 사이카이도(西海道)이다(표2 참조). 따라서 독자의 시선은 긴키에서 시작해서 간토(關東)와 도호쿠(東北)를 지나 홋카이도로 이동했다가 주부(中部) 쪽으로 내려오고, 다시 긴키를 지나 주코쿠(中國)와 시코쿠(四國)를 거쳐 규슈와 오키나와에 머문다. 일본 전체를 바라보는 시선이 간토(도쿄)가 아니라 간사이를 중

---

20) 이러한 편집은 아오키가 1886년에 출판한『세계여행 만국명소도회』(표1-1880년대 ⑧)와 동일하다. 참고로『일본명소』에서는 도쿄를 설명하면서, 본문은 '황거', 삽화 제목은 '궁성(宮城)'이라는 용어를 섞어 사용하고 있다. 上田維暁,『内國旅行 日本名所圖繪』第3卷, 青木嵩山堂, 1888, 55~57쪽 참조.

21) E. 사이덴스티커(Edward Seidensticker), 허호 옮김,『도쿄이야기』, 이산, 1997, 69쪽.

심으로 동북쪽으로, 다시 서남쪽으로 이동하고 있는 것이다. 메이지 시기 '~명소도회'에서 도쿄가 단일 지역으로는 가장 많은 17.1퍼센트를 차지할 정도로 대중적 인기가 높았던 것을 고려하면, 간사이를 중심으로 하는『일본명소』의 편집 및 간행은 당시로서는 이색적인데, 그 이유는 무엇일까?

하나는『일본명소』의 독자를 일본인/외국인 중에서 간사이 거주자로 상정한다면 설득력을 지닌다.

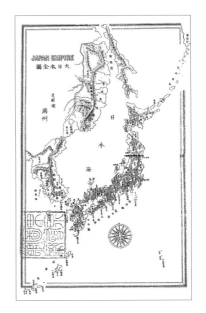

그림7 | 대일본전도

참고로 저자와 편집자, 출판자 모두 오사카 거주자라는 점,『일본명소』를 '황거어문'과 '시신덴(紫宸殿)'에서 시작하는 점(그림5) 등을 통해, 도쿄(간토)에 대한 이들의 대립의식이 작동했을 가능성도 있다.

또 하나는 앞에서 살펴 본 바와 같이 긴키를 중심으로 하면서 가이도(街道)를 대단위, 구니(國)를 소단위로 서술하고 있기 때문이다. 참고로 아오키는『일본명소』제1권을 출판한 직후 자매편으로『분방상밀 일본지도(分邦詳密日本地図)』(이하『일본지도』)를 출판했는데, 여기에도 가이도와 구니를 단위로 하는 '대일본전도'를 싣고 있다(그림7). 각 구니의 게재 순서도『일본명소』와 동일하다.

1871년 폐번치현 이후 몇 차례 부현 통폐합이 있기는 했어도, 적어도

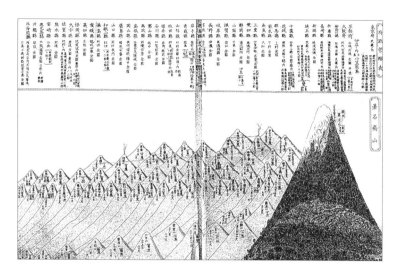

그림8 | 부현관할표

『일본명소』와 『일본지도』가 출판된 1888년은 부현회(府縣會)가 실시된 지 10여 년이 지난 시점이므로 각 부현의 경계선과 명칭은 정착되었다고 봐야 할 것이다. 실제로 『일본전도』에는 각 구니가 어느 부현에 해당하는지 정리한 '부현관할표'가 수록되어 있다(그림8). 따라서 『일본명소』와 『일본지도』는 의도적으로 가이도와 구니를 단위로 일본을 시각화하고 있다고 생각된다. 이것은 당시의 독자들에게 여전히 익숙한 구니 명칭을 편집에 반영한 결과일 수 있다. 그러나 결과적으로는 시가의 『일본풍경론』에 수록된 '대일본 동온선, 풍향 및 기상도'(그림9)와 비교해보면, 동일하게 동북아시아에서 일본의 위치를 시각화하고 있지만 여전히, 일본이라는 단일한 단위가 '상상'되기 이전에 존재했던 에도시대의 분절적 영토 인식이 나타나고 있다.

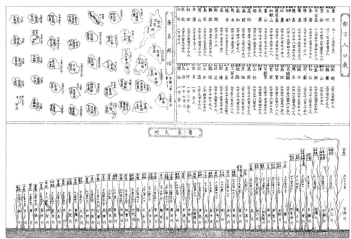

그림9 | 대일본 동온선, 풍향 및 기상도
그림10 | 도시인구와 호수 등의 면적 및 길이를 수치로 표기하여 시각적으로 비교할 수
있게 그린 삽화

　그럼에도 한 가지 흥미로운 점은 『일본전도』에서 '저명고산(著名高
山)'(그림8), '저명호소(著名湖沼)'와 '저명대하(著名大河)'(그림10)가 제시
되고 있는 것이다. 여기에는 후지산을 필두로 일본의 산들이 높이 순으
로, 비와호(琵琶湖)를 필두로 일본의 호수들이 넓이 순으로, 이시가리천
(石狩川)을 필두로 일본의 강들이 길이 순으로 시각화되어 있다. 일본을
구성하는 자연 요소 중 일부를 수치화하는 방식으로 서열을 시각화하고
있는 것이다. 『일본명소』도 본문에서 산, 호수, 강의 수치를 반드시 제시
하고 있다. 또한 후지산을 직접 언급하지 않더라도 자연 풍경의 배경으
로 후지산을 자주 배치하고 있다(그림11). 또한 시가의 『일본풍경론』은
중국이나 조선과 다른 일본 풍경으로 '화산'을 제시하고 있는데, 그것을

그림11 | 자연풍경의 배경으로 후지산을 배치(『일본명소』 제2권, 81쪽)
그림12 | 수증기가 피어오르는 화산 풍경(志賀重昂, 『新裝版 日本風景論』,
      講談社, 2014, 281쪽)

2부 국민과 신민의 렌즈, 서로 교차하는 초점

바라보는 시선은 『일본명소』에서도 발견된다. 우선 시가의 『일본풍경론』이 제시하는 화산의 의미를 확인해보자.

일본의 가인(歌人)은 단순히 '산'으로서 화산암 산악 또는 활화산을 음미하거나 풍회(風懷)를 기탁할 뿐, 그 화산암의 우람하고 변화무쌍하며 장대함으로 세상에 지극히 큰 볼거리라는 점은 여전히 언급하지 않고 있다.[22] (중략) 일본은 라복스(ラボック)가 (영국 풍경으로) 절찬한 것들을 망라하고, 여기에 세상에 웅대한 화산들을 흔히 볼 수 있다. 활화산이지 않은 봉우리가 없을 정도이기에 (라복스가) '전세계에서 다양하고 변화무쌍한 풍경'이라 절찬한 것은 바로 일본이 아닌가.[23]

이와 같은 화산에 대한 가치 부여와 함께 수증기가 피어오르는 산의 풍경을 삽화로 제시하고 있다(그림12). 들판을 배경으로 높이 솟아오른 산 정상에서 수증기가 피어오르는 풍경이야말로 조선이나 중국과 다른 일본임을 시각적으로 보여주는 것이다. 그런데 흥미로운 것은 이처럼 화산의 수증기를 바라보는 시선이 『일본명소』에서 산이나 온천을 설명하면서 이미 등장하고 있다는 점이다(그림13). 그림 12는 양복을 입고 애견을 데리고 있는 것으로 보아 일본인이 아니라 서양인으로 추정되는 세 명이 피어오르는 수증기를 가리키며 대화를 나누는 장면이다. 여기에서는 수증기가 피어오르는 산 풍경이 서양인이라는 타자의 시선에 의

---

22) 앞의 志賀重昂(2014), 95~98쪽.

23) 위의 책, 179~180쪽.

그림13 | 『일본명소』에 등장하는 수증기가 피어오르는 산(『일본명소』 제3권, 14쪽)

해서 이국적/이질적으로 받아들여지는 일본의 풍경으로 제시되고 있다. 물론 여기에는 시가의 『일본풍경론』이 발견한, '바로 일본 아닌가'라는 배타적·적극적 풍경 인식은 아직 나타나지 않는다. 그렇지만 적어도 타자의 시선을 통해서 일본이라는 풍경을 스스로 인식하고 있다. 그 결과 주변에 존재하던 자연이 타자의 시선을 통해서 일본의 풍경으로 인식되고, 이것은 그곳에서 살고 있는 자신을 타자와 구별되는 일본인으로 인식하게 만든다.

이상과 같은 의미에서 『일본명소』는 시가의 『일본풍경론』이 후지산이나 화산 등과 같은 일본의 풍경을 발견할 수 있도록 하는, 즉 메이쇼에서 국민 풍경을 발견할 수 있는 토대이자 가교 역할을 하고 있다고 볼 수 있다.[24)]

지역		자연			인공			온천	기타	합계
		산	강호수	바다	거리	건축	생활			
기나이 (畿内) (12.6%)	야마시로노쿠니(山城国) / 교토	5	1	-	4	29	-	-	3	42
	셋쓰노쿠니(摂津国) / 오사카	5	-	1	5	12	-	2	1	26
	이즈미노쿠니(和泉国)	2	-	2	-	1	1	-	-	6
	가와치노쿠니(河内国)	3	2	-	-	4	-	-	3	12
	야마토노쿠니(大和国)	4	3	-	-	4	-	-	1	12
	소 계	19	6	3	9	50	1	2	8	98
도카이도 (東海道) (26.6%)	이가노쿠니(伊賀国)	1	1	-	-	3	-	-	-	5
	이세노쿠니(伊勢国)	3	1	3	4	9	1	-	-	21
	시마노쿠니(志摩国)	-	-	3	-	-	1	-	-	4
	오와리노쿠니(尾張国)	1	-	-	6	6	1	-	-	15
	미카와노쿠니(三河国)	2	-	-	1	4	-	-	-	7
	도토우미노쿠니(遠江国)	1	-	-	1	5	-	-	-	7
	스루가노쿠니(駿河国)	6	-	1	1	7	-	-	-	15
	가이노쿠니(甲斐国)	7	2	-	1	4	-	-	-	14
	이즈노쿠니(伊豆国)	-	-	2	2	1	-	3	-	8
	사가미노쿠니(相模国)	3	1	7	11	7	1	2	3	35
	무사시노쿠니(武蔵国) / 도쿄	1	4	4	13	28	-	-	3	54
	아와노쿠니(安房国)	-	-	4	-	-	-	-	-	4
	가즈사노쿠니(上総国)	-	-	2	-	3	-	-	-	5
	시모우사노쿠니(下総国)	-	-	2	-	5	-	-	-	7
	히타치노쿠니(常陸国)	1	-	2	-	3	-	-	-	6
	소 계	26	9	30	40	85	5	5	7	207
도산도 (東山道) (18.3%)	오우미노쿠니(近江国)	5	8	-	2	4	-	-	-	19
	미노노쿠니(美濃国)	2	-	-	2	3	1	-	-	8
	히다노쿠니(飛騨国)	1	1	-	1	2	1	-	-	6
	시나노노쿠니(信濃国)	8	1	-	-	2	-	1	-	12
	고즈케노쿠니(上野国)	3	1	-	1	4	-	5	-	14
	시모쓰케노쿠니(下野国)	6	4	-	1	8	-	-	1	20
	이와키노쿠니(磐城国)	4	-	1	-	-	-	-	-	5
	이와시로노쿠니(岩代国)	1	1	-	1	4	-	1	-	8

	우젠노쿠니(羽前国)	6	–	1	1	–	–	–	–	8
	우고노쿠니(羽後国)	2	–	2	–	–	–	–	–	4
	리쿠젠노쿠니(陸前国)	2	2	5	4	9	–	–	1	23
	리쿠추노쿠니(陸中国)	1	1	1	–	2	–	–	1	6
	리쿠오노쿠니(陸奥国)	–	–	–	2	7	–	–	–	9
	소　계	41	19	10	15	45	2	8	2	142
홋카이도 (北海道) (2.3%)	오시마노쿠니(渡島国)	–	–	1	2	2	1	–	–	6
	이부리노쿠니(胆振国)	–	1	1	–	–	2	1	–	5
	히다카노쿠니(日高国)	–	–	–	–	–	1	–	–	1
	도카치노쿠니(十勝国)	–	–	–	–	–	–	–	–	–
	구시로노쿠니(釧路国)	–	–	–	–	–	–	–	–	–
	네무로노쿠니(根室国)	–	–	1	–	–	–	–	1	2
	지시마노쿠니(千島国)	–	–	–	–	–	–	–	–	–
	기타미노쿠니(北見国)	–	–	–	–	–	–	–	–	–
	데시오노쿠니(天塩国)	–	–	–	–	–	1	–	–	1
	이시카리노쿠니(石狩国)	–	–	1	–	2	–	–	–	3
	시리베시노쿠니(後志国)	–	–	–	–	–	–	–	–	–
	소　계	–	1	4	2	4	5	1	1	18
호쿠리쿠도 (北陸道) (7.6%)	사도노쿠니(佐渡国)	–	–	3	–	1	1	–	–	5
	에치고노쿠니(越後国)	5	1	3	4	2	1	1	–	17
	엣추노쿠니(越中国)	2	1	1	2	1	–	–	–	7
	노토노쿠니(能登国)	1	–	3	–	–	–	–	–	4
	가가노쿠니(加賀国)	1	2	1	2	3	–	2	–	11
	에치젠노쿠니(越前国)	1	–	2	1	8	–	–	–	12
	와카사노쿠니(若狭国)	–	1	2	–	–	–	–	–	3
	소　계	10	5	15	9	15	2	3	–	59
산요도 (山陽道) (10.4%)	하리마노쿠니(播磨国)	4	1	4	2	17	2	2	–	32
	미마사카노쿠니(美作国)	1	–	–	–	1	–	2	1	5
	비젠노쿠니(備前国)	1	–	4	2	2	–	–	–	9
	빗추노쿠니(備中国)	3	–	2	–	–	–	–	–	5
	빈고노쿠니(備後国)	2	–	2	–	3	–	–	–	7
	아키노쿠니(安芸国)	2	–	1	2	4	–	–	–	9
	스오노쿠니(周防国)	1	–	2	1	2	–	–	–	6

2부 국민과 신민의 렌즈, 서로 교차하는 초점

	나가토노쿠니(長門国)	2	-	2	1	3	-	-	-	8
	소 계	16	1	17	8	32	2	4	1	81
산인도 (山陰道) (5.8%)	오키노쿠니(隠岐国)	2	-	1	-	1	-	-	-	4
	이와미노쿠니(石見国)	2	-	1	1	-	-	-	-	4
	이즈모노쿠니(出雲国)	1	1	-	-	1	-	-	-	3
	호우키노쿠니(伯耆国)	1	1	1	1	-	-	-	-	4
	이나바노쿠니(因幡国)	-	1	1	1	2	-	-	-	5
	다지마노쿠니(但馬国)	2	1	1	1	5	-	1	-	11
	단고노쿠니(丹後国)	1	-	4	-	2	-	-	-	7
	단바노쿠니(丹波国)	3	-	-	1	3	-	-	-	7
	소 계	12	4	9	5	14	-	1	-	45
난카이도 (南海道) (8.2%)	기이노쿠니(紀伊国)	11	-	5	-	5	2	3	-	26
	아와지노쿠니(淡路国)	-	-	3	-	2	-	-	-	5
	아와노쿠니(阿波国)	4	-	4	-	3	-	-	-	11
	사누키노쿠니(讃岐国)	4	-	3	-	2	2	-	-	11
	이요노쿠니(伊予国)	1	-	1	-	1	1	2	-	6
	도사노쿠니(土佐国)	-	-	3	1	-	1	-	-	5
	소 계	20	-	19	1	13	6	5	-	64
사이카이도 (西海道) (8.2%)	지쿠젠노쿠니(筑前国)	-	-	1	-	4	-	-	-	5
	지쿠고노쿠니(筑後国)	1	2	-	-	-	-	-	-	3
	부젠노쿠니(豊前国)	4	-	-	1	1	-	-	-	6
	분고노쿠니(豊後国)	2	-	3	2	-	-	2	-	9
	히젠노쿠니(肥前国)	2	-	3	-	4	1	-	-	10
	이키노쿠니(壱岐国)	-	-	1	-	-	-	-	-	1
	쓰시마노쿠니(対馬国)	-	-	4	-	-	-	-	-	4
	히고노쿠니(肥後国)	2	1	1	2	3	-	-	-	9
	휴가노쿠니(日向国)	1	-	2	-	1	-	-	-	4
	오스미노쿠니(大隅国)	-	1	1	-	1	-	-	-	3
	사쓰마노쿠니(薩摩国)	1	-	2	1	2	-	-	-	6
	슈난(州南)열도	-	-	-	-	1	-	-	-	1
	류큐(琉球)열도	-	-	1	1	1	-	-	-	3
	소 계	13	4	19	7	18	1	2	-	64
총 계		157	49	126	96	276	24	31	19	778

표3 | 『내국여행 일본명소도회』의 지역별 삽화 내용

① 『内国旅行 日本名所図会』(1)·(2), 荒山正彦, 『シリーズ明治·大正の旅行 第1期 旅行案内書集成』第3巻·第4巻, ゆまに書房, 2013을 토대로 작성했다.

② 1869년에 일어난 보신전쟁 전후 처리 과정에서 기존의 데와코쿠니(出羽国)는 우젠노쿠니(羽前国)·우고노쿠니(羽後国), 무쓰노쿠니(陸奥国)는 이와키노쿠니(磐城国)·이와시로노쿠니(岩代国)·리쿠젠노쿠니(陸前国)·리쿠추노쿠니(陸中国)로 분할되었다. 참고로 이때 분할되고 남은 지역을 이전의 명칭과 구분하기 위해 리쿠오노쿠니(陸奥国)로 표기했다.

③ 에조치(蝦夷地)·에조노쿠니(蝦夷国)·기타슈(北州) 등으로 불리던 지역은 1869년에 행정명이 홋카이도(北海道)로 제정됐다. 이는 오기칠도(五畿七道)를 고려한 명칭이다. 홋카이도의 추가로 1871년 폐번치현이 실시될 때까지 근대 일본의 지방행정구획은 오기팔도(五畿八道)였다. 이때 홋카이도를 구분하기 위해 오시마노쿠니(渡島国) 등 11개의 구니(国) 명칭을 사용했다. 참고로 홋카이도의 구니명은 1882년 개척사가 폐지되고 하코다테현(函館県), 삿포로현(札幌県), 네무로현(根室県)이 설치되면서 공식적으로는 폐지되었다.

'발견'된 풍경들

이제 『일본명소』가 발견한 국토 풍경의 세부적인 내용을 살펴보도록 하자. 표3은 『일본명소』 전 7권에 실린 삽화 내용을 주제별로 정리한 것이다.

주제는 크게 자연 풍경과 인공 풍경으로 구분했다. 그중 가장 큰 비중을 차지하는 풍경은 건축이다(35.5퍼센트). 건축에는 에도시대의 성곽·사찰·신사, 근대 이후의 관청·기차역, 철교, 공장, 터널 등을 포함시켰

---

24) 본장을 투고했을 당시 익명의 심사자로부터 "『일본명소』와 『일본풍경론』의 관련성을 이야기하기 위해서는 시가가 『일본명소』를 참조했다는 등의 근거가 필요하다"는 지적이 있었다. 이 글의 설득력을 높이기 위한 필요조건을 언급하고 있다는 점에서 타당한 지적이다. 하지만 이 글의 목적이 『일본명소』와 『일본풍경론』의 직접적인 관련성을 논한다기보다, 『일본풍경론』이 등장할 수 있는 역사적 토대 및 전제로서 『일본명소』를 위치지음으로써 『일본풍경론』 등장의 전제조건으로 청일전쟁만을 고려하는 기존의 연구를 비판적으로 고찰하는 데 있으므로, 직접적인 관련성 제시는 논증의 필요조건이 아니라 충분조건에 해당한다고 생각한다.

2부 국민과 신민의 렌즈, 서로 교차하는 초점

그림14 ｜ 신사를 상징하는 도리이를 크게 부각한 삽화(『일본명소』 제1권, 9쪽)
그림15 ｜ 천황을 상징하는 국화 문양을 부각한 삽화(『일본명소』 제1권 24쪽)

다.[25] 이어서 산(20.2퍼센트)과 바다(16.2퍼센트) 순으로 비중이 높다.[26] 이외에 거리(12.3퍼센트), 온천(4퍼센트), 생활(3.1퍼센트)이 있다.

건축 중 가장 많은 것은 신사인데, 신사 풍경은 크게 두 가지로 제시된다. 하나는 신사를 상징하는 도리이(鳥居)를 크게 부각하는 경우(그림 14), 또 하나는 천황을 상징하는 국화문양을 부각하는 경우(그림15)이다. 비중으로 보면 전자가 많다. 하지만 어느 쪽이든 본문에는 관폐대사(官幣大社), 별격관폐사(別格官幣社), 향사(鄕社) 등 국가가 천황과의 친소관계를 기준으로 서열화한 신사별 등급이 반드시 기술되어 있다. 이것은 국가신도에 의한 신사의 등급을 그대로 받아들이고 천황제를 내면화한

---

25) 산속의 신사와 사찰이 원경으로 제시되었을 때에는 산으로, 신사와 사찰의 일부를 중심으로 하면서 근경으로 제시했을 때에는 건축으로 분류했다.
26) 바다에는 섬을 원경으로 조망하는 풍경만이 아니라 해변·항구·어촌 등의 풍경도 포함시켰다.

그림16 │ 신불분리정책으로 쇠퇴한 신사(『일본명소』 제7권, 37쪽)
그림17 │ 나라호텔 로비의 도리이 장식(Nara Hotel HP)

다. 물론 『일본명소』에는 아와지노쿠니(淡路國)에 있는 고토히라신사(金刀比羅神社)와 같이 민간신앙에 속하기 때문에 메이지 초기의 신불분리정책으로 쇠퇴한 신사도 등장한다(그림16). 그러나 여기에서도 신사라는 공간임을 나타내기 위해 도리이가 부각된다. 국가신도의 신사와 민간신앙의 신사의 공통점은 도리이인 것이다. 그 결과 『일본명소』에서 도리이가 포함된 풍경은 신사라는 종교 공간만이 아니라 '일본'의 풍경이 된다. 훗날 일본의 고향으로 주목받은 나라(奈良)를 방문하는 외국인을 수용하기 위해 1909년 건립된 나라호텔의 로비에는 앞면을 도리이로 장식한 벽난로가 있다(그림17). 여기에서 도리이는 더는 신사가 아니라 일본의 상징이다. 이런 의미에서 『일본명소』는 도리이가 일본을 상징하는 기호로 인식되는 하나의 단초를 제공하고 있다고 볼 수 있다.

신사의 서열화 못지않게 천황제 내면화에 큰 역할을 한 풍경은 진무천황(神武天皇)을 비롯한 역대 천황릉이다(그림18). 근대 천황제의 핵심

그림18 | 진무천황을 비롯한 역대천황릉(『일본명소』 제1권, 108쪽)
그림19 | 석총 등 지역에서 불리는 별칭을 간략히 적고 있는 천황릉(原田幹, 『大和名所』
全, 大日本名所刊行, 1919, 186~187쪽)

은 만세일계에 있었으므로, 역대 천황릉은 천손강림신화를 시각화하는
핵심적인 풍경이다. 물론 에도시대의 '~명소도회', 특히 지금의 나라(奈
良)에 해당하는 『야마토명소도회』에는 천황릉에 대한 설명과 삽화가 다
수 등장한다. 그런데 그 대부분은 어느 곳에 있는지, 석총(石塚) 등 지역
에서 불리는 별칭을 간략히 적고 있을 뿐이다(그림19). 진무천황릉도 "시
조무라(四條村)에 있고, 사묘(祠廟)는 오쿠보무라(大窪村)에 있다. [능고
(陵考)]에 따르면 자(字)는 쓰카야마(塚山)라 한다"라고 간단히 적고 있
으며, 추가로 제시된 『고지키(古事記)』와 『니혼쇼키(日本書紀)』에서도
"향년 137", "진무천황 재위76년 3월, 가시하라궁(橿原宮)에서 돌아가심.
127세, 이듬해 이 능에 모심"이라고 간단히 인용하고 있을 뿐이다.[27] 이

---

27) 原田幹, 『大和名所図絵』 全, 大日本名所図会刊行会, 1919, 532~533쪽.

에 비해 『일본명소』의 진무천황릉 설명은 다음과 같다.

진무천황릉은 나라에서 6리(里)정도 떨어진 다카이치군(高市郡) 시조(四條) 우네비산(畝傍山) 동북쪽에 있다. 울타리로 둘러싸여 우뚝 솟은 묘릉이 장관이다. 신대(神代)의 뒤를 이은 진무천황은 동정(東征)하시어 중원을 통지하시니, 이로써 왕도홍치의 미가 창건되었다. 우리 왕조[我朝]의 군신(君臣)이 영원히 존신(尊信)해야 하는 묘릉(廟陵)이다. 그 시작은 휴가(日向)지만, 동정하신 뒤 야마토노쿠니의 가시하라궁에 정착하셨다. 이에 야마토[大倭]는 히노모토[日本]의 총칭으로서 분국(分國)의 명칭도 여기에서 기원한다.[28]

에도시대 '~명소도회'가 진무천황릉이라는 메이쇼에 대한 객관적 정보만을 제공할 뿐, 이곳과 관련된 기기(記紀) 신화의 내용은 구체적으로 기술하지 않았던 것과 달리, 『일본명소』는 진무천황릉의 위치 정보와 함께 '우리 왕조의 군신이 영원히 존신해야 하는 묘릉', 즉 장소의 가치를 제시하고 있다. 이는 1880년대 들어 본격화된 정부의 천황릉 관리 정책을 배경으로 한다.[29] 하지만 중요한 것은, 이러한 정책으로 에도시대에는 각 지역의 여러 메이쇼 중 하나였던 장소가 이제는 '영원히 존신해야 하는 묘릉'으로 그 의미가 변화했다는 점이다. 요컨대 '진무창업(神武創業)'이라는 메이지시대의 강령이 말해주듯이, 이제 진무천황을 필두로 한 천황릉은 각 지역에서 천황제를 시각화함으로써 지역 주민 또는 방

---

28) 앞의 上田維暁(1888), 108쪽.
29) 高木博志, 『近代天皇制の文化史的研究』, 校倉書房, 1997, 266~270쪽 참조.

2부 국민과 신민의 렌즈, 서로 교차하는 초점

문자로 하여금 천황제를
내면화하도록 하는 정치
적 풍경으로 재규정되고
있는 것이다.[30)]

그림20 │ 천황제를 내면화하는 풍경(『일본명소』제7
권, 49쪽)

천황제를 내면화하는
풍경은 자연에서도 발견
되고 있다. 예를 들어 사
누키노쿠니(讚岐國)에 있
는 가미가케(神懸)의 단풍
을 "난카이(南海)의 승경
(勝景)"이라 기술하면서 오진천황(応神天皇)의 고사를 설명하고 "1890년
4월 말 (메이지 — 필자) 천황 폐하의 임행(臨幸)이 있었다"고 추가 기술하
고 있다(그림20). 여기에서 '난카이의 승경'이라는 표현은 단풍이 아름다
운 메이쇼로서의 가미가케를 기술한 것이라면, 오진천황이나 메이지 천
황의 '임행'을 추가 기술한 것은 가미가케의 단풍은 천황이 방문할 정도
로 아름답다는 것을 의미한다. 그 결과 자연 풍경에는 천황이 방문한 곳
과 방문하지 않는 곳, 즉 천황을 매개로 한 자연 풍경의 서열화가 등장
한다.

---

30) 지역 주민의 천황제 내면화는 1887년에 지역 주민이 발의하고, 1890년에 정부의 허가를
받아 관폐대사로 창건된 가시하라신궁(橿原神宮)에서 확인할 수 있다. 가시하라신사는 진
무천황과 그의 황후를 제신으로 모시고 있기에, 홈페이지에서도 '일본의 원점'이라 선전
하고 있다. 하지만 엄밀히 말해서 가시하라신궁은 근대 이후에 만들어진 신사다(http://
www.kashiharajingu.or.jp 참조).

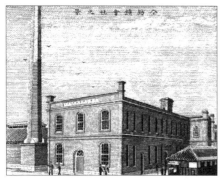

그림21 | 근대적 산업시설을 근경으로 포착한 삽화(『일본명소』 제2권, 14쪽)
그림22 | 근대적 관공서를 근경으로 포착한 삽화(『일본명소』 제6권, 47쪽)
그림23 | 산의 터널을 통과하는 기차를 포착한 삽화(『일본명소』 제5권 3쪽)
그림24 | 기차가 철교를 달리는 장면을 포착한 삽화(『일본명소』 제2권 47쪽)

　이상과 같이 『일본명소』에서 발견된 풍경 중 하나는 천황제와 관련된 시각적 장치이고, 이를 통해서 독자들은 천황제를 공유하는 동일한 일본인을 인식하게 된다.

　한편 『일본명소』의 건축 풍경 중에는 근대적 산업시설과 관공서를 근경으로 포착한 삽화도 여럿 있다(그림21, 22). 그런데 한 가지 흥미로운

　　　　　　　　　　　2부 국민과 신민의 렌즈, 서로 교차하는 초점

그림25 | 기차가 해변 터널을 달리는 장면을 포착한 삽화(『일본명소』 제2권, 83쪽)
그림26 | 산과 바다를 배경으로 증기선이 지나가는 장면을 포착한 삽화(『일본명소』
　　　　제7권 111쪽)
그림27 | 양식 건물과 마차, 인력거 등이 등장하는 도시(『일본명소』 제3권 51쪽)
그림28 | 분고노쿠니의 진다 폭포(『일본명소』 제7권, 102쪽)

것은 풍경을 그대로 묘사한 삽화가 대부분인 산, 강/호수, 바다의 경우
도 산의 터널을 통과하는 기차, 기차가 철교나 해변 터널을 달리는 장면,
산과 바다를 배경으로 증기선이 지나가는 장면을 포착한 삽화가 다수
존재한다는 사실이다(그림23, 24, 25, 26). 이것은 자연 풍경에서도 메이

지시대의 슬로건인 문명개화 및 식산흥업을 발견하고 있음을 보여준다. 다시 말해서 『일본명소』는 서양식 건물과 마차, 인력거 등이 등장하는 도시(그림27)는 물론이고 자연에서도 메이지시대의 문명을 발견하고 있는 것이다. 또한 자연 그대로의 풍경이라 할지라도 분고노쿠니(豊後國)의 진다(沈墮) 폭포(그림28)를 "그 장관이 나이아가라 폭포와 비슷하다"[31]고 평가하고 있듯이, 서양의 자연 풍경과 비교함으로써 그 풍경의 가치를 재규정하기도 한다.

마지막으로 메이지시기에 일본 영토로 편입된 홋카이도와 오키나와에서는 어떤 풍경을 발견하고 있는지 살펴보자. 무엇보다 눈에 띄는 풍경은 도리이와 국화문양을 세밀하게 묘사한 '초혼사'의 풍경이다. 이것은 '내지'와 동일한 풍경이다(그림29). 하지만 아이누를 묘사한 삽화에는 배경에 해골이 등장하고, 본문에서도 '개화되지 않은 인민'으로 '언어와 풍속이 우리 내지와 매우 다르다'고 서술하고 있다(그림30). 여기에서 원주민들은 생활/노동하는 자연스런 모습이 아니라 독자에게 자신들을 보여주듯 옆으로 늘어서 있다. 이 삽화를 바라보는 독자는 해골 등으로 시각화된 미개한 '원주민'과 거리를 유지하는 문명인의 시선을 지닌 내지인이 된다. 홋카이도의 '원주민'이라는 미개한 타자를 바라보면서 상대적으로 문명개화한 자신을 내지인, 즉 일본인으로 인식하게 되는 것이다. 참고로 『일본명소』에서 '내지'의 경우는 삽화에 등장하는 사람들의 시선이 결코 독자를 향해 있지 않다(그림31).

홋카이도에 대해서는 문명의 시선이 존재하지만, 오키나와에 대해서

---

31) 『일본명소』 제7권, 100쪽.

는 나하(那覇) 항구와 슈리성(首里城) 전경이 제시되고, 본문에서도 '1879년에 오키나와현'이 되었다는 설명 등이 기술되어 있을 뿐 류큐인(琉球人)에 대한 이미지나 설명은 전혀 없는 것이 특징이다.

4. 나오며

본장에서는 1888년부터 1890년까지 출판된『일본명소』(전 7권)를 통해 메이지시대에 '발견'된 일본 풍경이 무엇이었는지 알아보았다. 이것은 일반적으로 근대 일본의 풍경을 발견했다고 평가받는 시가 시게타카의『일본풍경론』을 비판적으로 재검토하는 작업이기도 하다.

『일본명소』에서 발견된 메이지 일본의 풍경은 다음과 같다.

첫째, 천황을 매개로 하는 여

그림29 | 도리이와 국화문양을 세밀하게 묘사한 초혼사 풍경(『일본명소』제5권, 50쪽)

그림30 | 아이누를 묘사한 삽화(『일본명소』제5권, 63쪽)

그림31 | 독자를 보지 않는 등장인물들의 시선(『일본명소』제7권, 58쪽)

러 풍경이 등장하고 있다. 서열화된 신사와 천황릉은 만세일계라는 근대 천황제의 핵심적 이데올로기를 투영한 풍경으로 등장하고, 이를 바라보고 경험하는 독자들은 천황제를 공유하는 동일한 일본인이라는 자기 인식을 하게 된다. 또한 이러한 과정에서 메이쇼적 특징을 지니는 아름다운 풍광은 천황과 관련된 곳과 관련되지 않은 곳으로 구분됨으로써 일본 풍경을 서열화한다.

둘째, 메이지시대의 국가 차원의 슬로건인 문명개화와 식산흥업을 구현한 풍경에 주목하고 있다. 문명개화와 식산흥업을 구현하는 풍경으로 도시의 서양식 건물이나 공장의 풍경만이 아니라 산이나 바다와 같은 자연 배경에도 철도와 증기선 등과 같은 근대적 교통수단을 배치함으로써 일본 전체에서 문명개화의 풍경을 발견하고 있다.

셋째, 홋카이도처럼 메이지시대에 일본 영토로 편입된 지역을 바라보는 시선은 어디까지나 일본 속에 존재하는 타자로 시각화된 풍경이 제시되고 있다.

한편 『일본명소』는 일본이라는 공간을 구니로 구분하여 서술함으로써 에도시대의 분절적 영토 인식을 온존하고 있는 한편, 다른 한편으로는 후지산이나 비와호를 비롯한 일본의 자연을 수치화함으로써 서열화하고 있다. 이것은 시가의 『일본풍경론』이 과학적으로 일본 풍경을 발견할 수 있는 가교 역할을 『일본명소』의 풍경들이 하고 있음을 보여준다. 이런 의미에서 『일본명소』는 단순한 여행안내서가 아니라, 시가의 『일본풍경론』이 발견한 일본을 이해하고 받아들일 수 있는 토대를 마련한 심상지리서이다.

그토록 전국적으로 자유'민권'운동이 펼쳐졌음에도, 왜 국민의 권리를 천황이 부여하는 신민의 권리로 규정하는 대일본제국헌법이 성립될 수밖에 없었을까?

이것이 본서의 문제의식이다. 근대 일본 형성기의 '국가체제' 그리고 그 속에서 형성된 '국민'을 검토하고 있다는 점에서, 본서는 2012년 출판한 『근대 일본 형성기의 국가체제-지방관회의·태정관·천황』의 연장선상에 있다. 이로써 '근대 일본 국가와 민중의 역할'을 알고 싶어서 1996년부터 시작한 공부는 20년 만에 일단락 지어졌다.

이렇게 쓰고 보니 뭔가 거창한 마무리인 듯하지만, 실상은 이제 그만 새로운 주제를 찾고 싶은 '간절함'의 발로이기도 하다. 앞으로는 19세기에 성립한 근대 일본 국가체제/국민이 20세기의 모더니티라는 새로운 환경 속에서 어떠한 변화를 겪는지 알아보고자 한다. 이 새로운 주제를 정리하는 데 또 얼마나 많은 시간이 걸릴지 모르겠다. 하지만 지난 시간이 그러했듯이, 한 걸음 한 걸음 걷다보면, 어느새 오늘처럼 또 하나의 '일단락'이 지어지는 순간이 올 것이라 믿는다.

20세기 모더니티 연구라는 새로운 주제는 2014년 9월에 아시아콘텐츠연구소를 설립하면서 구체화되었다. 현재 연구소는 한국연구재단 토대연구지원사업(20세기 한국 관광지 자료의 조사 수집 해제 및 데이터베이스 구축)에 선정되어 개화기부터 식민지 시기 사이 한일 양국 언어로 발간된 관광 관련 텍스트와 시각자료를 데이터베이스화하는 연구를 진행하고 있다. 또한 일본문화 전문잡지 『분(Boon)』(격월간), 타이완문화 전문잡지 『플럼 분(plum Boon)』(계간)도 기획·발행하고 있다.

불과 2년 정도밖에 안 된 연구소가 이처럼 풍성한 성과를 낼 수 있었던 것은 RHK 양원석 사장님의 전폭적 지원과 연구소 전임 권희주 교수의 헌신적 협력이 있었기에 가능했다. 두 분께 진심으로 감사드린다. 이 과정에서 연구소 전임 이영섭 교수, 김경리 연구교수, 김우영 연구교수 등 가족이 제법 늘었다. 이들과 함께 소모되지 않고 서로 힘이 되는 '학술공동체'를 만들어가고 싶다.

연구소 활동이 활발해지는 만큼 귀가 시간은 늦어지게 마련이다. 그러는 동안 아들 현기는 현재 '고등학교 4학년'이라는, 자신의 인생에서 처음으로 힘든 시간을 보내고 있다. 일상에서는 따뜻한 말 한마디 건네기가 쑥스럽지만, 이 자리를 빌어서 언제나 너의 꿈을 응원한다는 말을 전하고 싶다. 그리고 어느새 칠순을 바라보는 어머니 하정복 권사님께도 건강, 또 건강이라는 말을 전하고 싶다. 마지막으로 '고등학교 4학년' 뒷바라지에 일본어 번역까지 묵묵히 해내는 아내 홍미화에게도 일상의 미안함과 함께함의 고마움을 전한다.

2016년 4월 18일
언제나 그렇듯 교육과학관 329호에서
박삼헌

이 책에 실린 논문들은 이미 발표한 논문들을 가필하거나 수정한 것임을 밝혀둔다. 논문들의 출전은 다음과 같다.

제1장: 「천칭폐지령과 메이지유신」, 『일본연구』 21호, 고려대학교 일본연구센터, 2014, 231~250쪽.

제2장: 「이와쿠라 사절단의 역사적 의미 재고찰」, 『일본학보』 98집, 한국일본학회, 2014, 473~488쪽.

제3장: 「메이지유신과 국민 행복의 탄생」, 『사총』 80집, 고려대학교 역사연구소, 2013, 353~380쪽.

제4장: 「가토 히로유키의 후기사상」, 『사총』 70집, 고려대학교 역사연구소, 2010, 155~185쪽.

보 론: 「해제 '동양의 루소' 나카에 초민」, 나카에 초민 지음, 연구공간 '수유+너머' 일본근대사상팀 옮김, 『삼취인경륜문답』, 소명출판, 2005, 9~31쪽.

제5장: 「메이지 초년의 전쟁과 프로파간다-1874년 타이완(台湾) 침공 관련 이미지를 중심으로」 『동북아역사논총』 42호, 동북아역사재단, 2013, 83~112쪽.

제6장: 「근대전환기 일본 '국민'의 동아시아 인식-1870년대 건백서를 중심으로」, 『동북아역사논총』 32호, 동북아역사재단, 2011, 183~223쪽.

제7장: 「고등소학독본(1888~1889)을 통해 본 근대 일본의 심상지리」, 『日本學』 39집, 동국대학교 일본연구소, 2014, 39~62쪽(주저자).

제8장: 「메이지 일본의 '풍경' 발견-『내국여행 일본명소도회』(1888~1890)를 중심으로」, 『일본비평』 13호, 서울대학교 일본연구소, 2015, 44~73쪽.

1. 자료

1) 미간행 자료(연도 기준)

- アジア歴史資料センタ━, 『海軍掛日記』12月「乗艦祝砲規則」(1868.12.24.), 海軍省-公文類纂-M1-1-1(所蔵館: 防衛省防衛研究所), レファレンスコ━ドC09090000500.

- アジア歴史資料センタ━, 『公文類纂』明治5年 巻4 本省公文 礼典部止, 「無号 軍務局申出 祝砲表一般へ布告の件」, 海軍省-公文類纂-M5-4-76(所蔵館: 防衛省防衛研究所), レファレンスコ━ドC09110108600.

- 「江湖叢談」, 『東京日日新聞』第654号(1874.4.7.).

- 「台湾信報」第1号, 『東京日日新聞』第659号(1874.4.13.).

- 「江湖叢談」, 『東京日日新聞』第666号(1874.4.20.).

- 「江湖叢談」, 『東京日日新聞』第670号(1874.4.25.).

- 「台湾新報」第6号, 『東京日日新聞』第686号(1874.5.13.).

- 「台湾信報」第7号, 『東京日日新聞』第688号(1874.5.15.).

- 「台湾信報」第13号, 『東京日日新聞』第712号(1874.6.10.).

- 「続台湾信報」, 『東京日日新聞』第725号(1874.6.25.).

- 「台湾信報」第17号, 『東京日日新聞』第726号(1874.6.26.).

- 「台湾信報」, 『東京日日新聞』第729号(1874.6.29.).

- 『東京日日新聞』第730号(1874.6.30.).

- 「台湾信報」第22号, 『東京日日新聞』第736号(1874.7.7.).

- 「台湾信報」第25号, 『東京日日新聞』第752号(1874.7.25.).

- 「台湾手薬」,『東京日日新聞』第762号(1874.8.5.).

- 「台湾信報」第28号,『東京日日新聞』第763号(1874.8.6.).

- 「台湾手薬」,『東京日日新聞』第766号(1874.8.9.).

- 「台湾手薬」,『東京日日新聞』第767号(1874.8.10.).

- 「台湾手薬」,『東京日日新聞』第772号(1874.8.16.).

- 「台湾手薬」,『東京日日新聞』第809号(1874.9.27.).

- 「台湾信報」,『東京日日新聞』第811号(1874.9.29.).

- 村井静馬,『明治太平記』8編 下, 東京書林, 1875~1877.

- 村井静馬,『明治太平記』10編 上, 東京書林, 1875~1877.

- 村井静馬,『明治太平記』11編 上, 東京書林, 1875~1877.

- 岸田吟香,「寄書 楽善堂養生話」,『読売新聞』第815号(1877.10.4.).

- 新井章吾,『自治政談』第二号(1881.10.28.).

- 青山薫,「論客の多きは国家の幸福」, 岡軌光 編『大阪演説叢談』第2輯, 朝日新聞社, 1879.

- 「社説 再び憲法発布に就て」,『東京朝日新聞』第1247号(1889.2.5.).

- アジア歴史資料センタ_,「外務省ヨリ小田県民佐藤利八外三人漂流一件上申並ニ別紙在清井田総領事来柬其他四通」, レファレンスコ_ド A03031119100.

- アジア歴史資料センタ_,『処蕃趣旨書(明治八年一月蕃地事務局編)正』, レファレンスコ_ド A03023016400

- アジア歴史資料センタ_,「亜米利加大統領江謁見禮式」,『各国帝王謁見式』(国立公文書館 2A-33-5-256), レファレンスコ_ドA04017135400.

- 『明治十二傑』太陽臨時増刊号, 博文閣, 1899.6.15.

2) 간행 자료(한국어, 일본어)

- 구메 구니타케, 정애영 옮김,『특명전권대사 미구회람실기』제1권 미국편, 소명출판, 2011.

- 구메 구니타케, 방광석 옮김,『특명전권대사 미구회람실기』제2권 영국편, 소명출판, 2011.

- 구메 구니타케, 박삼헌 옮김, 『특명전권대사 미구회람실기』 제3권 유럽대륙(상), 소명출판, 2011.

- 구메 구니타케, 서민교 옮김, 『특명전권대사 미구회람실기』 제4권 유럽대륙(중), 소명출판, 2011.

- 구메 구니타케, 정선태 옮김, 『특명전권대사 미구회람실기』 제5권 유럽대륙(하) 및 귀항일정, 소명출판, 2011.

- 青木恒三郎, 『分邦詳密日本地図』, 青木嵩山堂, 1888.

- 荒山正彦, 『シリーズ明治・大正の旅行 第1期 旅行案内書集成』 第3巻 内国旅行 日本名所図会(1) 巻之一~巻之四, ゆまに書房, 2013.

- 荒山正彦, 『シリーズ明治・大正の旅行 第1期 旅行案内書集成』 第4巻 内国旅行 日本名所図会(2) 巻之五~巻之七, ゆまに書房, 2013.

- 石井研堂, 明治文化研究会 編 『明治文化全集』 別巻 明治事物起原(上), 日本評論社, 1969.

- 板垣退助, 遠山茂樹・佐藤誠朗 校訂, 『自由党史』上, 岩波文庫, 1957.

- 板垣退助, 遠山茂樹・佐藤誠朗 校訂, 『自由党史』中, 岩波文庫, 1958.

- 伊藤整, 『日本の名著44 幸徳秋水』, 中央公論社, 1984.

- 伊藤博文, 宮沢俊義 校注, 『憲法義解』, 岩波書店, 1940.

- 色川大吉・我部政男, 内田修道 編, 『明治建白書集成』第一巻, 筑摩書房, 2000.

- 色川大吉・我部政男, 内田修道・牧原憲夫 編, 『明治建白書集成』第二巻, 筑摩書房, 1990.

- 色川大吉・我部政男, 牧原憲夫 編, 『明治建白書集成』第三巻, 筑摩書房, 1986.

- 色川大吉・我部政男, 牧原憲夫・茂木陽一 編, 『明治建白書集成』第四巻, 筑摩書房, 1988.

- 色川大吉・我部政男(1996), 茂木陽一・鶴巻孝雄 編, 『明治建白書集成』第五巻, 筑摩書房, 1996.

- 色川大吉・我部政男, 鶴巻孝雄 編, 『明治建白書集成』第六巻, 筑摩書房, 1987.

- 岩崎祖堂, 『中江兆民奇行談』, 大学館, 1901.

- 小川為治,『開化問答』2編巻上, 丸屋善七等, 1875.

- 大久保利謙,『西周全集』第二巻, 宗高書房, 1962.

- 大久保利謙・田畑忍, 上田勝美・福嶋寛隆・吉田曠二 編集,『加藤弘之文書』第三巻, 同朋舎出版, 1990.

- 外務省調査部 編纂,『大日本外交文書』第6巻, 日本国際協会, 1939.

- 加藤周一・丸山真男,『日本近代思想大系15 翻訳の思想』, 岩波書店, 1991.

- 加藤弘之,『強者の権利の競争』, 哲学書院. 1893.

- 加藤弘之,『道徳法律之進歩』, 敬業社, 1894.

- 加藤弘之,『日本の十大勝算』, 哲学書院, 1894.

- 加藤弘之,『道徳法律進化之理』, 東京博文館, 1900.

- 加藤弘之,『増補改訂 道徳法律進化之理』(第三版), 東京博文館, 1903.

- 加藤弘之,『進化学より観察したる日露の運命』, 東京博文館, 1904.

- 加藤弘之,「吾が立憲的族父統治の政体」,『東洋学芸雑誌』第22巻 第287号 別刷, 1905.

- 加藤弘之,『吾国体と基督教』, 金港堂書籍株式会社, 1907.

- 加藤弘之,『自然と倫理』, 実業之日本社, 1912.

- 加藤弘之,『国家の統治権』, 実業之日本社, 1913.

- 加藤弘之,『立憲政體略』,『日本の名著34 西周・加藤弘之』, 中央公論社, 1972.

- 加藤弘之,『加藤弘之自叙伝』, 大空社(초판 1915), 1991.

- 上田維暁,『内國旅行 日本名所圖繪』第3巻, 青木嵩山堂, 1888.

- 宮内省 臨時帝室編修局,『明治天皇紀』第七, 吉川弘文館, 1972.

- 幸徳秋秋全集編集委員会,『幸徳春秋全集』第6巻, 明治文献, 1968(임경화 엮고 옮김, 『나는 사회주의자다─동아시아 사회주의의 기원, 고토쿠 슈스이 전집』, 교양인, 2011).

- 国際ニュース事典出版委員会(1989),『国際ニュース事典 外国新聞に見る日本』第1巻(1852~1873) 本編, 毎日コミュニケーションズ, 1989.

- 堺利彦,『兆民文集 筆猶在り舌猶在り』, 三徳社, 1922.

- 堺利彦,『堺利彦全集』第6巻, 中央公論社, 1933.

- 佐藤昌介·植手通有·山口宗之,『日本思想大系55 渡辺崋山, 高野長英, 佐久間象山, 横井小楠, 橋本左内』, 岩波書店, 1971.

- 佐藤秀夫,『明治前期文部省刊行誌集成 別巻, 解題·総目次·索引·一覧』, 歴史文献, 1981.

- 佐藤秀夫,『続·現代史資料(8) 教育 御真影と教育勅語』I, ミスズ書房, 1994.

- 佐野学,『唯物論哲学としてのマルクス主義』, 上野書店, 1928.

- 志賀重昂,『新装版 日本風景論』, 講談社, 2014.

- 芝原拓自·猪飼隆明·池田正博,『日本近代思想大系12 対外観』, 岩波書店, 1988.

- 滝本誠一,『日本経済叢書』巻26, 日本経済叢書刊行会, 1916.

- 多田好問,『岩倉公実記』中巻, 岩倉公旧蹟保存会, 1906.

- 田中彰,『日本近代思想大系1 開国』, 岩波書店, 1991.

- 千葉市美術館,『文明開化の錦絵新聞−東京日日新聞·郵便報知新聞全作品』, 国書刊行会, 2008.

- 内閣官報局,『明治元年 法令全書』, 内閣官報局, 1868.

- 内閣官報局,『明治二年 法令全書』, 内閣官報局, 1869.

- 内閣官報局,『明治四年 法令全書』, 内閣官報局, 1871.

- 内閣官報局,『明治六年 法令全書』上巻, 内閣官報局, 1873.

- 内閣官報局,『明治七年 法令全書』上巻, 内閣官報局, 1874.

- 内閣官報局,『明治八年 法令全書』上巻, 内閣官報局, 1875.

- 内閣官報局,『明治十九年 法令全書』下巻, 内閣官報局, 1886.

- 内閣官報局,『明治二十年 法令全書』上巻, 内閣官報局, 1887.

- 中江兆民,『兆民文集』, 日高有倫堂, 1909.

- 中江兆民, 桑原武夫·島田虔次 訳·校注,『三醉人經綸問答』, 岩波文庫, 1965(연구공간 '수유+너머' 일본근대사상팀,『삼취인경륜문답』, 소명출판, 2005).

- 中江兆民,『中江兆民全集』1～17巻·別巻, 岩波書店, 1983～1986.

- 永田広志,『日本唯物論史』, 白揚社, 1936.

- 三谷太一郎,『日本の名著48 吉野作造』, 中央公論社, 1972.

- 日本史籍協会, 『木戸孝允日記』3, 東京大學出版会, 1967.
- 日本史籍協会, 『太政官沿革志』四, 東京大学出版会, 1987.
- 日本歴史学会, 『明治維新人名辞典』, 吉川弘文館, 1981.
- 橋本博, 『改訂 維新日誌』第一巻, 名著刊行会, 1966.
- 原田幹, 『木曽路名所圖会』, 大日本名所圖会刊行会, 1919.
- 原田幹, 『大和名所図絵』全, 大日本名所図会刊行会, 1919.
- 原田伴彦・上杉聡, 『近代部落史資料集成』第1巻「解放令」の成立, 三一書房, 1984.
- 林茂, 『明治文学全集13 中江兆民集』, 筑摩書房, 1967.
- ひろた まさき, 『日本近代思想大系22 差別の諸相』, 岩波書店, 1990.
- 福沢諭吉, 『西洋事情』初編(抄), 『福沢諭吉著作集』第1巻, 慶應義塾大学出版会, 2002.
- 福沢諭吉, 『西洋事情』外篇, 『福沢諭吉著作集』第1巻, 慶應義塾大学出版会, 2002.
- 福沢諭吉, 『童蒙教草』, 『福沢諭吉著作集』第2巻, 慶應義塾大学出版会, 2002.
- 福沢諭吉, 『学問のすすめ』, 『福沢諭吉著作集』第3巻, 慶應義塾大学出版会, 2002.
- 福沢諭吉, 『文明論之概略』, 『福沢諭吉著作集』第4巻, 慶應義塾大学出版会, 2002.
- 松田道之(1980), 『琉球処分』上巻, 横山学 責任編集『琉球所属問題関係資料』第6巻 琉球処分 上・中, 本邦書籍, 1980.
- 三浦裕史, 『大日本帝国憲法衍義－伊東巳代治遺稿―』, 信山社出版, 1995.
- 三谷太一郎, 『日本の名著48 吉野作造』, 中央公論社, 1972.
- 南博, 『近代庶民生活誌11 天皇・華族』, 三一書房, 1990.
- 明治文化研究会, 『明治文化全集』第1巻 憲政編, 日本評論社, 1955.
- 明治文化研究会, 『明治文化全集』第3巻 憲政編, 日本評論社, 1955.
- 明治文化研究会, 『明治文化全集』第9巻 正史編 上巻, 日本評論社, 1956.
- 文部省編輯局, 『高等小學讀本』一, 大日本圖書會社・全文社, 1888.
- 文部省編輯局, 『高等小學讀本』四, 大日本圖書會社・全文社, 1889.
- 文部省編輯局, 『高等小學讀本』七, 大日本圖書會社・全文社, 1889.
- 山本三生, 『現代日本文学全集 社会文学集』第39編, 改造社, 1930.

2. 저서(한국어, 일본어)

- 강상중, 이경덕·임성모 옮김,『오리엔탈리즘을 넘어서』, 이산, 1997.
- 고모리 요이치, 송태욱 옮김,『포스트콜로니얼』, 삼인, 2002.
- 권혁수,『근대 한중관계사의 재조명』, 혜안, 2007.
- 다나카 아키라, 현명철 옮김,『메이지 유신과 서양 문명 - 이와쿠라 사절단은 무엇을 보았는가』, 小花, 2006.
- 대린 맥마흔 지음, 윤인숙 옮김,『행복의 역사』, 살림, 2008.
- 박삼헌,『근대 일본 형성기의 국가체제 - 지방관회의·태정관·천황』, 소명출판, 2012.
- 오구마 에이지, 조현설 옮김,『일본 단일민족신화의 기원』, 소명출판, 2003.
- 유인선,『새로 쓴 베트남의 역사』, 이산, 2002.
- 에릭 홉스봄, 정도영 옮김,『자본의 시대』, 한길사, 1998.
- 이에나가 사부로, 연구공간 '수유+너머' 일본근대사상팀 옮김,『근대 일본 사상사』, 소명출판, 2006.
- 일본부락해방연구소, 최종길 옮김,『일본부락의 역사 - 차별과 싸워온 천민들의 이야기』, 어문학사, 2010.
- 타키 코지, 박삼헌 옮김,『천황의 초상』, 소명출판, 2007.
- 한중일3국공동역사편찬위원회,『한중일이 함께 쓴 동아시아 근현대사』1, 휴머니스트, 2012.
- 홍성화·송완범·김보한·신동규,『전근대 일본의 영토인식』, 동북아역사재단, 2102.
- E. 사이덴스티커, 허호 옮김,『도쿄이야기』, 이산, 1997.
- 青木虹二,『明治農民騷擾の年次的研究』, 新生社, 1967.
- 飛鳥井雅道,『中江兆民』, 吉川弘文館, 1999.
- 安在邦夫,『立憲改進党の活動と思想』, 吉川弘文館, 1992.
- イアン·ニッシュ 編, 麻田貞雄 訳,『欧米から見た岩倉使節団』, ミネルヴァ書房, 2002.
- 家永三郎,『革命思想の先駆者 - 植木枝盛の人と思想』, 岩波新書, 1955.
- 石井孝,『明治初期の日本と東アジア』, 有隣堂, 1982.
- 石田雄,『明治政治思想史研究』, 未来社, 1954.

- 井田進也, 『中江兆民のフランス』, 岩波書店, 1987.

- 岩倉翔子, 『岩倉使節団とイタリア』, 京都大学学術出版会, 1997.

- 岩崎允胤, 『日本近代思想史序説』[明治期後編] 上, 新日本出版社, 2004.

- 上杉聰, 『明治維新と賤民廃止令』, 解放出版社, 1990.

- 梅渓昇, 『教育勅語成立史』, 青史出版, 2000.

- 海野一隆, 『地図に見る日本−倭国・ジパング・大日本』, 大修館書店, 1999.

- オギュスタン・ベルク, 篠田勝英 訳, 『日本の風景・西欧の景観−そして造景の時代』,
  講談社, 1990.

- 大久保利謙, 『岩倉使節団の研究』, 宗高書房, 1976.

- 大久保利謙, 『大久保利謙歴史著作集1 明治維新の政治過程』, 吉川弘文館, 1986.

- 尾佐竹猛, 磯川全次 校訂・解説, 『明治四年賤称廃止布告の研究』, 批評社, 1999.

- 海後宗臣, 『明治初年の教育 その制度と実体』, 評論社, 1973.

- 海後宗臣・寺崎昌男・仲新, 『教科書でみる近現代日本の教育』, 東京書籍, 1999.

- 甲斐雄一郎, 『国語科の成立』, 東洋館出版社, 2008.

- 加藤典洋, 「武蔵野の消滅」, 『日本風景論』, 講談社, 2000.

- 勝原文夫, 『日本風景論序説 農の美学』, 論創社, 1979.

- 紙屋敦之, 『日本史リブレット43 琉球と日本・中国』, 山川出版社, 2003.

- 川島真・服部龍二, 『東アジア国際政治史』, 名古屋大学出版会, 2007.

- 木下順二・江藤文夫, 『中江兆民の世界−「三酔人経綸問答」を読む』, 筑摩書房,
  1977.

- 木下直之・吉見俊哉, 『東京大学コレクション ニュースの誕生−かわら版と新聞錦絵
  の情報世界』, 東京大学総合研究博物館, 1997.

- 桑原武夫, 『中江兆民の研究』, 岩波書店, 1966.

- 鈴木貞美, 『雑誌「太陽」と国民文化の形成』, 思文閣出版, 2001.

- 鈴木正幸, 『国民国家と天皇制』, 校倉書房. 2000.

- 高木博志, 『近代天皇制の文化史的研究』, 校倉書房, 1997.

- 田中彰, 『日本の歴史15 開国と倒幕』, 集英社, 1992.

- 田中彰, 『岩倉使節団−明治維新のなかの米欧』, 講談社現代新書, 1997.

- 田中彰, 『小国主義−日本の近代を読みなおす』, 岩波新書, 1999.

- 田中彰, 『岩倉使節団の歴史的研究』, 岩波書店, 2002.

- 田畑忍, 『加藤弘之の国家思想』, 河出書房, 1939.

- 田畑忍, 「解題」, 『強者の権利の競争』, 日本評論社, 1942.

- 田畑忍, 『加藤弘之』, 吉川弘文館, 1959.

- 土屋礼子, 『大阪の錦絵新聞』, 三元社, 1995.

- 戸田十畝, 『明治建白沿革史』, 顔玉堂, 1887.

- 富田仁, 『フランスに魅せられた人びと−中江兆民とその時代』, カルチャー出版社, 1976.

- 鳥海靖, 『日本近代史講義−明治立憲制の形成とその理念』, 東京大学出版会, 1988.

- 中村良夫, 『風景学入門』, 中公新書, 1982.

- 中村雄二郎, 『近代日本における制度と自然』, 未来社, 1967.

- 西川長夫, 『『米欧回回覧実記』を読む−1870年代の世界と日本』, 法律文化社, 1995.

- 林茂, 『近代日本の思想家たち−中江兆民・幸徳秋水・吉野作造』, 岩波新書, 1958.

- 土方和雄, 『中江兆民』, 東京大学出版会, 1958.

- 藤田覚, 『日本の時代史17 近代の胎動』, 吉川弘文館, 2003.

- 本渡章, 『京都名所むかし案内』, 創元社, 2008.

- 牧原憲夫, 『明治七年の大論争−建白書から見た近代国家と民衆』, 日本経済評論社, 1990.

- 芳賀徹, 『岩倉使節団の比較文化史的研究』, 思文閣出版, 2003.

- 坂野潤次, 『近代日本の外交と政治』, 研文出版, 1985.

- 松永昌三, 『中江兆民』, 柏書房, 1967.

- 松永昌三, 『中江兆民評伝』, 岩波書店, 1993.

- 松永昌三, 『福沢諭吉と中江兆民』, 中公新書, 2001.

- 丸山真男・加藤周一, 『翻訳と日本の近代』, 岩波書店, 1998(임성모 옮김, 『번역과 일본의 근대』, 이산, 2000).

- 三谷博·並木頼寿·月脚達彦, 『大人のための近現代史 19世紀編』, 東京大学出版会, 2009.

- 宮村治雄, 『開国経験の思想史−兆民と時代精神』, 東京大学出版会, 1996.

- 毛利敏彦, 『台湾出兵』, 中公新書, 1996.

- 李孝徳, 『表象空間の近代−明治「日本」のメディア編制』, 新曜社, 1996(박성관 옮김, 『표상 공간의 근대』, 소명출판, 2002).

- 安岡昭男, 「日本における万国公法の受容と運用」, 『東アジア近代史』第2号, 東アジア近代史学会, 1999.

- 安丸良夫, 『近代天皇像の形成』, 岩波書店, 1992(박진우 옮김, 『근대천황제의 형성』, 논형, 2008).

- 山口光朔, 『異端の源流−中江兆民の思想と行動』, 法律文化社, 1961.

- 山崎渾子, 『岩倉使節団における宗教問題』, 思文閣出版, 2006.

- 山室信一, 『法制官僚の時代−国家の設計と知の歴程−』, 木鐸社, 1984.

- 山本光正, 『江戸見物と東京観光』, 臨川書店, 2005.

- 山本文雄, 『日本マス·コミュニケーション史』, 東海大学出版会, 1970.

- 吉澤誠一郎, 『シリーズ中国近現代史① 清朝と近代世界 19世紀』, 岩波新書, 2010.

- 吉田曠二, 『加藤弘之の研究』, 大原新生社, 1976.

- 米原謙, 『日本近代思想と中江兆民』, 新評論, 1986.

- 米原謙, 『兆民とその時代』, 昭和堂, 1989.

- 米原謙, 『近代日本のアイデンティティと政治』, ミネルヴァ書房, 2002.

- 和田春樹·後藤乾一·木畑洋一·山室信一·趙景達·中野聡·川島真, 『岩波講座 東アジア近現代通史1 東アジア世界の近代』, 岩波書店, 2010.

3. 논문(한국어, 일본어)

- 강진호, 「'국어'교과서의 탄생과 근대민족주의−『국민소학독본』(1895)을 중심으로」,

『상허학보』 36집, 상허학회, 2012.

- 강진호, 「국어과 교과서와 근대적 주체의 형성-『국민소학독본』(1895)을 중심으로」, 『국제어문』 58집, 국제어문학회, 2013.

- 권보드래, 「'행복'의 개념, '행복'의 감성-1900~10년대 『대한매일신보』와 『매일신보』 를 중심으로」, 『감성연구』 창간호, 전남대학교 호남학연구원, 2010.

- 권희주, 「일본 교과서 검정시기 『고등소학독본』의 동아시아관-역사 서술을 중심으로」, 『일본연구』 제22집, 고려대학교 일본연구센터, 2014.

- 김민규, 「근대 동아시아 국제질서의 변용과 청일수호조규(1871년)-'조규체제'의 생성」, 『대동문화연구』 제41집, 성균관대학교 대동문화연구원, 2002.

- 김민규, 「근대 동아시아 국제질서의 변용과 조선-'조규체제'의 성립과 와해」, 한국사연구회 편 『한국사의 국제환경과 민족문화』, 경인문화사, 2002.

- 김민규, 「조규? 조약!」, 『역사비평』 75, 역사비평사, 2006.

- 김소영, 「甲午改革期(1894-1895) 敎科書 속의 '國民'」, 『한국사학보』 제29호, 고려사학회, 2007.

- 류교열, 「明治初期의 華族 硏究-宗族制度를 중심으로」, 『일어일문학』 제9집, 대한일어일문학회, 1998.

- 로버트 캠벨, 「미국 서부의 이와쿠라 사절(岩倉使節)」, 『日本硏究』 제10집, 고려대학교 일본학연구센터편, 2008.

- 리시주, 「李鴻章의 대일인식과 외교책략-1870년대를 중심으로」, 『동북아연구논총』 32호, 동북아역사재단, 2011.

- 박삼헌, 「메이지초기 대외팽창론의 한 유형-아라이 쇼고(新井章吾)와 오사카사건을 중심으로」, 『문화사학』 26호, 한국문화사학회, 2006.

- 박승배, 「갑오개혁기 학부 편찬 교과서 편찬자가 활용한 문헌 고증2-국민소학독본과 신정심상소학을 중심으로」, 『교육과정연구』 131호, 한국교육과정학회, 2013.

- 박효경, 「裸体画'의 성립과 '벗은 몸' 그리기-근대 일본의 '나체화'를 중심으로」, 『일본학보』 제96집, 한국일본학회, 2013.

- 방광석, 「메이지관료의 '문명' 인식-이와쿠라 사절단의 재조명」, 임성모 외 지음 『동

아시아 역사 속의 여행』 2, 산처럼, 2008.

- 방광석, 「막말유신기幕末維新期 일본 사절단의 근대도시 인식」, 『日本学』 第36輯, 동국대학교 일본학연구소, 2013.

- 방광석, 「근대전환기 일본인의 서양체험—분큐사절단과 이와쿠라사절단의 비교 고찰」, 『일본연구』, 고려대학교 일본연구센터, 2015.

- 성희엽, 「이와쿠라岩倉 사절단의 國家構想 연구—『米欧回覧実記』에 나타난 國家構想을 중심으로」, 『국제지역학논총』 제4권 제1호, 국제지역연구학회, 2011.

- 大津留厚, 「이와쿠라 사절단이 본 비엔나의 도시개조」, 『法學論叢』 第35卷 第1號, 단국대학교 법학연구소, 2011.

- 오비나타 스미오, 「근대 일본 '대륙정책'의 구조—타이완 출병 문제를 중심으로」, 『동북아역사논총』 32호, 동북아역사재단, 2011.

- 오카모토 다카시, 「일본의 류큐 병합과 동아시아 질서의 전환」, 『동북아연구논총』 32호, 동북아역사재단, 2011.

- 윤상인, 「지리담론을 통해 본 근대일본인의 심상지리와 아시아인식」, 『아시아문화연구』 제23집, 가천대학교 아시아문화연구소, 2011.

- 이경희, 「'일본의 상징'으로서의 후지산—그 표상을 둘러싼 또 하나의 시좌」, 『동아시아문화연구』 제54집, 한양대학교 동아시아문화연구소, 2013.

- 이원우, 「岩倉使節団と対外観」, 『日本研究論叢』 제30호, 현대일본연구회, 2009.

- 이재승, 「행복추구권의 기원과 본질」, 『민주법학』 38호, 2008, 민주주의법학연구회, 2008.

- 家近良樹, 「『台湾出兵』方針の転換と長州派の反対運動」, 『史学雑誌』 第92編 第11号, 公益財団法人史学会, 1983.

- 池内敏, 「二.日本型華夷意識」, 荒野泰典・村井章介・石井正敏 編, 『日本の対外関係 6 近世的世界の成熟』, 吉川弘文館, 2010.

- 伊藤正雄, 「福沢のモラルとウェーランドの『修身論』」, 『福沢諭吉論考』, 吉川弘文館, 1969.

- 上垣外憲一, 「富士山の文化史」, 『現代思想』 vol.41-14, 2013.

- 大室幹雄,「第1章 日清戦争 大日本精神 愛国心」,『志賀重昂「日本風景論」精読』, 岩波書店, 2003.

- 岡部三智雄,「岸田吟香と台湾」,『台湾史研究』第13号, 台湾史研究会, 1997.

- 加藤周一,「日本人の世界像」,『近代日本思想史講座』八, 筑摩書房, 1961.

- 鹿野政直,「加藤弘之」,『日本近現代人名辞典』, 吉川弘文館, 2001.

- 亀井秀雄,「日本近代の風景論−志賀重昂『日本風景論』の場合」, 小森陽一 外4人編集『岩波講座 文学7 つくられた自然』, 岩波書店, 2003.

- 川村邦光,「富士山の近代とディスクール」,『現代思想』vol.41-14, 2013.

- 近藤裕幸,『わが国旧制中学校の地理教育成立過程における地理学研究者の役割−地理教科書の分析を通じて』, 早稲田大学大学院教育学研究科 博士論文, 2005.

- 草野美智子・山口守人,「明治初期における日本人の「台湾」理解」,『熊本大学総合科目研究報告』4号, 熊本大学, 2001.

- 栗原純,「台湾事件(1871~1874)−琉球政策の転機としての台湾出兵」,『史学雑誌』第87編 第9号, 公益財団法人史学会, 1978.

- 後藤新,「台湾出兵と琉球処分−琉球藩の内務省移管を中心として」,『法学政治学論究』第72号, 慶應義塾大学大学院法学研究科, 2007.

- 小林隆夫,「台湾事件と琉球処分1−ルジャンドルの役割再考」,『政治経済史学』第340号, 日本政治経済史学研究所, 1994.

- 小林隆夫,「台湾事件と琉球処分2−ルジャンドルの役割再考」,『政治経済史学』第341号, 日本政治経済史学研究所, 1994.

- 柴田和夫,「国立公文書館所蔵明治初期建白書について」,『北の丸』2号, 国立公文書館, 1974.

- 芝原拓自,「『明治百年』論と維新史研究」,『日本近代史の方法』, 校倉書房(초출 1968), 1986.

- 清水幾太郎,『日本文化形態論』, サイレン社, 1936.

- 田岡良一,「西周助『万国公法』」,『国際法外交雑誌』71巻1号, 国際法学会, 1972.

- 土屋礼子,「明治七年台湾出兵の報道について」, 明治維新史学会編,『明治維新と文化』, 吉川弘文館, 2005.

- 張啓雄, 「日清互換條約において琉球の帰属は決定されたか－一八七四年の台湾事件に関する日清交渉の再検討」, 『沖縄文化研究』第19号, 法政大学, 1992.

- 張虎, 「副島対清外交の検討」, 明治維新史学会 編, 『明治維新とアジア』, 吉川弘文館, 2001.

- 浪本勝年, 「教科用図書検定規則の研究－検定における'消極性'と'積極性'をめぐって－」, 『立正大学人文科学研究所年報』第21号, 立正大学, 1983.

- 西野由紀, 「先達はあらまほしき－『名所図会』と旅人」, 『国文学論叢』, 龍谷大学国文学会, 2007.

- 芳賀徹, 「明治初期一知識人の西洋体験」, 『島田謹二教授還暦記念論文集 比較文学比較文化』, 弘文堂, 1961.

- 長谷川権一, 「民権運動家と地域啓蒙＿土居光華の思想と行動＿」, 『維新変革における在村的諸潮流』, 三一書房, 1972.

- 白春岩, 「小田県漂流民事件における中国側の史料紹介」, 『社学研論集』15号, 早稲田大学大学院社会科学研究科, 2010.

- 前田愛, 「志賀重昂と日露戦争」, 『幻景の明治』, 岩波文庫, 2006.

- 松田道雄, 「『三酔人経綸問答』のなぞ」, 『世界』No.472, 岩波書店, 1985.

- 溝尾良隆, 「日本の風景観－18世紀後半～現代」, 『観光学と景観』, 古今書院, 2011.

- 宮村治雄, 「『東洋のルソ＿』索隠－兆民そしてトルコ・朝鮮・中国」, 『思想』No.932, 岩波書店, 2001.

- ロバート・エスキルドセン, 「明治七年台湾出兵の植民地的側面」, 明治維新史学会編, 『明治維新とアジア』, 吉川弘文館, 2001.

- 安丸良夫, 「一八五〇～七〇年代の日本」, 『岩波講座 日本歴史』第16巻 近代1, 岩波書店, 1994.

- 山崎有恒, 「『公議』抽出機構の形成と崩壊」, 伊藤隆編, 『日本近代史の再構築』, 山川出版社, 1993.

건국대 아시아콘텐츠연구소
동아시아 모더니티 01

천황 그리고 국민과 신민 사이

1판 1쇄 인쇄 2016년 6월 24일
1판 1쇄 발행 2016년 6월 30일

지은이 박삼헌

발행인 양원석
편집장 김건희
디자인 RHK 디자인연구소 남미현, 김미선
해외저작권 황지현
제작 문태일
영업마케팅 이영인, 양근모, 박민범, 이주형, 김민수, 장현기, 이선미, 김수연, 신미진

펴낸 곳 ㈜알에이치코리아
주소 서울시 금천구 가산디지털2로 53, 20층 (가산동, 한라시그마밸리)
편집문의 02-6443-8902   **구입문의** 02-6443-8838
홈페이지 http://rhk.co.kr
등록 2004년 1월 15일 제2-3726호

ISBN 978-89-255-5959-9 (03910)